主编/尹庆民

副主编/谢飞雁 杨冰

经管类人才教育教学
实践与探索

JingGuanLei RenCai JiaoYu JiaoXue
ShiJian Yu TanSuo

知识产权出版社
全国百佳图书出版单位

图书在版编目（CIP）数据

经管类人才教育教学实践与探索/尹庆民主编. —北京：
知识产权出版社，2015.5
ISBN 978 - 7 - 5130 - 3038 - 0

Ⅰ. ①经…　Ⅱ. ①尹…　Ⅲ. ①经济管理 - 人才培养 -
研究 - 高等学校　Ⅳ. ①F2 - 4

中国版本图书馆 CIP 数据核字（2014）第 225932 号

内容提要

本书对地方高校经管类人才教育教学创新实践进行了深入研究，为地方高校经管类管理者与教师
的教育与教学创新实践提供了理论指导，对提升地方高校的教书育人能力具有重要意义。

责任编辑：张筱荼　　　　责任出版：谷　洋

经管类人才教育教学实践与探索

尹庆民　主编　谢飞雁　杨　冰　副主编

出版发行：**知识产权出版社** 有限责任公司　　网　　址：http：//www.ipph.cn
社　　址：北京市海淀区马甸南村 1 号　　　　　邮　　编：100088
责编电话：010 - 82000860 转 8180　　　　　　责编邮箱：baina319@163.com
发行电话：010 - 82000860 转 8101/8102　　　发行传真：010 - 82000893/82005070/82000270
印　　刷：北京中献拓方科技发展有限公司　　经　　销：各大网上书店、新华书店及相关专业书店
开　　本：700mm×1000mm　1/16　　　　　　印　　张：16
版　　次：2015 年 5 月第 1 版　　　　　　　　印　　次：2015 年 5 月第 1 次印刷
字　　数：230 千字　　　　　　　　　　　　　定　　价：56.00 元
ISBN 978 - 7 - 5130 - 3038 - 0

序　言

2014 年，全国普通高校毕业生规模达到 727 万人，比 2013 年增加 28 万人，再次创下历史新高。高校毕业生就业形势更加复杂严峻。面对大学生就业困难的问题，专家认为高校毕业生就业困难的根本原因是高校教育教学和人才培养的问题。

在 2014 年全国教育工作会议上，教育部部长袁贵仁提出，2014 年是贯彻落实党的十八届三中全会精神、全面深化改革的第一年，是全面完成"十二五"规划目标任务的关键之年，针对制约教育科学发展的重点问题和人民群众关心的热点问题，着力促进教育公平，着力优化教育结构，着力提高教育质量，切实增强服务经济社会发展、服务人的全面发展的能力。为此，地方高校应不断进行教育教学创新实践，贯彻教育教学品质提升计划，持续推进人才培养模式改革。

本书精选以北京联合大学教师为代表的地方高校经管类教育教学创新实践学者在当前环境下，在人才培养与专业建设、课程改革、教学方法改革与教学环境改善、教学管理、学生管理与教师队伍建设等方面取得的最新研究成果，对提升地方高校教书育人能力具有重要意义。

目　录

第一部分　人才培养与专业建设

第二部分　课程改革

第三部分　教学方法改革与教学环境改善

第四部分　教学管理

第五部分　学生管理与教师队伍建设

第一部分

人才培养与专业建设

浅析校企合作对大学生就业的促进作用

谢飞雁

摘　要：随着高校招生规模的不断扩大，高校毕业生在就业方面比过去承担了更大的压力，校企合作模式已经被证实对高校学生的就业有着重要的支持作用，文章阐述了校企合作在促进大学生就业方面的优势，指出了校企合作目前的现状问题，提出了校企合作促进大学生就业的建议。

关键词：校企合作　大学生就业　促进作用

一、大学生就业现状

高校毕业生的就业工作不仅是提高高校教育质量，保证高等教育健康发展的本质要求，也关乎经济发展、民生改善和社会稳定。然而，随着招生规模的不断扩大，社会经济的不断变化，大学生的就业压力不断增大，就业形势复杂严峻。对此，国家和政府先后出台了多项政策促进大学生就业工作。党的十八届三中全会明确提出"健全促进就业创业体制机制"，"促进以高校毕业生为重点的青年就业"，并就做好高校毕业生就业工作进行了全面部署。高校也积极出台措施、搭建平台、想方设法努力推进大学生就业工作。

2014 年，全国高校毕业生就业总量再创新高，比 2013 年增加 28 万人，达到了 727 万人，全国高校毕业生就业总量压力和结构性矛盾依然突出，就业任务更加繁重。面对当前的就业形势，如何摆脱学生找不到工作而企业又招不上人才的两难局面，使高校培养出来的学生具备就业竞争力从而受到企业的青睐，已成为社会普遍关注的问题。对此，加强校企合作，让学生在实习和实践中了解岗位需求，探究职业兴趣，增强胜任岗位的能力，为企业输送满意人才，是更好地解决大学生和用人单位需求与矛盾的重要举措，也是值得我们思考和研究的问题。

二、校企合作推动就业的必要性

（一）有利于学生找准定位，做好就业准备

面对严峻的就业形势，是否具有与专业相关的工作经验和社会实践经历已成为当前用人单位非常看中的一项条件。通过校企合作，在企业这个全新的环境中，学生有机会接触更多新鲜的人和事，对学生来讲这个过程既是将所学知识继续实践的过程，又是综合素质、个性品质与企业文化不断碰撞和磨合的过程，这个过程有助于学生不断审视和调整自己，找到方向，并对将来要面对的就业困难有很好的心理准备和心理预期。

（二）有利于学生提高素质，提升就业能力

就业能力是学生综合能力的体现，它不仅仅基于在学校学到的书本专业知识，更多的是基于在实践中获得和积累的素质和能力。这包含了对环境的认知和适应、对技术的掌握和应用、对岗位的理解和把握、对人情世故的体会和驾驭，以及在工作环境下才能体验到的生产和流程、制度和收入等。通过校企合作，学生提前进行职业"试练"，对学生的职业精神、团队合作、责任意识和抗压能力等都是一个很好的训练和提升，全面提高了学生对企业的熟悉程度和综合就业能力，加速了学生的职业成长。

（三）有利于学生与职场对接，端正就业心态

校企合作模式，使学生提前进入企业实习和实践，帮助学生客观地了解到真实的岗位要求和就业环境，接触到真实的就业压力。这个经历和过程对学生建立正常的就业心态，调整就业期望值，有着非常大的指导作用。避免了学生因对真实职业环境缺乏了解而造成错判和错失，对学生正确评价自己，珍惜工作岗位可以起到极大的锻炼和教育作用，为日后学生顺利走上工作岗位铲除了障碍。

（四）有助于企业解决招工难问题，降低用人成本

校企合作模式使企业及早介入学校的人才培养，用人单位有较为充分的机会和时间对学生进行提前的了解和评价，在用人上有更多自主权，解决了招聘中经常出现的"中看不中用问题"，节省了人才招聘成本。通过校企合作的模式，企业还能让更多的毕业生认识和了解企业，对企业也是一个很好的宣传。此外，人才培养是全社会共同的责任，校企合作模式也是企业关心和支持教育事业，是企业社会责任感的良好体现。

三、校企合作的现状与问题

"校企合作"作为一种人才培养模式，是现代高等教育发展的一个重要趋势，同时也是促进大学生就业的一个重要渠道，但在实际运行过程中也存在一些问题。

企业方面。校企合作的最终目的是更好地培养高素质人才，促使其顺利就业。但实际上，接受学生实习实践的过程烦琐，涉及企业一系列的岗位对接、人员培训和场地安排等，企业在其中并没有受益，反而增加了许多负担。因此，有些企业与高校的合作只停留在项目的合作上，或变成了"逐利"行为，而高校在其中处于弱势，亦采取了避让的态度。

高校方面。高校对以"校企合作"模式推进就业的必要性和重要性认识不够，实习实践教学的实施力度不大，主动性不强，在实习管理中对人员安排、组织管理、培训、考核评价、效果跟踪不到位，加之部分学生未能认识到实习实践对日后发展的重要性，认为实习是走过场，角色定位错误，自己不能严格要求，工作不积极主动，敷衍了事，导致实习效果不佳。

四、校企合作促进大学生就业的几点建议

（一）高度重视校企合作教育模式

第一，高校应高度重视校企合作教育，改变单一的人才培养模式，把通过校企合作培养适合社会需要的人才作为人才培养的重要途径，将其纳

入教学制度、教学体系中，建立完善的实施方案和计划，并根据社会对人才的具体要求不断调整人才培养计划。

第二，高校应积极在科研、技术、管理和培训等方面发挥高校的智力和组织优势为企业服务，赢得企业的信任和支持，建立稳定而持久的合作关系。

第三，高校应建立校企合作办公室，从组织机构上给予保证，并明确职责任务，特别是应将人才培养作为校企合作的重中之重。

（二）建立校企合作促就业的长效机制

第一，规范校企合作的管理工作，制定完善推进就业工作的相关制度和规程，确保校企合作得以广泛、持续、有效地实施。广泛听取不同层次和类别的企业对人才的需求，并认真探索合作模式，确保高校、企业和学生三方共同受益。

第二，高校应积极对接企业的岗位需求，积极为学生创造进入企业实习实践的机会，不断培养学生的就业能力。在学生的实习实践中，协助企业跟进和掌握学生实习状态和情况，及时培训并严格要求和管理学生，做企业和学生的桥梁，了解情况、理顺关系、解决困难，不断推进校企合作促就业的长效机制。

（三）学生转变观念，积极参与

第一，转变观念，提高重视。让学生充分认识到当前企业选人用人的基本趋势是看学生是否具有实际的企业实践经验和良好的就业能力，学生自己应将企业实习实践作为大学最重要的一门必修课程来对待，认识到自己才是最大的受益者，重视、珍惜探索职业的宝贵机会。

第二，积极参与实践，引导学生形成正确的就业观和成才观。在真实的社会企业工作环境中训练专业技能和提高实际工作能力，在实践中不断调整自己的就业期望值，找出自己的发展方向和道路，为日后的职业选择做好准备。

总之，高校毕业生是国家宝贵的人力资源，高校毕业生的就业工作是一项直接关系毕业生切身利益，关系高等学校的生存与发展，关系社会政治稳定的大事。推进高校与企业的合作，是促进大学生的就业能力提升、保证大学生充分就业以及企业选拔合适人才的一条有效途径，只有校企双方都能认识到此问题，并拿出切实的行动，才能将校企合作与大学生的就业工作衔接起来，有效地促进大学生就业。

参考文献：

［1］秦树文，肖桂云. 校企合作对促进大学生就业的影响及路径选择［J］. 教育与职业，2012（26）：98－99.

［2］郭军洋，孙健. 浅议校企合作对本科生充分就业的重要性［J］. 中国电力教育，2011（10）：183－184.

［3］吴琼，肖利华. 促进大学生就业的校企合作模式与对策探讨［J］. 中国电力教育，2011（29）：167－169.

［4］孟大伟，汪庆华. 充分发挥校企合作优势 不断推进大学生就业工作［J］. 中国电力教育，2009（7）：175－176.

［5］虞晨洁. 校企合作在推进高校毕业生就业工作中的实践探索［J］. 东华大学学报：社会科学版，2013（2）：110－115.

校企合作培养电子商务服务外包人才
校内外实训基地群建设

薛万欣　裴一蕾❶

摘　要： 本文主要介绍北京联合大学管理学院信息管理与电子商务系的校企合作人才培养基地群情况，阐述了校企合作联合培养电子商务服务外包人才的实践情况与所取得的成就，旨在为进一步提高服务外包校企合作人才培养实效给出更好的思路。

关键词： 校企合作　电子商务服务外包　人才培养

一、引言

北京联合大学作为一所市属应用型大学，自成立以来，一直立足于首都发展需要，培养应用型的人才。伴随全球电子商务的快速发展，电子商务专业亦应运而生，该专业在建立之初，就确立了"校企合作"共建专业的发展定位。历经十余年的建设历程，已经初步建立了校企合作校内外实践基地群，为人才培养尤其是电子商务服务外包人才培养奠定了良好的基础。

二、组建校企合作委员会

校企合作是培养应用型、技能型人才的必由之路，学院和专业非常重

---

❶　本文系北京联合大学教育教学研究与改革项目《复合应用型人才培养校企合作基地群建设研究与实践——以电子商务专业为例》（项目号：11103581106）与人才培养模式创新试验区项目（项目号：12205994711）研究成果。

视与相关企业合作构建学院校内外实践基地，通过与各类企业合作，本着互惠互利、协同发展、共同培养人才的原则和目标，在 2013 年 6 月成立了校企合作委员会，吸纳 50 余家企业的老总及公司主要管理人员成为联盟会员并共同研讨制定了会员章程。会员单位包括中国金融电子化公司金融事业部、北京东鲁文化传播有限责任公司、北京秋实春华文化传播有限公司、北郎中农工贸集团、北京瑞斯福科技有限公司和北京市中小企业服务中心等单位。

三、构建校企合作基地群

在校企合作委员会的基础上，信息管理与电子商务专业从电子商务服务外包人才培养的需求出发，先后与以下委员企业——北京金象在线网络科技有限公司、上海商派网络科技有限公司、博彦科技有限公司、上海晨鸟信息科技有限公司、用友新道科技有限公司北京分公司、北京卓益达科技有限公司、北京理正人信息技术有限公司、八百客（北京）软件技术有限公司、艾瑞咨询集团、北京博导前程信息技术有限公司、北京行知睿思科技有限公司、北京立信科达科技有限公司、北京思特亦源技术开发有限公司、北京环球广贸软件技术有限公司、北京信诚致远信息化管理咨询有限公司、奥琦玮信息科技（北京）有限公司——进一步合作，签订了战略合作协议，就人才培养方案、学生实习与就业开展横向项目研究，通过吸收教师进入企业开展实践活动，双方互派导师，建立校内外实习基地等方式展开了全方位的合作，校企合作基地群在多方努力下已经基本搭建完成。

四、校企合作进行电子商务服务外包人才培养

（一）电子商务服务外包人才专业素质要求

1. 电子商务服务外包的特点

融合信息技术与发包企业的各项业务流程是电子商务服务外包的主要特点，电子商务服务外包是信息技术发展和社会分工细化的产物，发包企业将业务流程分工细化，发包企业将网站建设分化为网站策划、网站战略

规划、网站维护、网站营销和网络品牌建设等基础模块，发给接包商。接包商全面为企业进行营销策划，帮助企业构建与选择适合其发展的电子商务平台，并发布信息，管理信息，维护企业形象和为企业做宣传。

2. 电子商务服务外包人才的素质要求

电子商务服务外包行业需要"眼高手高"的人才，在专业技术过硬的同时，更要兼具国际视野与敏捷分析问题和解决问题的能力。电子商务整体解决方案涵盖了电子商务的全业务流程，包括七大业务模块，即电子商务咨询、电子商务策划、电子商务技术、电子商务运营、电子商务管理、电子商务推广和网络分销。电子商务整体解决方案要从企业现状出发，提供电商咨询、技术服务、执行团队整体价值链服务，这样的人才应该是复合型的人才。

（二）校企合作建设"双师素质"专兼结合教学团队

通过校企合作，实行教师到企业实践机制，要求每位教师每学年到企业实践两个月以上。要求教师走出学校，走进企业，深入工作岗位，加强与企业的专家、技术学者的联系，把企业当成课堂教学的延伸，增强教师的实践能力，培养双师型教师。聘请企业专家和技术人员进行课程教学、开设讲座等，成为学校教学队伍的一员。目前，外包专业教师中在企业兼职的占50%以上，这使得教学队伍真正成为专兼职结合的队伍。

（三）校企合作共同参与人才培养方案的制订与实施

合作企业参与制订了电子商务服务外包人才培养方案，参与了网络营销、网络营销策划、电子商务综合实践、企业业务流程优化、网页设计与制作、电子商务网站建设和专业认识实践等课程的大纲编写、教学任务的完成、学生项目评议和参赛项目的指导。其中，第二届全国大学生服务外包大赛参赛项目、历届全国大学生商务创新大赛参赛项目、全国电子商务"创新、创意、创业"大赛参赛项目均获得了博彦科技有限公司、北京金象在线网络科技有限公司、上海晨鸟信息科技有限公司专业人士的指导，学生先后多次取得了全国特等奖、一等奖和三等奖的好成绩。

（四）校企合作共同进行课程改革与实施

网络营销、网络营销策划、电子金融和专业技能强化课程先后聘请北京金象在线网络科技有限公司、上海晨鸟信息科技有限公司中共计 4 名企业导师授课和指导实践，并带领学生到企业进行实地实习和进行项目的实施，教学效果较好。与上海商派合作进行专业综合实践课程的改革，展开为期 9 周的实践课程，在企业导师的指导下，学生搭建商业网站，策划网站推广方案，进行网上商品的营销。对于学生完成的内容和搭建的平台，企业人员从团队组建、网站构建、网站运营、团队沟通、写作等多角度、多层次进行评议和考核，极大地激发了学生的学习兴趣和潜能。

（五）校企合作对学生实行"双导师"机制

学生从大类进入专业就配备专业导师，同时选择企业联盟中相关的企业。学校从企业中选择有经验的企业人员担任学生的企业教官，使每位学生都有专业和企业导师，针对项目和实践性强的课程能够共同指导，做到既有理论支撑又有丰富实战经验的企业教官手把手辅导。

五、提高服务外包校企合作实效的思路

通过对以往两届学生的培养，专业在服务外包人才培养的校企合作中取得了一定的成效，但也存在一些问题，如企业及学生的积极性不高，校企合作的投入与产出并不成正比等。若要提高外包校企合作的实效，需要从以下方面入手。

（一）建立校企合作保障政策、法规体系

与企业比较而言，学校在校企合作方面的积极性更高，学校往往愿意在校企合作方面投入较大的人力、物力、财力。目前，吸引企业参与校企合作中的主要因素有三个方面：

1. 校企合作的学生可以为企业创造一定的价值。

2. 企业出于在学生中物色人才的需要。

3. 学校为校企合作支付给企业的费用或提供的其他资源，如场地、设备等。

由于企业往往是逐利的，若上述的预期利益无法完全实现，如学生创造的价值达不到企业的要求，物色的人才不能达成双向意愿，则企业的积极性往往会不太稳定。有的校企合作的根本症结所在，与我国当前的校企合作中政策基本是无为的现状分不开，也是学校无法支付高额的校企合作费用与企业逐利性这一矛盾的产物。也就是说，校企合作仅仅依靠学校单方面驱动往往力不从心，效果也会大打折扣。

在校企合作中，学校要积极争取政府支持，政府也应想办法出台相应政策、法规和措施扶持和支持校企合作，要求企业、行业担负起参与职业技术教育的义务与责任，并有相应的鼓励政策。地方政府设立专门的部门对本地区的校企合作发展给予协调和指导，体现社会对参与校企合作的服务外包企业的认可度，全力调动企业支持教育的积极性。

（二）和企业合作定向培训

学校与企业签订人才培训协议，联合共建培训基地。产学结合、定向培养、实现培训与就业一体化。企业发挥技术优势，参与研究和制订人才培养目标、教学计划、教学内容和教学方式，并凭借丰富的项目开发和管理经验负责实训教学。高校则发挥雄厚的师资力量优势强化理论与基础教育，同时通过企业人员参与课程建设，灵活进行课程置换等方式调动学生参加服务外包培训的积极性。

（三）建立服务外包培养管理机制

服务外包管理机构职能是在战略管理层面上对外包人才进行培训管理和协调，协调学校、企业、学生开展服务外包人才培养、培训和实训、实习工作；认定培训机构，编制中长期培训规划，分解落实年度培训规划，分解落实年度培训任务，兑现各项支持政策。

随着服务外包产业的快速发展，服务外包人才必将呈现新的变化。为了优化电子商务服务外包人才，学校应在已有的培养机制基础上，与企业进行合作，通过建立产业基地群的方式，使学生在企业人员参与实践教学、项目培训和指导的基础上，进一步适应北京服务外包产业的发展。

参考文献：

［1］姜永华，郭美丽. 服务外包人才培养途径分析［J］. 吉林省教育学院学报，2014（1）.

［2］樊鹏，张明业. 河北省电子商务外包人才培养机制研究［J］. 时代金融，2012（6）.

［3］李蓓蓓. 产学研办学模式下地方本科院校培养应用型人才的途径［D］. 中南民族大学硕士论文，2012.

基于创业教育的工商管理专业应用型
创新人才培养现状与对策研究❶

杜　辉　陈　琳　龚秀敏　陈俊荣

摘　要： 随着市场经济发展对工商管理专业人才在应用型与创新素质方面要求的提升，高等教育正在适应市场需求的情况下不断改革教育模式，力图在市场的多元化需求、大学生的个性化需求与高校的传统就业教育之间架起和谐、平衡的桥梁。本文回顾了我国高校创业教育的发展历程，梳理了工商管理专业应用型创新人才培养的现状，阐述了在高校工商管理专业创新人才培养过程中创业教育的重要性，并就工商管理专业应用型人才培养中的创业教育缺失的问题提出了相应的对策。

关键词： 创业教育工商管理专业应用型　创新

一、我国高校创业教育的发展演变

大学生创业教育是以能力为导向，培养大学生的创业意识、创业素质和创业技能的教育，它是高等院校创新教育的具体化，有助于培养具有创新能力和创业精神的高素质应用型人才。

联合国教科文组织早于 1998 年 10 月在世界高等教育会议上发表的《21 世纪的高等教育：展望与行动》世界宣言中明确指出："高等学校必

❶　本文得到北京联合大学教研教学项目《基于创业教育的工商管理专业应用型创新人才培养和课程体系研究》（项目编号：11103581108）的资助，同时得到北京联合大学教研项目《〈管理学〉大类平台课案例教学改革与创新》的指导，是项目研究的阶段性成果。

须将创业技能和创业精神作为高等教育的基本目标。"

美国是最早在大学设立创业教育类课程的国家。1947 年哈佛商学院 Myles Mace 教授率先开设了一门创业教育课程——"新创企业管理",是创业教育在大学的首次出现。随后,很多高校在创业教育整个过程中开展了很多相关的活动和课程,有些学校甚至以专注创业领域的研究教学作为学校的策略中心,不仅促进了新型创业教育的发展,还形成了富有特色的人才培养模式。

相比较美国的创业教育,我国作为联合国教科文组织"创业教育"项目的成员国,其创业教育以 1997 年的"清华大学创业计划大赛"为开端,正式开展创业教育始于 2002 年。对创业教育的认识、实践主要经历了以下阶段。

（一）重新、充分认识并重视发展创业教育

1998 年成立了中国创业研究中心,开始了我国的创业教育研究及推广工作。1998 年 12 月公布的《面向 21 世纪教育振兴行动计划》指出"高等学校要在国家创新工程中充分发挥自身优势,努力推动知识创新和技术创新","加强对教师和学生的创业教育,鼓励他们自主创办高新技术企业"。1999 年 6 月颁布的《关于深化教育改革全面推进素质教育的决定》明确提出"高等学校要重视培养大学生的创新能力、实践能力和创业精神,普遍提高大学生的人文素养和科学素质"。

在 1999 年全国教育工作会议上,江泽民强调:"以培养学生的创新精神和实践能力为重点。"[1] 李岚清也在这次会议的报告中提出:"要探索鼓励高校毕业生自主创业的有效途径和相应的政策措施。"[2]

随后在党的十六届三中全会通过的《中共中央关于完善社会主义市场经济体制若干问题的决定》中在谈到关于深化教育体制改革的问题时,又强调了创新能力、创业能力的重要性。

---

[1] 《全国教育工作会议（1999 年 6 月 15～20 日）》,http://dangshi. people. com. cn/GB/151935/176588/176597/10556604. html。

[2] 中华人民共和国教育部高等教育司组编:《创业教育在中国:试点与实践》,高等教育出版社,2006 年,第 4 页。

（二）厘清创业教育实践活动的目的、内涵、重要性

创业教育的提出和产生与我国经济增长、经济体制改革和社会就业问题的亟待解决有密切关系。在某种程度上也正是由于转型期经济的增长和传统就业岗位的有限容纳性，与同时期中小企业的发展和活力所带来的创业活力与就业岗位的增加使创业教育引起了人们的关注，也使学者和专家开始深入研究中国高校创业教育实践活动的目的、内涵和重要性。其目的是提高实践能力，培养创新精神，并将这种实践能力和创新精神有效运用到实际中产生一定效果。其内涵为创业教育是素质教育的一个重要方面，与学术教育、就业教育等高等教育密切关联，是对高等教育的深化改革，对高校课堂和学科的深入创新，是提高人才培养质量，提升大学生社会适应性的有效手段。创业教育对培养创新人才，开展创新活动，提升全民创新创业素质和能力，从而激发企业的创新活力，提高企业创业能力，增加就业岗位，丰富社会产品都有裨益。

（三）开展创业教育试点院校和形式多样的创业活动

2000 年 12 月，清华大学成立了清华大学中国创业研究中心，依托清华大学经济管理学院进行创新创业研究、教学等理论和实践活动，举办"创新与创业"国际学术会议，并发布中国创业环境和政策报告。

2002 年，教育部确立了清华大学、北京航空航天大学、中国人民大学、上海交通大学、西安交通大学和复旦大学等 9 所院校为我国创业教育试点院校。这些院校结合各自的优势和特点，利用第二课堂，开设创业教育的相关课程，通过大赛、实践活动、讲座和创业基金等形成了丰富的创业教育模式，有以中国人民大学为代表的，以提高学术整体能力素质为侧重点的创业教育和素质教育的融合式；有以北京航空航天大学为代表的，以提高学术创业技能为侧重点的大学生创业园模式；还有以宁波大学为代表的，以第二课堂的有机整合为侧重点的创新人才培养模式；以黑龙江大学为代表的，以创建创业实践基地为侧重点的建设创业实践基地模式；以清华大学为代表的，综合式的创新创业教育模式。

在这些试点院校的带动下，越来越多的高校开始开设创业教育课程、

实施创业实践活动、开办创业园、提供创业基金和实验室等，不仅使创业教育课程逐步扩散到高校的教育改革实践中，创新和丰富了高校的创业教育理念，提高了高校创业教育的培养水平，为高校和社会营造了重视创新创业的氛围，使得高校的创业教育取得了较大的成绩，而且使创业教育真正地走下讲台，深入大学生群体当中，在创业实践中发挥了重要作用。2011 年，全国大学生创业社团联盟正式启动。该联盟通过鼓励引导高校大学生、毕业生创业，以创业带动就业，调动激发了他们的积极性和创造性。高校的这些创业举措和社会的支持增强了大学生创业的意识，也提高了他们创业的技能和本领。

但是，在高校扩招的现实面前，在大学生就业压力增大的情况下，当前的创业环境、条件和政策等诸多方面还需要我们不断改进。2014 年 1 月 18 日，清华大学中国创业研究中心主办了"中国创业环境和政策"主题研讨会暨全球创业观察中国报告发布会，高建教授发布了最新的全球创业观察中国报告，这是清华大学中国创业研究中心自 2002 年参加全球创业观察研究以来发布的第九份中国报告。该研究以创业环境和政策为主题，通过实地的成人调查和专家调查，对中国的创业态势、创业行为特性、创业结构、创业与经济增长的关系、创业环境与政策方面进行分析和评价。通过分析发现，中国的创业环境在参加全球创业观察的 69 个国家和地区中排在第 36 位，中国的创业环境条件总体上有改进，但从历史比较的角度看，还没有得到十分有效的改善。❶

二、我国高校工商管理专业应用型创新人才培养现状

随着市场经济的快速发展，社会对工商管理专业毕业生的应用、创新能力的要求也更加迫切，然而目前高校工商管理专业人才的培养模式却远远落后甚至脱离市场的需求。主要表现在人才培养目标模糊，课程设置老化，实习实践环节落实不到位，缺乏专业特色，造成了学生被动接受知

---

❶ 《全球创业观察中国报告成功发布》，http：//nerc. sem. tsinghua. edu. cn/news_ details. asp？id＝565.

识，主动性学习能力不足，缺乏运用所学知识发现问题的能力和提出独到见解的能力以及敢于承担风险的胆识。整体表现为应用能力不强，缺乏创新意识，创新能力不足，不能满足经济发展对应用型创新人才的现实要求。其原因主要在于以下方面。

首先，对工商管理专业人才培养中的创业教育还缺乏充分的认识和清晰的定位，使得我们的创业教育变得流于表面。

其次，由于对创业教育的理解还停留在创业大赛和理论课程讲授等环节，导致目前创业教育类课程在部分高校虽然已经纳入本科生和研究生的培养方案中，但还没有形成体系。

因此，目前大多数高校过分强调已有的教学资源优势与理论教育，忽视学生潜在的兴趣和创新价值，直接导致学生的知识、能力和素质不能很好地适应社会发展的需求，造成人才培养与市场需求的严重脱节和结构性偏差；工商管理专业也还只是把创业教育作为一门课程来开设，或者在课外进行一些创业竞赛，只是单纯为大学生创业而进行创业教育，教学内容的知识结构单一，教学模式的局限性知识型传授，创业教育没有充分贯彻到工商管理专业的人才培养中，没有与应用创新能力挂钩，更没有与本专业人才培养的定位清晰地结合，忽视管理变革和新经济形势下社会对工商管理专业人才培养的更高需求，忽视应用型创新人才的培养，无法培养学生的创新意识、创新精神、创新能力和创业能力。

这种人才培养模式中定位的模糊、认识的滞后和创新教学环节的薄弱导致了与此相匹配的课程结构域体系建设的不跟进，这已经成为影响我国创业教育水平提升和工商管理专业应用型创新人才培养进程中的主要瓶颈之一。

三、基于创业教育的工商管理专业应用型创新人才培养的重要性

《国家中长期教育改革和发展规划纲要（2010—2020年)》明确指出，高等教育应着力培养高素质、高质量人才，着力培养学生的创业和就业能力，重点培养应用型、复合型、技能型人才。高校教育必须以学生为中

心，以提高学生的市场价值和创新能力为培养导向。只有在了解社会需求与学生期望的基础上，制订合理的人才培养目标，才能改革课程体系和教学方法，培养出真正能满足社会需要与学生期望的人才。

开展创业教育是社会经济发展对教育改革和发展提出的新要求，是国际社会发展的大趋势。21世纪是创新、创业教育的时代，创业教育对提高国家创业水平和创新能力、促进大学知识转化、加强高校与外部社会的合作、解决大学生就业问题具有重要意义。同时，就业关系民生，高校大学生的就业更关系大学生的进一步成长和发展，关系我们全面建设小康社会的宏伟目标的实现。因此，通过创业教育不仅有助于深化高校教育改革，搭建校内外创业实践平台和就业渠道，开展创造性活动，丰富课堂，培养应用型创新人才，而且能够增强大学生的创新创业意识，提高创业技能和本领，鼓励和引导大学生群体投身创业实践，早日实现创业理想和个人价值。

四、基于创业教育的工商管理专业应用型创新人才培养的对策措施

（一）转变传统的创业教育观念，实现与学术教育、就业教育的对接与平衡

目前仍有高校的创业教育课程仅仅局限在理论灌输和案例讨论层面，不重视创业教育的学科建设和课程体系的丰富，实践教学环节薄弱甚至忽视创业教育的实践活动，仍然以传统的概念、观念进行创业教育课程的设置，没有实现创业教育与学术教育和就业教育的对接，所以创业教育还没有成为高校教育的一部分，没有真正融入高校教育体系中。为此，有必要从观念上转变对创业教育的认识，真正将创业教育的课程、实践引入课程中，教授学生进行创业所需要的技能，指导学生通过大赛、模拟经营、实验室和创业园等活动体验创业实践，从真正意义上做到创业教育与学术教育和就业教育的对接和平衡。

（二）明确高校工商管理专业应用型创新人才创业教育的学科定位

目前，一些高校的创业教育还停留在增加创业教育理论课程的基础

上，对学生某种技巧或工具掌握的培训，比如获取英语、会计证书和学习计算机技术等，或者提供一些创业计划大赛，这种单纯理论和技巧的结合没有从根本上激发学生的创业激情，也无法培养学生的创新精神，必须从学科定位上明确工商管理专业应用型创新人才创业教育的课程体系设置，将创业教育的专业知识、技能、实操有效地连接，以课程教学为载体，构建完善的创业教育课程系统，培养学生的创业精神和技能。

（三）创新实践活动，提高实践能力，培养创新精神

据《上海高校创业教育研究》课题组的调查显示，大部分学生对创业教育感兴趣，但上海市本科院校真正参与创业的学生比例尚未达到2.9%，远低于国外部分高校20%左右的比例。大学生创业存在"心很热，手很凉"的现象。调查发现，目前上海高校只有26%的院校开设了创业教育课程，且创业课大多是MBA学生的"专利"。❶ 为此，上海市教委提出高校创业教育的全覆盖和分层次战略，即一方面使创业教育覆盖上海市高校大学生高等教育的全过程，另一方面针对学生的创业意愿和需求开展有针对性的指导和培训，提高创业效率和学生的创业实践能力，同时培养高校的创业沃土和学生的创新精神。这种在全面推广创业教育理念和活动、学科教育的基础上所进行的有针对性的创业指导不仅有利于摆脱浮于表面的笼统的创业教育课程的理论灌输，而且有助于真正帮助有创业意愿的大学生进入创业的实践中，通过高效的创业培训，在创业导师的指导下锻炼、模拟，系统学习创业技能，提高创业能力，从而实现创业梦想。

（四）创造有利于创新创业的环境和有利条件

如前文所述，由清华大学中国创业研究中心发布的数据可以看出，目前我国的创业环境和政策虽有改善但与发达国家相比还有差距，虽然已经开设创业教育课程但社会上对大学生创业的误解仍普遍存在，对大学生创业尊重、鼓励的氛围还没有形成，对大学生创业的市场进入、资金支持、政策鼓励等都不够。因此，接下来政府应出台相关的政策对大学生创业给

---

❶ 《全国首例高校创业教育试点学校落沪》，http：//www. fjedu. gov. cn/html/2009/10/266068_ 57100. html.

予场地、资金、制度方面的大力支持和扶持，为大学生创业提供各方面技能辅导、培训、法律援助，在社会上营造有利于大学生创业的良好氛围，引发大家对大学生创业的关注，进而带动大学生创业的环境改善。

参考文献：

［1］中华人民共和国教育部高等教育司组. 创业教育在中国：试点与实践［M］. 高等教育出版社，2006.

［2］裴倩敏. 高校创业教育调查［J］. 中国大学生就业，2007（10）：15－21.

［3］王本贤. 高校创业教育的理论与实践［J］. 教育理论与实践，2008（9）：41－42.

［4］黄兆信，曾尔雷，施永川. 美国创业教育中的合作：理念、模式及其启示［J］. 高等教育研究，2010（4）：105－107.

［5］木志荣. 我国大学生创业教育模式探讨［J］. 高等教育研究，2006（11）：79－82.

［6］梅伟惠，徐小洲. 中国高校创业教育的发展难题与策略［J］. 教育研究，2009（4）：67－72.

我国大学生创业教育现存问题及改进建议

刘来玉　郭建平

摘　要：培养大学生的创业精神不仅是解决就业难的一时之举，也是国家增加经济发展活力、提高国家竞争力和创新能力的重要举措。随着国家对创新人才的需求不断扩大，创业教育理应得到高校毕业生及其家庭、高校、教育部门乃至全社会的重视。本文简要回顾了国外成熟的创业教育经验，阐述了创业教育的内涵和意义，分析了国内大学生创业教育现存的问题，并提出了相应的改进建议。

关键词：创业教育　启示　改进建议

随着国外创业教育的发展以及国家经济形势的需要，针对大学生开展创业教育的重要性日益提高。2010 年 3 月发布的国家教育部《国家中长期教育改革和发展规划纲要（2010—2020 年）》以及《教育部关于全面提高高等教育质量的若干意见》（教高［2012］4 号）明确要求高等学校切实加强创业教育工作。

一、大学生创业教育的内涵和意义

（一）创业教育的内涵

1989 年，联合国教科文组织在北京召开的面向 21 世纪教育国际研讨会上首次提出了"enterprise education"的概念，即为创业教育。1991 年，联合国教科文组织进一步阐明了创业教育广义和狭义的概念。狭义的创业教育是指创办企业的教育或者培训企业家的教育；广义的创业教育主要是指培养具有开创性的个人，包括其首创、冒险精神、创业和独立工作能力，以及技术、社交及管理技能等 。1995 年，该组织进一步明确了创业教育包含的两个方面内容：求职和创造新的就业岗位。2012 年 8 月，中国教育部办公厅关于印发《普通本科学校创业教育教学基本要求（试行）》的通知明确指出了高校创业教育当"教授创业知识、锻炼创业能力、培养创业精神"，并强调开展创业教育是促进大学生全面发展的重要途径，是落实以创业带动就业、促进高校毕业生充分就业的重要措施。

（二）开展创业教育的意义

创业是增加工作岗位、提高就业率的有效手段，也是提升经济活力、实现创新的有效途径。针对大学生开展创业教育，一方面是培养大学生创业素质与能力、促进其全面发展和成才的重要手段，另一方面也是缓解就业压力、实现"科教兴国"和建设"创新型国家"的重要途径。

创新教育的目标不是学生毕业后一定要自己当老板，一定要自主创业，而是重在培养学生的企业家精神，即学生一定要具备创新意识和创业能力。在知识爆炸和竞争激烈的当今世界，国家迫切需要具有创新思维的复合型人才，创业教育就是为满足社会对人才的这一要求。创业教育通过提升毕业生的创新思维和职业素质不仅使毕业生个人在人才市场更具竞争力，还能助其在将来的职业生涯中更好地为公司服务，帮助公司实现更长久的发展。从这一角度看，创新教育对于高校毕业生的职业发展和全面成才、成功具有十分重要的意义。

当前，国内高校毕业生的就业形式十分严峻，就业机会不均等也是社会矛盾之一。创业教育通过提升高校学生创新创业能力，在帮助他们更好地就业、实现个人发展的同时，也带动了一部分高校毕业生实现自主创业。自主创业能够增加工作岗位，创造经济价值，是促进社会经济发展的重要举措。同时，自主创业能有效地缓解就业压力，缓和社会矛盾。创业教育通过提升国民的创新创业能力而带动自主创业，对于实现经济发展、解决社会问题、提升国家的创新能力和竞争力作用明显，社会意义重大。

二、国外大学生创业教育实践综述

（一）国外大学生创业教育的实践情况

创业教育在欧美等发达国家开展较早，已经有几十年的历史，在理论与实践方面都积累了丰富的经验，值得学习和借鉴。

美国是创业教育的发源地，早在 1967 年，百森商学院（Babson College）就在全球第一个推出了研究生创业教育课程。如今，在美国大学尤其是商学院和工程学院创业教育的开展非常普遍，并已形成一个相当完备的社会体系。许多高校成立创业俱乐部，举办各种形式的创业计划大赛和创业交流会，政府也通过经费扶持、贷款援助及风险投资等政策引导为创业提供支持。美国也是世界上创业教育最成功的国家，全球知名的微软（Microsoft）、谷歌（Google）、苹果（Apple）和雅虎（Yahoo）等公司都得益于其成熟的创业教育和完善的创业环境。20 世纪 90 年代后，创业教育催生了一大批高新技术企业，成为美国财富持续增长的强劲推力，对于推动美国的社会经济发展起到了不可估量的作用。

自亚洲金融风暴开始，韩国政府开始注重大学生的创业教育，采取了多项保护和鼓励大学生创业的政策措施，高校设立"创业支援中心"，举办各种与创业有关的培训活动，设立专项的创业基金，对大学生创业进行扶持帮助。今天的韩国已成为全球大学生创业意愿和比例最高的国家之一，韩国大学生创办的风险企业 76% 集中在信息、因特网、电子等专业领域。

（二）国外创业教育对国内大学生创业教育的启示

发达国家创业教育的成功为国内开展大学生创业教育提供了诸多启示，主要包括以下三个层面。

1. 政府层面

开展创业教育离不开政府的介入，主要体现在政策引导和资金扶持两个方面。

在上文提及的例子中，其政府都高度重视创业教育，出台不同的政策对高校学生的创业活动予以引导，并给予资金上的支持。

2. 社会层面

从社会层面来讲，创业教育离不开整个社会的创业环境，表现在创业文化环境的建立和创业资金的社会化操作。国家重视，社会崇尚自主创新，鼓励自主创新，政府经费扶持、社会援助、贷款等多渠道保证创业资金充足，大学生及其家庭就更有意愿进行自主创业。

3. 高校层面

创业教育需要国家和社会的力量，但对于大学生创业教育来讲，高校发挥着至关重要的作用，是大学生创业教育和成功实现创业的主战场。欧美等各国的成功经验说明，要保证大学生创业教育的顺利实施和单有成效，高校要具备前瞻性的创业教育理念、系统完备的创业课程体系以及优秀的师资力量，实现组织机构专职化、课程体系规范化、师资队伍专业化。

三、国内大学生创业教育现状分析

国内创业教育起步较晚，教育部 2002 年确定中国人民大学、清华大学、上海交通大学等 9 所高校进行创业教育的试点工作。之后，创业教育逐步展开，各高校纷纷开设"企业家精神"、"创业管理"等课程，政府机构组织开展各种形式的创业教育项目，如"创办你的企业（SYB）"、"中国青年创业国际计划（YBC）"等，举办"挑战杯"、"三创"大赛等各种形式的创业计划竞赛，对创建创新创业文化、激发高校毕业生自主创业热情起到了一定的推动作用。

虽然取得了一定的成绩，但不可否认的是，国内大学生创业教育还很不成熟，国家的政策、社会宏观环境、高校课程体系、师资力量及实践平台，以及大学生个人认知等方面仍存在不少问题，下面将从三个层面进行分析。

1. 社会宏观层面

与国外发达国家相比，国内给予创业教育和大学生创业实践的支持远远不够，尤其是资金方面的帮助和扶持太少，高校毕业生除了家庭的支持，很难从其他渠道获得充足的创业基金，如北京地区高校毕业生自主创业，仅能获得 2000 元的创业基金；整个社会的创业文化氛围薄弱，对创业教育认知存在误区，多数家长对高校毕业生的创业之举不予理解并报以较低的期望值，而热衷于鼓励孩子进国家机关、国企或外企，全国各地的"公务员热"充分说明了这一点。

2. 高校层面

目前，国内高校对创新创业教育的认识仍有偏差，教育质量还有待提高。

绝大多数高校注重学生专业知识、技能以及职业素质的提高，却忽视了学生创新思维和创造性的培养；部分管理者认为创业教育仅仅是就业指导的一个方面，仍停留在职业技能要求、政策解读上；创业教育课程体系不完善，缺乏系统性，师资力量还显薄弱，缺少兼具专业知识和企业实践尤其是创业实践的教师，创业教育流于表面。

3. 大学生个人层面

受传统教育及社会大环境的影响，国内高校学生的创新思维及创业意识严重不足，绝大多数大学生只看重学历和专业知识，盲目参加各种技能培训班，考取各种资格证，却忽视了个人创新能力的培养，创新和创业意识淡薄。据中央电视台的一项调查，目前中国大学生自主创业的比例尚不足 1%，而在美国等创新型国家，这一比例已超过 20%，可见国内的创业教育和创业实践与国外发达国家相比差距明显。

四、针对国内大学生创业教育现存问题的几点建议

针对上文提到的问题，下面将就三个层面中的具体问题提出相应的改进建议。

（一）国家的政策导向和资金支持

搞好创业教育，政府大有可为，包括制定政策法规对高校创业教育课程进行指导，并在创业教学实践经费方面给予充分的支持；对大学生创业给予税收倾斜和费用减免，健全社会保障体系，解除大学生创业的后顾之忧。

（二）多渠道的创业基金来源

创意的实现需要资金的支持，要大力发展大学生创业教育，鼓励大学生创新实践和自主创业，政府和社会必须给予强有力的资金保障，形式不一而足。对于大学生的优秀创意及项目，采取国家全额资助、给予启动基金、提供免息贷款，或者最大限度地调动社会力量，引入风险投资等各种

形式，让每一个大学生有能力走上他们的创业之路。

（三）社会整体创业环境的建立

创业环境的建立主要是指创新创业文化氛围的创立，以及社会对创业活动全程、全方位的支持。要求人们转变传统观念，崇尚创新，支持自主创业。

（四）完备的高校创业教育体系

创新教育的最大载体是高等学校。这就要求国内高校切实转变办学理念，不断完善创业教育体系，加强创业教育的实践教学和平台建设，在日常教学中真正做到"教授创业知识、锻炼创业能力、培养创业精神"。

（五）大学生创新创业意识及就业取向

目前大学生自身的创新创业意识严重不足，还依赖于"找饭碗"。创业教育就是要转变大学生的传统就业思想，树立大学生的创新创业意识，激发大学生自主创业的热情，实现自主创业。

（六）学生家庭的全力支持

每一个创业者都离不开其家庭的支持。转变传统的就业观念，父母对大学生多渠道就业和创业给予充分的理解和支持，能够点亮一颗颗创业的火种，让自主创业蓬勃发展起来。

五、结语

尽管国内大学生创业教育仍处于起步阶段，但随着国家经济的发展、社会观念的转变以及政府的日益重视和大力支持，其发展正面临着前所未有的契机。各高校应努力加强自身基本功，把创业教育办成有利于国家社会经济发展、有助于大学生成才且让人民满意的教育。

参考文献：

[1] 彭志武. 高校创业教育课程体系的重构及其实施模式 [J]. 现代教育科学，2011（3）：64－66.

[2] 刘月秀. 中美高校创业教育生态因子比较研究 [J]. 实验室研究与探索，2012（31）：372－375，383.

[3] 杨楠. 中英两国高校大学生创业教育比较研究综述 [J]. 吉林广播电视大学学报，2012（1）：40－42.

[4] 向东春，肖云龙. 美国百森创业教育的特点及其启示 [J]. 现代大学教育，2003

（2）：79 – 82.

［5］梅伟惠. 欧盟高校创业教育政策分析［J］. 教育发展研究，2010（9）：77 – 80.

［6］王青山，黄勇. 国外大学生创业教育的启示及借鉴［J］. 实证研究，2010（10）：23 – 27.

［7］肖进，等. 推进我国大学生创业教育的公共政策思考［J］. 中国林业教育，2012（30）：20 – 23.

［8］李晓峰，等. 我国大学生创业教育的困境与突破［J］. 学术论坛，2012（9）：209 – 212.

大学生科研创新能力提升路径探析

——基于"课内外教学一体化"模式的研究

徐 鲲

摘 要：随着生源质量的不断提升，学生的科研创新意识逐步增强，对于科学研究的兴趣日渐浓厚。课内外教学一体化模式在将教与学从课上向课下延伸的同时，也为学生提供了提升科研创新能力的良好路径。本文结合应用型大学学生特点，在探悉课内外教学一体化模式特点的基础上，提出结合课内外教学全方位提升学生科研创新能力的策略。

关键词：科研创新能力 课内外教学一体化 大学生科技活动

一、提升大学生科研创新能力的背景分析

根据《国家中长期教育改革和发展规划纲要（2010—2020 年)》和《北京中长期教育改革和发展规划纲要（2010—2020 年)》的要求，大学生科研创新能力的提升成为纲要中的重要议题。而对于应用型大学，随着生源的不断优化，学生培养的定位也在不断提高，学生自身对于进一步深造和全方位能力的提升要求也更为迫切，因此亟须寻找大学生科研创新能力的提升路径。而以教学为突破口，实现多方式信息输入，多渠道能力提升的"课内外教学一体化"模式在提升大学生科研创新能力方面的贡献成为近期众多高校关注的问题。

二、"课内外教学一体化"模式的特点

随着教学外延的不断拓展，目前教学管理正从单纯的"课内教学"向

"课内外教学一体化"转变，这将使课上教学内容在课下进行有益的延伸与拓展，对于学生深入理解知识要点、提升应用能力具有较大帮助。

（一）多样化的课内教学方法，激发学生专业学习兴趣

课内教学中，在传统讲授式教学的基础上结合学生的特点，进行教学方法上的优化与创新，形成了一些比较新颖的教学方法。

1. 渐进式教学法

按照学生认知规律采用渐进式教学思路推进教学进程，由浅入深，由已学知识点过渡到要介绍的新知识点，并不断启发学生对教学重点内容进行深入思考，引导学生透过现象看本质，将定性分析与定量评价相结合，以提高辩证思维能力。

2. 案例分析法

将生活中的鲜活案例引入教学，用以说明较为难懂的理论知识，并以案例完成知识点间的过渡与衔接，激发学生的学习兴趣，试图达到深入浅出，并突出所学知识的应用性。

3. 辅助软件应用法

将实务操作中应用广泛的专业软件引入教学，如财务领域的用友软件，统计领域的 SPSS、EVIEWS、STSTA 等软件。将专业知识的传授与实务接轨，以拓展知识的应用范围，拓宽学生的视野。

（二）多渠道的课外学习途径，延伸学生科研潜能链

以课内学习的知识为基础，通过多样化的课外学习，引导学生在现实复杂的信息环境中解决真实的、开放性的问题，激发学生的创新灵感、碰撞出思维火花的同时，有效地延伸学生的科研潜能链。

1. 组建学习团队，开展问题导向式学习

基于课堂学习的知识储备，课下组建学习团队，通过集体研讨、科研立项等方式开展问题导向式学习（PBL）。通过学习团队的组建，鼓励学生相互学习，分享资料、共同研讨。

在此过程中不断地引导学生拓宽知识面，了解已掌握哪些资料，需要查找些什么信息，如何选用有效的信息源，如何查询信息、理解信息、鉴别信息、应用信息完成新知识的再生。其目的不在于寻找所谓的准确答案，而是在寻求答案的过程中提高学习和研究能力以及团队协作能力。

2．以赛代练，进行有针对性的科研训练

针对学生的特点开展不同层面的课外科技活动，如暑期社会实践、学生科技立项、"挑战杯"学生科技作品评比等，并以比赛为契机，在夯实专业基础知识、理论和技能的基础上，注重学生科技创新思维方面的训练，培养学生具有针对专业问题提出新见解、新主张的意识和能力。

针对性科研训练主要分为两个层次。

第一，科技创新初期训练活动。针对低年级同学尚未全面开设相关专业课程，对本专业了解不多的特点，从基础性科技创新选题入手，安排专业教师指导其开展初步的"调查型"科技项目。为进一步培养学生科技创新能力，结合专业知识进行深入思考奠定基础。

第二，培养科技创新能力活动。针对高年级同学，在前期基础训练的基础上，结合专业知识，鼓励其参与老师的科研课题，承担科研助手的工作，并进一步培养其科研意识，积极申报"研究型"科技项目。

3．发表科研成果，开展规范化的科研训练

在前期学生科技活动和社会调研的基础上，以科技创新项目的研究成果为基础，形成规范的学术论文，固化研究成果，并积极发表。

为了扩大外部效应，通过网络课堂平台与其他同学分享研究思路、框架构思、研究方法等。并通过专业内同学间的专题讨论会，安排部分取得较好成绩的学生向低年级同学介绍经验，以学生间"传、帮、代"的方式，推进学生科研意识的提升和科研能力的提高。

三、结合课内外教学全方位提升学生科研创新能力策略分析

"课内外教学一体化"模式不仅有利于强化知识应用和理解，对于训练学生创造性地解决实际问题，以及学习研究能力的提升都发挥着至关重要的作用（详见图1）。

"课内外教学一体化"模式   学生科研能力训练

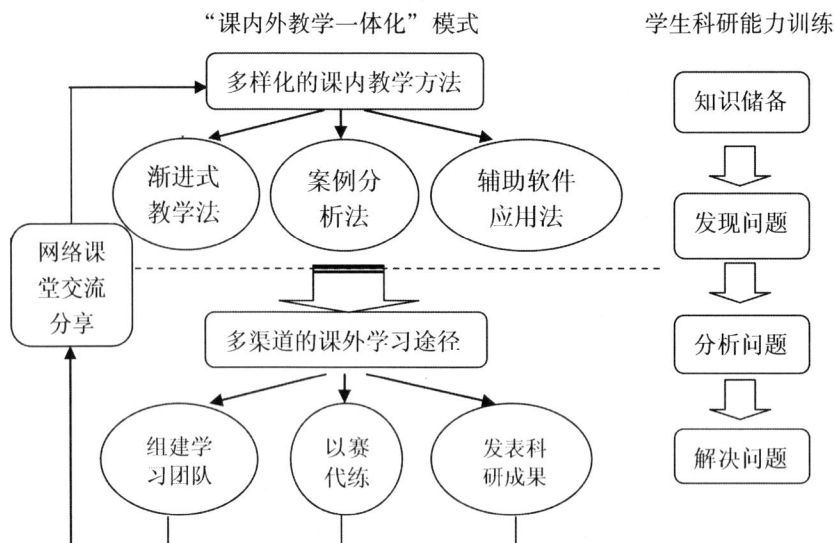

图 1 课内外教学与学生科研能力提升关系图

全方位提升学生科研创新能力的策略主要可归纳为以下几方面。

（一）提高科研洞察力，挖掘科研问题

以问题导向式进行学习有助于学生提升发现问题、识别问题的能力。敏锐捕捉到具有研究价值的科研问题是开展科学研究的重要起点，问题应当从实际中来。如果研究离开了实际问题的支撑，脱离了现实，就会有"无病呻吟"之嫌，因此，准确地选取研究的主题是通过"课内外一体化"教学训练积累下来的能力的体现，也是开发学生科研潜能链的第一环节。在教学中要着力培养学生的思考习惯，运用课上所学专业知识，结合课下社会实践和案例探悉，深入挖掘需要解决的科研问题。

（二）科研强化训练助推深入分析问题能力提升

通过课外学习不仅使学生积累了研究的素材，同时提升了检索、获取和利用各种科研文献的能力。以完善的图书馆资源和先进的资料检索系统为依托，通过科研强化训练，使学生能够透过现象看本质，具有较强的深入分析问题的能力。

（三）提升解决实际问题的能力，注重研究成果的凝练

通过固化课外学习的相关成果，学生在老师的指导下能够针对学术问题发表个人见解，形成规范的学术论文，不仅是其灵活运用所学知识、达

到融会贯通的一种体现，而且极大地提升了规范化地解决实际问题的能力，为日后继续深造、求职和工作奠定了较好的基础。

总之，课内外教学对于学生科研能力的提升具有显著的正向推动作用，同时科研能力的提升有力地推动和促进了课堂教学。将课内外教学与学生科研能力的提升计划有机地结合起来，对于提高学生自主创新能力，拓展创新思维，提升专业能力大有裨益。

参考文献:

[1] 王永生，等. 构建本科生科研训练与创新实践的长效机制 [J]. 中国高等教育，2010（6）：21–25.

[2] 张燕. 如何结合知识传授训练大学生的科研能力浅探 [J]. 中国大学教学，2007（9）：32–33.

[3] 刘永和. 问题导入式"五步研究法"的架构与实践 [J]. 上海教育科研，2008（7）：48–50.

[4] 龚芙蓉. 国外高校信息素质教育之"嵌入式教学模式"的思考与启示 [J]. 图书馆论坛，2010（6）：147–149.

新时期信息管理与信息系统专业建设思路

于丽娟

一、引言

随着信息技术、管理信息系统技术的不断成熟，以及大数据时代的到来，社会对信管专业人才的需求也有很大变化，最显著的是社会对数据分析师、数据工程师、信息分析与管理工程师有更多需求，因此信息管理与信息系统专业也在人才培养目标和课程体系上有较大变化，数据分析、数据挖掘能力的培养越来越受到重视，逐渐成为信息管理与信息系统专业人才培养的重要内容。信管专业教学指导委员会也就新时期环境下人才培养课程体系以及质量保障体系进行了多次研讨，中心思想是课程体系中要重视数据分析与挖掘、商务智能、电子商务等，以使学生适应大数据时代给信息管理带来的挑战。

二、信息管理与信息系统专业布点

信息管理与信息系统专业是国内高校普遍布点的专业。调研显示，2013 年在"最受中国大学喜爱的本科专业排行榜"中本专业排名第 7 位，开设院校 617 所，占本科院校比例 53%，比较著名的有清华大学、中国人民大学、北京理工大学和复旦大学等。在国内的重点大学中信息管理与信息系统专业具有较高地位，相对高于二类本科，多数开设在管理学院，部分设在信息学院、计算机学院等，还有一些综合性大学独立设置信息管理学院。与全国情况类似，本专业在北京地区的高校中布点也很普遍，约占 50% 以上，多数属于管理学类。大部分信管专业注重 IT 信息技术，围绕管理信息系统建设设置技术类课程，强调管理信息系统的分析、设计、开发与实施能力的培养，还有一小部分以信息资源管理为主要方向，强调信息资源的组织与存储、共享与发布能力的培养等。近年来结合大数据时代对人才提出的新需求，各院校也逐渐开设数据分析、商务智能领域的课程。

三、北京联合大学信息管理与信息系统专业建设现状

北京联合大学信息管理与信息系统专业经过多年的建设，在人才培养方案、课程建设与改革、教学团队建设、校企合作和学生科技活动等方面都取得了一定成果。

（一）人才培养方案及课程体系改革

北京联合大学信息管理与信息系统专业形成了一套符合信息化需求的专业人才培养方案和课程体系。专业方向定位于管理信息系统，课程体系分为计算机技术、经济管理、信息管理和实践教学四个模块，形成了由认识实习、课程实践、专业综合实践和毕业实习构成的四段式实践教学体系，这四个阶段构成了逐步提升的能力训练链，每一阶段都进行了教学模式改革，强调通过校企合作、校内外实践基地以及校企共建等多种方式完善了实践的内容、方法。通过各模块的课程教学及四阶段实践环节培养懂技术、能管理、强应用的复合型、应用型信息化专业人才。

课程体系中建成了管理信息系统、信息管理学两门校级精品课程，建成了信息技术类和信息管理类两个课程群。针对工商管理大类平台课管理信息系统，在内容和教学方法上进行了重点改革，开展课程网络学堂资源建设与维护，摄制全程教学视频，重点改革和建设教学内容与网络学堂，购置了一定数量的教学资料。此外，专业还开设了工商管理大类平台"企业管理综合实践"课程，使大类学生充分认识到管理业务的信息化过程。

结合经管大类分流后专业生源绩点偏低的特点，专业推进课程内容与教学方法改革，推行启发式、研讨式、案例式教学，探索并开展研究式教学。组织专业核心课程、专业限选课程普遍进行建设和改革，包括高级语言程序设计、ERP 原理与应用、数据结构、数据库原理与应用、信息系统集成技术、信息系统分析与设计以及毕业设计过程控制与管理等。专业综合实践基于个性化分类指导原则，通过校企合作共建，开发了若干企业模

块，包括管理信息系统开发、企业管理信息化、数据分析与挖掘、软营SaaS模式、电子商务策划和金融业务信息化六个模块，其中五个模块都分别与不同的企业开展合作。按模块分类实践，学生可以根据自己的个性化要求选择实践模块。

（二）开展教学研讨和团队建设

组织教师开展各类调研、教学研讨。每年约有10人次参加各种学术和教学研讨会议，如"本科院校精品课程与优质教学资源建设研讨会"、"信息管理与信息系统专业发展高峰论坛"等；组织教师参加各类项目申报培训会议，参加行业技术培训等，如国家自然科学基金项目、北京市哲社规划项目申报培训会；组织开展科研研讨，探索学科发展趋势，探讨提高科研立项层次，争取各级各类项目立项；组织申报科研项目，专业教师争取获得各级各类多项科研立项，获得高水平项目培育支持。结合专业人才引进，基本形成知识结构、职称结构较为合理的教学团队。针对课程体系搭建教学团队，目前专业所有课程都配备了核心授课教师及课程建设团队。

（三）人才培养模式改革与校内外人才培养基地建设

探索多种形式的人才培养模式。如组织制订电子服务外包实验班的规划、设计、教学运行与管理，并对2008和2009级信管专业学生进行了实践。从实践结果看，模式改革有显著效果。建立了多个较稳定的校外实践基地，如用友新道科技有限公司、中国金融电子化公司、八百客科技有限公司、卓益达科技有限公司、博彦科技、文思创新和海辉软件（国际）等。至少已连续4年派专业学生去这些企业认识实践、岗位工作实践，组织教师去企业参观、调研，与企业技术人员研讨专业领域前沿、人才需求等问题，引入企业的管理软件，邀请企业技术人员来学校开展各种实践教学培训。组织学生参观生产制造企业如北京现代、北京啤酒的生产流程，观摩学习企业进行生产规划和排产的软件应用系统。每年约有20名学生成功进入各类合作企业就业。校企双方挂牌合作开展科学研究，校企合作研讨，与若干企业完成校企互聘教师和工程师，获得多项企业委托的横向立项。

组织学生参加科技活动，以赛促学促练成为人才培养模式的重要形式。参加的竞赛如三创杯电子商务挑战赛、启明星竞赛等，在历年的比赛中都有小组获得相应奖项，如 2011 年全国三创杯电子商务挑战赛中，本专业有多个学生小组参加，有三个小组获得奖项，一个小组获得北京赛区特等奖，并代表学校参加全国赛区的竞赛，获得全国赛区三等奖。

（四）学生的就业与发展情况

学生毕业后多就业于 IT 行业，其中不乏著名企业，如博彦、文思、神州数码、用友、金蝶、八百客、方正、首钢集团、中国人民银行电子化金融公司等。与这些企业交流时发现，企业非常认可我校的学生，他们多就业于信息系统运营维护岗位或管理岗位，如信息管理工程师、软件产品服务工程师等，并预计有较好的发展前景。据校招生就业处统计，我专业历届就业率达 98% 以上，就业后的第一份收入比其他管理类专业的平均收入高出 7.24%（2011 届毕业生）；对 2008—2012 届毕业学生的出国考研情况进行统计，至少 26 人考取了研究生。

四、新时期信息管理与信息系统专业建设思路

（一）专业定位和建设理念

本专业以满足我国和首都信息化建设的人才需求为目标，培养基础扎实、实践能力强，具有创新创业精神和社会责任感，具有较强的适应能力和可持续发展能力，具备现代管理科学及信息管理学的理论知识，具备较强的计算机应用能力，掌握系统思想和管理信息系统分析与设计方法，能在各级管理部门、工商企业、金融机构和科研单位等从事信息管理以及信息系统建设与应用工作的高素质、应用型专门人才。

鉴于学校为二本类院校以及学生特点，本专业定位于：以 IT 技术应用为主导，深化管理与技术的融合，培养具有较强管理业务能力、具备一定 IT 技术应用能力的复合型人才。管理领域定位于企业管理，技术领域定位于管理信息系统开发，信息管理领域强化数据分析与挖掘。基于 MIS 的专业定位如图 1 所示。

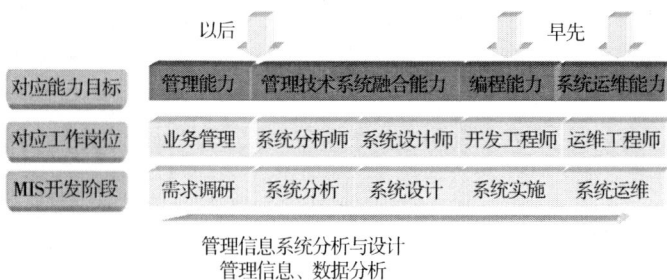

图1 基于 MIS 的专业定位

专业建设理念：经典主流发展；积极感测响应；人才培养以能力为导向，完善课程体系，加强实践教学；突出专业特色。其中，经典主流发展是指按照教育部管理科学与工程类学科教学指导委员会与信息系统协会中国分会（CNAIS）共同制定的信息管理与信息系统专业规范课程体系为主导。积极感测响应是指课程体系设计中应关注新兴信息化管理的方法，如商务智能、深度信息分析（BI/BA）、信息搜索；应关注电子商务、移动商务、社会商务应用领域，关注新模式、新业态、新人群，关注企业内外大数据等。

（二）培养方案设计思路

符合高等教育关于人才知识、能力、素质三方面基本规格和质量标准要求；依托于管理科学与工程学科，以新修订的专业教学指导目录为依据设计培养方案和课程体系；面向管理信息化社会需求和岗位工作需求设计人才培养能力目标和实践教学体系。

培养方案设计的方法基于两个主线，一是从社会岗位到能力需求的能力体系设置过程，该过程为：行业部门→岗位大类→岗位细分→核心能力→基本能力；二是依托学科设置课程及实践体系的过程，该过程为：法律法规→依托学科→核心课程→课程体系→基本能力→核心能力。经过这两个过程，可以进行专业定位、制订人才培养目标、确立培养模式和课程体系。

（三）实现培养目标及专业规划

为实现培养目标，坚持拓宽基础、增强创新能力、提高综合素质和办出专业特色的原则，不断改革课程体系。加强课程建设与教学资源整合，在精选内容、提高起点、避免重复的基础上，将课程体系分为计算机技术模块、经济管理模块、信息管理模块和独立实践模块；改革教学内容，加强精品课程建设力度，争取更多课程获得国家级（市级）精品课程。构建符合人才能力培养的实践教学体系，完善各实践环节。

改革教学方式方法，结合现代化教学手段，以专业核心、专业技术类课程以及实践类课程为重点，探索与课程和学生特点相适应的教学方法，如启发式、任务驱动式、案例教学等，构建网络化、互动式、多元化的教学方法体系。根据教改情况编写相适应的教材，并努力将其列入校级或市级以上规划教材。

与合作企业开展深度合作，通过"共建基地"、"联合攻关"、"双向聘用"和"专业综合实习"等多种方式，与企业共同设定课程讲义、教学大纲并编写教材，共建校内外实习基地，要求企业承担学生校外实习指导，指导学生毕业论文，共同拟定专业人才培养方案。

加强师资培训和教学团队建设，以专业核心课程或专业技术类课程群建设为依托，以主任课教师为责任人，组成若干个教学团队，定期开展教学研讨，组织各教学团队参加校内外教学研讨、培训、会议，提高师资队伍的教学研究水平，通过引进人才、内部培养等方式，逐渐形成职称、年龄结构合理和知识结构合理的教学团队。

开展学生科技活动，实施导师制指导和管理学生。学生进入大二后半学期就将每位学生分配给老师，由老师负责学生今后的学习和成长，包括指导学生参加各种科技活动，使学生根据自己的兴趣形成比较稳定的研究或发展方向，从而使学生科研和实践能力也得到了提高。

第二部分

课程改革

云平台环境下经管类实践教学新模式构建初探[1]

董 焱

摘 要：本文在分析传统经管类模拟仿真实践教学存在问题的基础上，提出依托云计算技术构建实践教学云平台，是变革经管类实践教学模式的有效途径。讨论了基于云计算的云平台主流技术及其对远程教学的支持，云平台与实践教学环境的构建以及在其影响下将形成的经管类实践教学新模式，包括实践教学资源共享平台构建、实践教学内容建设、实践课程及项目展示、实践教学组织、实践教学质量管理和分布式专业竞赛协同等方面。

关键词：云平台 经管类实践教学 教学模式

云平台技术与大数据是近年来 IT 界乃至全社会热度最高的流行词汇，预示着信息技术面临的重大改变，云平台技术在高等教育中的应用也初露端倪。依托云平台构建经管类实践教学新模式，可以克服传统经管类模拟仿真实践教学存在的固有缺陷，提高实践教学的实效性，从而提高经管类人才培养的规格和质量。

一、传统经管类模拟仿真实践教学存在的问题

近年来，经管类实践教学在信息技术应用、教学模式丰富等方面成长迅速，特别是依托网络等信息化技术，将远程教学、实时互动、在线测试、在线实时交流和团队对抗等方式引入实践教学，使得对企业等部门的

---

❶ 本文为北京联合大学教学改革与研究项目校级重点课题"基于云平台的经管类实验教学模式改革研究"（2013 立项）的阶段性成果。

仿真模拟实验成为经管类实践教学的主流模式，在学生能力培养方面起到不可或缺的作用，也使得经管类实践教学成为高校实践教学家族中一个重要的成员。

然而，传统的模拟仿真经管类实践教学发展至今，面临着不少问题，例如，经济管理模拟仿真实验室或经管类实验教学中心，依照不同的行业或企业职能建立相对独立的实验室，学生实习时教学地点固定、教室之间相互独立、课外学习实施困难、应用软件在不同校区间共享不易，难以满足当前经管类实践教学所要求的灵活部署、及时响应、快速搭建各类信息系统与实践场景的需求。

同时，现有的实践教学软硬件环境存在维护困难、耗时长等问题，实验管理人员日常主要应对纷繁复杂、简单重复的工作，无暇深入研究和构建更加高效和稳定的实践教学环境，也限制了向师生提供更加丰富多样的服务和实践教学项目。

为了解决经管类实践教学存在的困难，近年来高校经管类实践教学界也进行了大量有益的探索，如利用无盘工作站、虚拟化技术等，以实现经管类实践教学环境"柔性组合、虚拟仿真、远程共享"等目标，但由于处理能力、存储空间等限制，像基于 3D 虚拟现实技术的模拟仿真教学、不受时空限制的异地实践教学等都难以开展。

方兴未艾的云计算技术为解决上述问题带来希望，依托云计算技术构建实践教学云平台，将变革经管类实践教学模式。

二、云平台技术及其对远程教学的支持

（一）云平台的概念

云平台的核心是云计算（cloud computing），从 2003 年 Google 发布内部 IT 系统云计算论文，2006 年 Amazon 推出的包括 EC2 在内的公共云计算服务 AWS，到 2007 年 11 月 IBM 推出的"蓝云"计算平台，2008 年 10 月微软推出的 Windows Azure 操作系统等，快速发展的云计算已成为提供各种互联网服务的重要平台。

云计算指通过网络以按需、易扩展的方式获得所需的资源（硬件、平台、软件）。提供资源的网络被称为"云"。云计算并不是一种纯技术概

念，而是一种商业计算模式。它将计算任务分布在大量计算单元构成的资源池上，使各种应用系统能够根据需要获取计算力、存储空间和各种软件服务。云计算是并行计算、分布式计算和网格计算的发展，是虚拟化、效用计算、IaaS（基础设施即服务）、PaaS（平台即服务）、SaaS（软件即服务）等概念混合演进并跃升的结果。

云计算服务可分为以下三类。

IaaS（Infrastructure as a Service，基础设施即服务）：以服务的形式提供虚拟硬件资源，如虚拟主机、存储、网络、安全等资源。用户无须购买服务器、网络设备、存储设备，只需租用硬件进行应用系统的搭建即可。

PaaS（Platform as a Service，平台即服务）：提供应用服务引擎，如互联网应用编程接口、运行平台等。用户基于该应用服务引擎，可以构建各类应用。

SaaS（Software as a Service，软件即服务）：用户通过标准的 Web 浏览器来使用云计算平台上的软件。用户不必购买软件，而是按需租用软件。

上述三类服务，又可以看作云计算的三层应用：最上层的是 SaaS 应用软件层——软件即服务；中间的是 PaaS 平台服务层——平台即服务；最下层的是 IaaS 基础架构层——基础即服务。

建立在云计算技术基础上的云平台将一些可以进行自我维护和管理的虚拟计算资源，通常为一些大型服务器集群，包括计算服务器、存储服务器、宽带资源等一些大数量的低成本运算单元通过 IP 网络相连而组成的超大型运算平台，并由软件实现自动管理，无须人为参与，可向用户提供海量的数据存储和高处理能力。云平台具有高性能、低成本和通用性强的特征。

（二）云平台与远程教学服务

在云平台环境下，利用平台上的远程教学资源，用户可以方便地根据自己的需求和喜好定制服务、资源和应用，并且可以不受时空限制以安全、便捷的方式获取相关的教学信息及服务；利用分布式计算、并行计算、虚拟化、网格技术和负载均衡等技术，可以对网络中的资源进行优化和组合，由此构成的庞大的资源池可将知识资源高度整合，运算整理后根据用户需求进行资源的统一调配，避免信息孤岛，真正实现教学资源共享；云平台超强的计算能力能够通过记录学习用户的行为，分析用户偏好，结合用户需求，主动提供给用户更加适配的教学资源和服务；将云平台与移动技术结合，可提供移动教学服务。

三、云平台与实践教学环境的构建

基于云平台构建实践教学环境，主要采用硬件设备虚拟化、应用软件虚拟化、配置工具虚拟化、系统管理自动化以及服务流程一体化等技术和手段；平台主要由硬件系统层（服务器集群、实验资源池）、系统管理层（云后台管理、目录服务器）、中间网络层（应用网关群）及云终端构成。

1. 后台资源系统。综合应用各类存储设备、硬件设备、服务器集群，由虚拟技术构建虚拟实验室及实验环境，实现数据、存储、软硬件设备等资源的统一管理、调度功能。

2. 服务器虚拟机技术。利用虚拟机技术，在服务器群中构建数目不同的虚拟计算机，可运行不同的操作系统以及与实验或科研相关的系统软件，从而构建满足个性化需求的实验环境。

3. 实验教学资源管理。在系统管理层，进行用户行为监控、系统管理及资源管理。其中，行为监控系统主要是监控系统的运行状况、异常的检测以及用户的行为、流量的监控。对于系统出现的异常情况及时做出相应的处理；系统管理主要是实现对多个操作系统的管理、负载的均衡、基于虚拟化技术的进程迁移、用户任务调度管理等；资源管理系统主要是对云平台系统中虚拟机资源的管理，包括资源状态的监控，资源的分配与回收，资源的更新、添加、维护与删除等。

四、云平台环境下经管类实践教学模式的探索

利用云平台可以扩展经管类实践教学的触角，改变其教学模式。从现状看，在云平台下可能形成的实践教学模式主要内容包括以下方面。

（一）通过云平台构建实践教学资源共享平台

通过将知识服务与云计算深入地结合在一起，结合云计算按需、易扩展的方式，对实践教学信息化资源和系统进行整合，在云平台上进行统一部署，构建基于云平台的实践教学知识服务体系，实现师生随时随地按需进行实践教学活动，实现实践教学资源便捷、高效、灵活、系统、无障碍

地建设、学习和交互共享。

（二）提供以学习者为中心的个性化实践教学服务

通过云平台为实践教学知识服务的提供者和使用对象提供规范的实践教学模板和共享机制，形成新的实践教学课程建设、发布、学习模式。

1. 实践教学内容建设。将实践教学划分为基本的单元，通过动态地组织实践教学内容，搭建系统化的实践教学资源库，并通过个性化的知识导航和内容推送，提供以学习者为中心的个性化的实践教学学习内容包供学生选择。

2. 实践课程及项目展示。通过结构化模板，以个性化的方式完成实践课程及项目的教学文件、教学资料等资源信息的展示和下载。

3. 实践教学组织。以资源协同组织和动态发展为基础组织教学内容、案例演示、课外链接、作品展示、授课视频和在线练习等实践教学资源，满足用户的个性化学习需求；通过在线测试与管理功能，帮助完成学习效果的评价；通过组合形式多样的交流互动方式，面向实践教学，加强师生交互沟通和反馈。

4. 实践教学质量管理。通过云平台的动态监控机制，实现实践教学质量的过程管理。通过对教师及学生参与实践教学活动的监控，可形成对学校、课程/项目、教师和学生的多层教学质量过程管理模式；通过对学生活动和学习效果评价的跟踪，可了解用户学习偏好，优化学习路径，提高学习的效率。

5. 分布式专业竞赛协同。依托云平台开发经管类专业竞赛协同系统，利用该系统，可以组织分散在异地高校的学生在虚拟赛场内同场竞赛，减少常规竞赛所需的路费支出和食宿支出等成本。

五、结语

云平台是当前网络应用的一种趋势，基于云平台所建立的实践教学资源服务平台不仅可以提高经管类实践教学的实效性，同时也将从根本上改变经管类实践教学的模式。但是，云平台作为一项较为新兴的 IT 应用，其发展极为迅速，而在高等教育领域特别是实践教学方面的应用又处在初始阶段，包括基于云平台的实践教学环境建设和教学模式改革等在内的各种问题都处在探索中，还需要我们进一步去讨论和研究。

参考文献：

[1] 姚占雷，许鑫，叶德磊. 云计算架构下经管类实践教学环境搭建与应用实践 [J]. 现代教育技术，2013（7）：111 – 116.

[2] 陈铁东，曹巧艳，孟刘青. 云服务：中小企业信息化的新路径 [J]. 现代企业文化，2009（18）：40.

[3] 张同须. 云计算专题序 [J]. 电信工程技术与标准化，2009（11）：1.

[4] 刘爱洁. 云计算在统一信息平台中的应用 [J]. 电信工程技术与标准化，2009（11）：27.

[5] 孙少陵，等. 云计算及应用的研究与实现 [J]. 电信工程技术与标准化，2009（11）：3 – 4.

[6] 于瑞强. 知识服务云平台下个性化学习机制研究 [D]. 南京：南京邮电大学，2013：2.

[7] 刘福强，刘嵩，李玉东. 基于云计算的开放式实验平台设计 [J]. 计算机与数字工程，2011（10）：116.

[8] 崔虹燕，韩金仓. 基于云模式的优质教学资源服务平台建设研究 [J]. 现代情报，2013（1）：43 – 46.

以能力为主线构建应用型人才培养的教学体系

常金平

摘　要：本文从当前高等教育所面临的形势与挑战出发，讨论了构建应用型人才培养教学体系的意义；分析了应用型人才所具备的基本特征；提出了以能力培养为主线的教学体系设想，即，突出应用能力的理论课程体系的构建、体现实践能力的实践课程体系的构建和提高综合能力的拓展体系构建。

关键词：能力培养　应用型人才　教学体系

一、引言

随着我国教育体制改革的不断深化，高校的不断扩招和高等教育大众化使一些普通高等院校面临新挑战，新生录取分数线越来越低，生源主体多数为居于高考成绩中间段甚至是中间偏下的学生。所培养大学生面临着较大的就业压力。与此同时，我国目前的经济建设还需要数以万计的面向生产第一线的应用型人才、实用型人才，面临着人才短缺的局面。如何解决好普通高校所培养人才过剩与一线人才不足的矛盾，成为高等教育体制改革和每个高等教育工作者所关注的重要课题。作为本科层次教育的教学型大学向应用型大学方向发展，成为培养应用型人才的主力军，符合高等教育发展的科学规律，是与我国高等教育改革和发展的主旋律保持一致的明智选择。一些教学型大学虽然已经具备成为应用型大学的办学基础和条件，但是受精英教育的影响，当前我国多数教学型大学仍采用学术型教育的办学理念和办学模式，这种办学理念和模式的存在成为培养优秀的应用型人才的障碍。因此，深入研究应用型人才的基本特征和能力要求，构建适合应用型人才培养的教学体系对解决人才的供求矛盾具有积极而深远的意义。

二、应用型人才的基本特征

只有对应用型人才基本特征进行全面的研究，才能明确应用型人才的培养目标，寻求科学有效的人才培养模式和途径，构建科学的应用型人才培养的教学体系。应用型人才具备以下基本特征。

（一）具有明显的应用特色

与理论型人才相比，应用型人才更强调"应用"特色，更强调应用性知识，更强调技术应用，更强调专精实用。应用型人才主要承担把发现、发明、创造变成可以实践或接近实践的方案或工艺，完成转化应用、实际生产的任务，对于提高生产的效益和工艺水平具有更为显著的作用。因此，应用型人才应具有扎实的专业知识和技能；具有较强的学以致用和动手的实践能力；具有明显的区域或行业背景；具有较强的社会适应能力和社会创新能力。

（二）具有明显的层次特征

按照在生产活动过程中所运用的知识和能力所包含的创新程度、所解决问题的复杂程度，可以将应用型人才进一步细分为工程型、技术型和技能型。工程型人才主要依靠所学专业基本理论、专门知识和基本技能，将科学原理及学科体系知识转化为设计方案或设计图纸；技术型人才主要从事产品开发、生产现场管理、经营决策等活动，将设计方案与图纸转化为产品；技能型人才则主要依靠熟练的操作技能来具体完成产品的制作，把决策、设计、方案等变成现实，转化为不同形态的产品，主要承担生产实践任务。

（三）具备高素质特征

应用型人才在突出"应用"特征的同时，必须具备"高素质"特征，才能适应社会经济不断发展进步的需要。高素质应用型人才具体表现为：在知识方面，既有一定的知识广度，又有一定的知识深度；在能力方面，既有一定的操作实践能力和知识应用能力，又有技术创新和技术的二次开发能力、科学研究能力；在素质方面，既有较高的专业素养，又有一定的非专业素养，也就是说，除具备过硬的专业素质外，还具有强烈的责任心、道德感、良好的心理素质、意志品质和身体条件等非专业方面的素质。

三、以能力培养为主线的教学体系构建

应用型人才的培养应该把"应用"作为学科布局、专业设置、科学研究、教学模式、质量和评价的主色调。把"应用性"作为教学、科研和社会服务的特色、优势和本质特征。应用型人才的规格特点要求应用型大学必须围绕应用型人才知识、能力、素质和谐发展的目标要求，以能力培养为重心，构建相对独立、内在统一的人才培养体系。

在整个体系构建过程中，需要更新教育思想观念，充分认识高等教育多样化是实现高等教育大众化的前提，建立以社会适应性为核心的教育质量观和人才观。通过改革和探索，构建起能敏锐地反映社会需求，实基础、强能力、高素质、多样化的人才培养模式。对于应用型大学来说，就必须打破传统的研究型人才培养的教学体系，突出应用型人才特色，确定理论与技能的深度和广度，整合教学内容，把传授知识、培养能力、提高素质有机地结合起来，构建以能力为主线的高素质应用型人才培养的教学体系。其中包括：体现多层次、个性化的培养特征，以提高基础理论和基础知识为目标的理论课程体系；以提高基本技能与专业技能为目标的实践课程体系；以提高综合能力和拓展专业外延为目标的素质拓展体系。

（一）构建突出应用能力的理论教学体系

应用型人才在知识结构上具有"知识面较宽，基础较扎实，应用性较强"的特点，因此，需要加强理论课程的整合，突出理论教学的应用性，构建出目标明确、逻辑性强的平台与模块化相结合的理论教学体系。在理论教学体系的构建过程中，以地方经济和行业发展对人才的需求为导向，改革教学内容和课程体系。在理论课程结构上，要打破传统按学科范畴设计课程的旧框架，有目标地增强主干理论课程的整合，逐步形成"基础主干课程＋专业主干课程＋跨专业任选课程"的模块化、纵向化的三级平台架构，在保证人才的基本规格的前提下，满足学生的多样化和个性化发展，增强对社会的适应性。

在总体上设计出学生需要掌握的知识点和能力发展要求以后，按有所为、有所不为的原则，对各种课程进行大胆的裁并、整合和内容的更新，设计、组织并开设全新的课程，构建出较为完整、系统的理论教学体系，同时为实践教学预留充足的学分学时。首先，按类设置学科基础模块，其中包括公共基础课程和技术基础课程，构成理论课程教学体系的一级平台，为专业人才的培养奠定坚实的基础。其次，以专业的主干课程为核心，将课程组合成若干个课程群，并对群内课程内容进行精选、重组和充实，使整个课程群的教学内容整体优化，构成理论课程教学体系的二级平台，促进教学质量的提高与专业特色的形成。最后，要充分考虑社会对人才的全方位的要求，拓展学生的知识面，提高学生的综合素养，广泛开设文化素质系列课程、职业技能系列课程和以行业应用技术为背景并与专业主干课程相衔接的下游技术的模块化专业课程，构成理论教学体系的三级平台，供学生自由选择，允许跨专业的其他专业课作为公共选修课，让学生有更大的个性发展空间，为学生可持续发展奠定基础。

（二）构建体现实践能力的实践教学体系

根据对应用型人才实践能力的要求，整合实验内容，确定相应的基础实验（实践）技术系列、专业实验（实践）技术系列和模块实验（实践）技术系列等内容，减少验证性实验比重，增加设计性、综合性实验内容的比例。

为实施个性化培养，在实验课程性质的设定上，可将本专业必须掌握的技能点设定为必修实验（实践），将技能延伸性实验（实践）或次技能点实验（实践）设为选做实验（实践），供学生自由选择，给学生以个性化发展的空间。以基础性、先进性与综合性相结合为原则，筛除部分传统课程体系内的验证性经典实验，更改、串连成综合性或设计性实验，使学生充分了解实验原理、方法，解答、处理实验中可能出现的问题，提高分析问题和解决问题的能力，强化培养技术开发能力和动手实践能力。此外，要增加社会实践课程和实习课程的学分比重，以提高学生学以致用的能力和社会适应能力。

（三）构建提高综合能力的素质拓展体系

构建素质拓展体系是提高在校大学生综合素质的最重要途径。素质拓展的内涵不仅包括有利于提高学生专业技能、技术创新的专业素养的拓展，还应包括社会综合能力的扩充训练、精神气质的陶冶和身心品质的全面提升。因此，将素质拓展体系全面纳入人才培养方案，构建项目化管理、学分制认证、规范化运作的教育体系，是保证应用型人才培养质量的一个重要方面。

素质拓展训练可以通过灵活多样的方式开展，可以与科研工作相结合，结合专业特点，推进大学生科研训练计划，鼓励学生较早参加科研和创新活动，以培养学生科学素养，提高学生学习与研究的积极性。可以通过学生参与教师的科研项目构思、设计与实施，提高学生的知识运用能力和初步的科研能力；可以通过参与数学建模竞赛、电子设计竞赛、多媒体制作竞赛和英语竞赛等综合性竞赛，通过各类专业证书教育、各类专项培训，提高学生的专业应用能力和技术开发能力，使学生在学术科技活动的实践中提高素质、获得技能；可以与学生社团工作相结合，通过组织学生参加各类科技、文化活动，提高学生的社会交往能力、团结协作精神等。此外，素质拓展体系还应带有一定的必修、强制意义，素质拓展以学分形式列入教学计划，学生只有取得相应的专业素养拓展学分、综合素养拓展学分才能顺利毕业。

四、结论

综上所述，构建以能力培养为主线的三大教学体系，是培养知识、能力、素质和谐发展的高素质应用型人才的内在要求，也是适应我国经济结构升级调整的客观需要。普通高校应结合自身的特点和优势，按照因材施教、因地制宜、因势利导的原则，不断深化教学体制改革，鼓励学生发展个性，实现培养规格与培养方式的多样化，为国家和社会培养大量优秀应用型人才，是时代赋予的任务，也是高校发展壮大的希望所在。

参考文献：

［1］裴一蕾，尹庆民. 应用型高校全员育人人才培养模式研究［M］. 北京：知识产权出版社，2011.

［2］黄双华，杜正聪. 应用型人才培养模式的构建及保障条件［J］. 攀枝花学院学报，2007（4）：95-98.

［3］杨兴林. 应用型人才及其培养模式的研究 ［J］. 黑龙江高教研究，2007（6）：158，165－167.

［4］李辉，刘传玺. 高校创新人才培养模式探析 ［J］. 教育与职业，2007（10）：145－146.

［5］张炳生. 工程人才培养目标、规格和模式的关系研究 ［J］. 中国高教研究，2006（6）：38－39.

基于培养应用型人才的会计学本科
税法课程实践教学设想

梁 红

摘 要：税法课程具有法规性、综合性、实践性较强等特点，它是高校会计学专业毕业生必须掌握，且与实际工作紧密联系的一门课程。然而，目前税法实践课程的开设与实施还远不能满足应用型人才培养的需要，甚至有些高校还没有开设此类课程。本文分析了基于培养应用型人才会计学本科税法课程实践教学的必要性，并从校内外实践教学基础建设、实践教学教材、实践教学考核方法、实践教学师资队伍和科研带动实践教学等方面提出了几点初步设想。

关键词：税法 实践教学 应用型

税法是大多数高等院校会计学专业的核心必修课之一，同时也是我国注册会计师、注册税务师职业资格考试的考试课程。税法规范的技术性、内容的综合性、与其他学科的交叉性以及较强的应用性等特点，以及由此产生的税法课程教学知识点多、涉及面广、法律制度更新快、与实际工作联系密切等课程特点要求税法教学必须重视实践环节，管理学院目前还没有开设税法实践课程，本文拟从培养应用型人才角度探索本科税法课程实践教学的必要性与初步设想。

一、税法课程实践教学的必要性

（一）高校应用型会计人才的培养目标要求税法课程应进行实践教学

在财政部 2010 年 9 月颁布的《会计行业中长期人才发展规划

(2010—2020 年)》中明确指出："各级财政部门要推动建立以用人单位为主体、以市场为导向的产学研战略联盟；要推广以院校教学为主体、以单位实践为补充的会计人才培养模式；社会各界应当履行社会责任，搭建会计人才培养平台，推动培养应用型会计人才。"应用型人才培养目标要求教师采用实践教学。

（二）企事业单位实际工作要求税法课程应进行实践教学

实际上，在企事业单位的具体财务工作中，税法对会计专业人士的工作能力具有非常重大的影响，所有企事业单位都会存在涉税事项的处理，特别是在一些规模不大的中小企业中，涉税实务操作能力甚至比会计能力还重要。因此，会计学专业毕业生不仅要有较强的会计事项处理能力，还需要具备过硬的税法知识与法律意识以及涉税事项操作能力才可能胜任本职工作。管理学院目前有会计实训课、财务管理实训课、审计实训课等，但恰恰缺乏与会计实务工作紧密相关的税法实训课，因此探讨税法课程实践教学是很有必要的。

二、税法课程实践教学的设想

（一）实践教学基础建设设想

1. 专业实验室与仿真教学软件建设

实验室建设是培养学生动手能力、加强实践教学的基础。学校应针对税法课程特点，在充分利用会计核算实验室的基础上，在校内建立税法实验室，为税法实践教学创造良好的基础设施。

另外，还要加强相关税法实践课程软件的开发与使用。税法实验室可以考虑综合采用航天金税推出的税务仿真教学软件，该软件与北京市企业实际使用的税务软件一致，可以较好地实现与企业涉税实务的对接。税务仿真教学软件主要通过增值税开票、增值税发票网上认证、纳税申报三位一体的仿真实训平台来模拟企业涉税实务的操作过程。通过模拟训练和案例教学，可以促使学生掌握企业发票开具、发票认证以及纳税申报等涉税事项必要且关键环节的操作。此外，对于软件中未涵盖的涉税事项，也可以通过登录税务局官方网站进行学习。

2. 校外税法课程实践基地建设

财政部在其颁布的《会计行业中长期人才发展规划（2010—2020年)》中明确指出："鼓励和促进专业院校与用人单位紧密合作，积极实施会计后备人才培养计划，推广以院校教学为主体、以单位实践为补充的会计人才培养模式。企事业单位、会计师事务所应当履行社会责任，搭建会计人才培养平台，推动培养应用型会计人才。"这表明，应用型会计人才的培养离不开最直接的职业实践环境——企事业单位和事务所，需要它们的大力支持，学校可以安排学生在上述单位实习，特别是在年初企业所得税汇算清缴时期有很多具体工作需要由有税务知识的人员从事，学生可以在此期间得到很多锻炼，同时也尽己所能为企业服务。有条件时学校可以借鉴德国"双元制"教学模式，实行校企联合办学，以学校为主体，以企业为依托，以实践为核心，学校为企业培养人才，企业为学校提供实习基地。一方面可以使企业自觉自愿地为学校提供实习环境，另一方面也使教师和学生能够真正深入企业实践，增强自身的综合能力，同时也可以展现高校师生的社会服务能力。

此外，工作中难免会遇到教材中没有涵盖的知识和问题，通过在真实环境中的实践教学，可以帮助和促进学生增强自身独立解决实际税务问题的综合能力。通过实践教学，使他们了解当遇到关于税法知识的具体问题时，可以咨询事务所或税务局，而不是仅仅停留在既定的教材上。

（二）税法课程实践教学教材建设的设想

教材是课程教学与学生之间的桥梁，学生对于一门课程的学习都是从对教材的直观印象感知开始的。实践教材要以最新税法为依据，以企业整个经营活动流程为主线，结合模拟企业的基本信息资料和具体的经济业务作为学生实践的依据。一本好的实践教材可以将整个纳税流程形象地展示在学生面前，帮助他们提高实操能力。

教材可以采用教师自拟或直接采用仿真教学软件中自带的案例。在教材使用上可以根据实践教学课时来充分锻炼学生对企业主要税种的练习，如增值税、企业所得税、个人所得税等。如果课时充裕，则可以适当增加主要税种以外的企业经常发生的小税费来练习，如城市维护建设税、教育费附加等。

教材的具体内容构成方面，可以通过安排一些单个税种的简单案例来帮助学生进行一些易于操作的单项练习，通过小练习来熟悉实践软件和实践课程。几个单项税种的简单练习之后，可以设计安排包含几个税种的综合练习。在实践过程中，学生不仅要对模拟企业的具体经济业务进行会计处理，还要在此基础上正确处理和分析涉税事项，分清企业所涉及的具体税种有哪些，准确判断属于应交国税还是应交地税，税额是否计算精确，了解是否可以享受税收优惠，依据的政策是什么，如何办理相关手续，正确使用仿真教学软件进行发票开具、发票认证、税务申报等重要涉税事项操作。

（三）税法课程实践教学考核方法的设想

实践教学的学生考核可分为过程评价和结果评价，税法实践教学质量评价应以过程评价为主。既要考核学生的学习态度，也要考核学生的实践操作技能，还要考核学生应对新问题的解决能力，考核标准主要从学生应知、应会的角度来考虑，采用综合测评的方法加以评定。例如可以采用学生答辩的方式对其进行过程评价，并结合最终的实践结果资料和报告给出综合评定。如果安排学生在校外实习，则可以根据学生在企事业单位或事务所的具体工作表现，由校外实习单位给予评价。

（四）税法课程实践教学师资队伍建设的设想

师资队伍建设是税法实践教学的关键，没有实务经验的教师很难保障实践教学的质量。可以通过让高校教师"走出去"的"双师型"措施提高专业教师的综合专业素质，也可以通过把企事业单位、事务所的一线工作人员"引进来"的方式加强师资队伍建设。其中，本校专职师资队伍的建设是保障实践教学质量的根本，这就要求加强税法实践教学专业教师的"双师型"队伍建设。专业教师一方面可以通过参加注册会计师、注册税务师考试，以此提高自身的专业知识水平；另一方面可以通过在校外实习或在企事业单位、会计师事务所、税务师事务所等机构的兼职，来获取最直接的专业信息并增强自身的综合实践能力。从某种程度看，教师在企事业单位或事务所兼职实习对税法课程实践教学更重要，由于近年来税法法规政策变动频繁，教材或一些专业书籍无法做到同步更新，然而在具体实际工作中却可以零时差获取最新税法法规政策的变动信息，从而有助于教师将最新的专业知识传授给学生。通过这些措施，可以最直接有效地增加教师的实践经验，提高教师的专业素养，这样对提高授课水平、增强实践课教学效果有很大帮助。

校企合作对促进大学生就业的影响及路径选择实践性与学术性相结合可以更好地促进学生深入思考，从而有效提高其实际工作能力。学生可以通过参与教师有关税法的科研项目，特别是来自企事业、事务所等一线单位的真实课题来增强自身解决实际问题的能力。教师的科研课题中包含大量前沿信息，学生参与课题不仅切入理论深处，也让他们直面真实复杂的问题。在这个特别的"学习时段"，学生不得不反思已经学习过的知识，运用一切已知方法，对不同涉税业务进行讨论、探索以及进行团队合作。

参考文献：

［1］崔晓静. 完善《国际税法》课程实践教学方法的探讨［J］. 法学教育研究，2013（1）：263 – 270.

［2］中国注册会计师协会. 2013 年度注册会计师统一考试辅导教材《税法》［M］. 北京：经济科学出版社，2013.

［3］财政部网站.《会计行业中长期人才发展规划（2010—2020 年)》，2010，9.

以工作过程为导向的实践教学模式
研究——基于会计学专业本科

李秀芹

摘　要：实践教学是理论联系实际、培养学生掌握科学方法和提高动手能力的重要平台，是培养具有创新意识的高素质应用型会计人才的重要环节。文章结合教育教学工作实际，分析了以工作过程为导向的会计人才培养目标，提出了基于工作过程的会计实践教学模式的构建思路和实施方案，以期能够完善我校会计学专业的实践教学体系。

关键词：工作过程　会计学专业　实践教学模式

一、树立以工作过程为导向的会计人才培养目标

以工作过程为导向的教育教学理论研究源于德国不来梅大学。目前，以工作过程为导向的职业教育教学已经成为国际职业教育的趋势。

培养应用型人才，是社会经济发展的客观要求，也是我校在竞争激烈的教育市场中立于不败之地的根本。培养出具有综合能力和全面素质的应用型人才，是高等教育改革发展中需要研究的重要课题。我校的教育改革应从专业培养方案的课程模式入手，准确定位培养目标，紧密结合生产实际，以工作过程为导向，合理构建实践教学的课程体系。

20世纪90年代以来，国家对高校会计本科教育的培养目标定位为培养能在企事业单位、会计师事务所、经济管理部门、学校和研究机构等从事会计工作、教学工作和研究工作的德才兼备的高级专门人才。但是，随着经济的发展，这样的培养目标已经不能适应现代社会对会计人才的需求。目前，高校会计学专业本科毕业的学生，大部分都会到企事业单位从

事会计工作，需要的是实际工作能力。因此，应本着以素质教育为基础，以能力培养为重点，培养专业基础深厚、知识面宽、适应能力强和能够胜任会计工作及相应的管理工作的应用型人才为培养目标。

2006 年，我国财政部修订并颁布了新的会计准则。新准则由一个基本准则和 38 个具体准则构成。本次颁布的新准则与原准则相比有很大差异，其中有 22 个准则为新增准则，16 个准则做了一定程度的修改，充分体现了与国际会计准则接轨的特点。这些对我国企业会计核算产生了很大影响，也对高校会计实践教学课程体系提出了新的要求。

在人才培养上，如果延续综合性重点大学传统的培养目标和培养模式，我校的生源和师资力量等条件都无法与之相比。因此，必须根据北京市的人才需求，充分发挥自身的优势和特点，研究和制订具有自身特色的人才培养目标和培养模式，特别是实践教学模式，在特色中求生存，在特色中求发展。

二、构建以工作过程为导向的会计实践课程体系

会计实践课程体系开发应以实际工作过程为引导，即工作过程导向。工作过程是企业完成一项工作的一套完整的工作程序。以工作过程为导向的课程是围绕职业活动中的工作过程建立起来的课程体系。以工作过程导向的实践教学活动，把职业活动的各个元素渗透到整个实践教学过程中，能够使学生较快地适应工作岗位的要求。

（一）通过会计工作任务分析进行实践课程目标定位

会计实践课程是与会计岗位直接对应的课程。会计业务操作具有较好的可模拟性和可移植性。会计实践课程设计应围绕会计职业能力展开，通过会计岗位调研和工作任务分析进行会计实践课程的目标定位；按照会计岗位工作任务选取实践教学内容，确定项目教学；同时建立开放式、过程化、标准化的实践课程评价，提升教学质量。

传统的会计实践课程都是按照会计要素的内容来进行授课，理论性较强。虽然有配套的实训内容，但是理论与实践没有有机地结合起来。通过会计岗位调研和工作任务分析，确定会计实践课程应该达到的职业能力培养目标。在职业岗位能力的培养过程中，通过多种教学方法和教学手段的

综合应用，使学生熟悉企业会计工作的基本流程，明确各个会计岗位的职责，掌握会计工作的具体方法，并培养学生遵纪守法的观念，养成良好的职业道德。

（二）构建多层次实践教学体系

随着《企业会计准则》的全面施行，企业在会计政策方面的自主权增大，需要会计人员有较强的职业判断能力。会计职业判断能力是通过长期的会计实践，在充分熟悉会计业务处理的基础上，逐步积累经验而不断提升的。

在会计教学实践中可以开展多层次的实践教学，构建一个合理的会计实践教学体系，以便对实践教学做出统一安排。会计实践教学体现在四个层次上，第一个层次是基本技能训练，包括珠算、点钞、书写规范等；第二个层次是单项技能训练，包括基础会计、财务会计、成本会计、审计和财务管理等模拟实训；第三个层次是综合应用技能训练，即以职业能力为导向的职业资格培训；第四个层次是企业在岗实习。这四个层次在纵向上形成会计实践教学体系，横向上与会计理论课程有机结合，有利于改变目前会计实践教学形式单一的现状，培养学生的综合职业能力，提升学生的职业判断能力。

（三）以工作过程为导向选取教学内容

会计实践课程培养学生实际会计工作中所需要的综合职业能力。其课程结构设计应围绕会计职业能力，重构专业知识，确定教学内容，建立基于会计工作过程、理论知识与实践技能相结合的、以"工作任务"为载体的"项目化"课程结构。基于会计工作过程是指教学项目紧密结合会计实际工作，在教育规律的指引下，对会计工作流程、工作任务进行科学编排。

从企业实际情况看，会计工作具有非常清晰的流程，即填制和审核原始凭证、填制及审核记账凭证、登记账簿和编制会计报表。会计核算实际上是在相同工作流程下，按照会计岗位工作内容不断地进行职业判断并做出账务处理的过程。会计实践课程根据会计岗位内容设计教学项目及教学任务。课程内容直接对应会计岗位需求，将会计岗位的日常工作分解成若干工作项目，根据工作项目确定教学项目，在各个教学项目中以职业能力形成为依据选择教学内容，按照工作过程的逻辑组织教学内容。每个教学项目都针对会计工作过程中的某一具体环节，具有特定的知识、技能与培养目标。学生完成所有项目的学习，也就具备了从事会计工作所需要的基本职业能力。

（四）构建综合的实践教学评价体系

通过教学评价为实践教学活动提供有效的诊断和反馈，强化和改进实践教学活动，推动课程不断完善，从而形成由教学活动到教学评价，再由教学评价指导实践课程教学改革的循环体系。实践教学评价包括两个方面：一是对学生的学习评价，二是对实践课程教学效果的评价。

会计实践课程对学生学习成绩的评价，不再是简单看学生最终掌握了多少知识以及期末考试成绩的高低。可采用基于过程化、标准化的考核评价体系，综合考核学生运用所学知识完成实际学习任务的态度和能力。注重对学习过程的考核，坚持过程与结果并重的评价原则。对实践课程教学效果的评价采用同行教师听课、学生打分、督导评价等多元化评价体系，通过教学效果的信息反馈不断优化课程内容与教学方法。

三、以工作过程为导向的会计实践课程体系的实施

加强实践教学环节的改革力度，提高学生的实践动手能力，是我国高等教育教学改革的基本要求。因此应积极探索，建立相对独立的实践教学课程体系，逐步形成基本实践能力与操作技能、专业技术应用能力与专业技能、综合实践能力与综合技能有机结合的实践教学课程体系。

（一）建立完善的会计专业课程体系

设计具有应用型特点的会计专业课程体系，是培养高级应用型会计人才的重要内容。按照应用性、实践性的原则调整课程结构，更新教学内容。注重人文社会科学与技术教育相结合，教学内容改革与教学方法、手段改革相结合。课程内容突出基础理论知识的应用和实践能力的培养，基础理论教学以应用为目的，以必需、够用为度，加强针对性和实用性。

（二）改进实践教学方式，加强案例教学

改革实践教学方法，引入现代教育技术，是提高实践教学质量的重要手段。会计专业的实践教学应因材施教，积极实行启发式、讨论式教学，

鼓励学生独立思考，激发学习的主动性，培养学生的科学精神和创新意识。

会计案例教学是结合具体的会计实例，讲解专业理论知识的一种教学方法。它能改变学生被动、消极地接受知识的状况，增强学生综合运用知识的能力。

（三）培养"双师型"教师

"双师型"（既是教师，又是会计师）教师队伍建设是提高会计实践教学质量的关键。努力提高中、青年教师的技术应用能力和实践能力，使他们既具备扎实的基础理论知识和较高的教学水平，又具有较强的专业实践能力和丰富的实际工作经验。积极从企事业单位、会计事务所聘请财务总监、注册会计师担任客座教授，指导会计实践教学工作，并承担一部分会计实践课程的教学工作，弥补校内会计教师实践经验的不足。

（四）建立以工作过程为导向的校内实践教学环境

建立校内实践教学环境是培养高等应用型会计人才的必备条件。构建以工作过程为导向的实践教学模式，首先要在校内建立能够模拟企业会计工作的实践教学环境。它包括会计手工模拟实验室、会计信息化实验室和沙盘模拟实验室等。实验室布局应按照企业会计部门的岗位分工来设计，体现会计部门的业务特点，使学生有身临其境的感觉。其次要加强与企业合作，收集完备的实验资料，采用企业的实际会计数据进行实验。

校内实践教学环境的建设也可兼顾理论教学和实践教学的需要，形成会计手工模拟与电算化操作同步进行的模式。不断更新教学仪器设备，提高仪器设备的现代科技含量。

（五）重视校外实习基地的建设

校外实习是提高学生实际动手能力，培养创新型、复合型人才的重要实践环节，是学生的第二课堂。除建立以工作过程为导向的校内实践教学环境外，还必须在校外建设会计教学实习与学生就业实习基地，让学生到企业进行在岗实习。按照互惠互利原则，与企业进行合作，建立相对稳定的实习基地。成立校外实习基地协作委员会，选择几家会计事务所、财务公司作为长期会员。定期召开会议，加强与校外实习基地的联系，探讨实践教学发展的新思路，促进实践教学质量的不断提高。

参考文献：

[1] 王顺金. 构建基于工作流程的会计实践教学模式探索 [J]. 财会月刊，2009 (5)：74 - 75.

[2] 刘阳. 基于工作流程的成本会计教学模式构建实施 [J]. 财会月刊，2011 (21)：96 - 98.

[3] 李华东. 高校会计专业实践教学存在的问题及对策 [J]. 中国管理信息化，2013 (5)：112 - 113.

[4] 徐涵. 工作过程为导向的职业教育理论与实证研究 [M]. 北京：商务印书馆，2013.

专升本专业综合实践课程的教学探索与实践

王晓红　刘在云　陈　晨　刘来玉

摘　要：专业综合实践课程是为电子商务专业专升本学生开设的，培养素质与能力的综合实践课程。在校企合作共同开发此课程的过程中，基于电子商务专业的人才培养目标及主要工作岗位需求，从教学内容、教学及考核方式、教学模式等方面进行了积极探索和改革。课程教学内容与岗位需求匹配，课程教学采用体验式、项目驱动、协作式等多种方式，课程考核采用多元化考核体系，课程采用与毕业设计（论文）环节有机结合的教学模式。

关键词：电子商务专业　专升本教育　专业综合实践

专业综合实践课程是为电子商务专业专升本学生开设的培养素质与能力的综合实践课程。该课程是北京联合大学在 2011 版教学计划中制订的特色实践课程，开设在第三学期末，授课方式采取 9 周集中实践的形式。专业综合实践课程以电子商务运营、开发、维护等主要工作岗位的人才培养为依据，整合了项目管理、电子商务案例分析、市场调查与分析、网络信息编辑、网络营销、电子商务网站建设、电子商务与物流管理等课程内容，重点强化学生专业素质、职业技能及综合竞争能力。通过该课程的实践训练，使学生掌握必要的综合业务知识，培养学生运用所学知识、技能与实际工作相结合的能力，在综合实践中学会应用，锻炼并提高业务水平。

2011 年，依托于北京联合大学国家级服务外包人才培养模式实验区，电子商务专业与上海商派网络科技有限公司（简称"上海商派公司"）合作建设专业综合实践课程。专业综合实践课程的师资队伍由 5 名电子商务专业教师和多名上海商派公司企业培训教师共同组成，企业教师由上海商派公司根据授课模块指派。课程内容主要由具有电子商务系统开发、运营等丰富行业经验的企业教师讲授，电子商务专业教师全程参与辅导。在专业综合实践课程的建设过程中，课程组对该课程进行了积极探索和逐步完善。

一、教学内容与岗位需求匹配

北京联合大学电子商务专业培养的人才主要是面向电子商务应用方面，因其侧重网络维护与信息编辑、网络营销与网站推广等工作岗位，所以在人才培养上要求知识面广，特别是经济管理和商务贸易知识的掌握应有足够的宽度和一定的深度；要求学生具有较强的信息驾驭能力，特别是能够充分利用计算机和互联网工具有效地进行信息收集、分析、整理和数据挖掘，以及进行信息的发布、传播和推广；要求学生具有一定的网络营销策划及推广能力，能够掌握网络营销和网络推广的最新技术等。专业综合实践课程是贯彻理论联系实际原则，为培养学生良好道德品质、专业素养和实践、创新能力，提高学生今后的社会竞争能力，从而实现电子商务专业培养目标和要求的重要实践教学环节。

基于电子商务专业的人才培养目标及主要工作岗位需求确定教学内容，在校企合作开发专业综合实践课程的过程中，注重电子商务实际工作岗位操作能力的训练及企业实施电子商务观念的转变；注重拓展学生的视野和知识面，培养学生的技能素质和综合素质等。课程开发过程中注重整体的优化，突出课程的综合性、课程内容的模块化。课程内容主要包括：电子商务发展模块、企业电子商务之路模块、全网全程模块、百度竞价推广模块、电子商务规划模块以及电子商务系统应用模块等，具体内容见表1。

表1　专业实践课程主要内容

课程模块	教学内容	授课形式
电子商务发展	现代电子商务发展现状 电子商务企业运营阶段 电子商务企业全业务流程	理论＋实践
企业电子商务之路	确定DNA，做自己优势 定位、自营和品牌 打造团队 建立核心渠道	理论＋实践

续表

课程模块	教学内容	授课形式
全网全程	网络营销工具 全程电子商务 全网电子商务	理论＋实践
百度竞价推广	网站 SEO 信息查询及分析 SEO 核心操作手法 百度推广基础知识 百度推广助手使用	理论＋实践
电子商务规划	电子商务实施阶段：筹备、创建和运营 运营阶段三要素（商品开发能力、 客户营销能力、服务管理能力）	理论＋实践
电子商务系统应用	485 电子商务平台 ECStore 电子商务台	实践

二、多样化的教学方式

在专业综合实践课程的教学中，充分体现"以能力为本位"的现代教育理念，结合社会需求、电子商务的发展趋势及专升本学生的特点，采用体验式、项目驱动、协作教学等方式进行实践教学，充分调动学生学习的主动性、积极性，促进创新潜能的发掘，注重学生主动获取知识、应用知识和解决实际问题的能力，团队合作意识，胜任实际工作岗位能力的培养和锻炼，从而缩短学校教育与企业需求的距离，提高就业率和就业质量。

三、多元化的考核体系

基于综合应用能力，在专业综合实践课程的考核过程中，课程组主动适应社会需求，构建了多元化考核体系。考核内容层次多元化，即从基础知识、技能及职业素质等多方面进行考核；考核主体多元化，即教师、学生、企业等多主体共同参与考核；考核方式多元化，即采用作品竞赛评比、实习报告、企业评定等多种方式；考核过程多元化，采取教师评价与学生评价相结合、过程考核与结果考核相结合、个人考核与团队考核相结合等多种形式。

评成绩＝作品考核及竞赛（30%）＋实习报告（25%）＋企业评定（45%）

四、课程教学与毕业设计（论文）有机结合

专业综合实践课程的教学目标是提升学生应掌握的知识和能力，重点培养学生项目策划、营销策划、电子商务网站功能配置和团队合作等综合素质与能力。专业综合实践课程之后就是毕业设计（论文）环节，该教学环节注重学生所学知识和技能的综合运用、学生创新意识的培养。电子商务专业鼓励学生选做真实题目，每届毕业设计（论文）真实题目所占的比例均在60%以上，切实为中小企业开展电子商务活动解决实际问题。传统的教学模式是专业综合实践课程、毕业设计（论文）环节各自独立进行，由于学生实习及就业与专业综合实践课程、毕业设计（论文）环节时间相重叠，学生无法安心学习，导致实践教学效果不够理想。将专业综合实践课程与毕业设计（论文）环节有机结合，学生则可以在专业综合实践过程中完成毕业设计（论文）的选题及开题工作；专业综合实践结束后，学生即可在老师的指导下利用上海商派公司 ECStore 系统的强大功能，完成毕业设计（论文）任务。

与传统的教学模式相比，这种将专业综合实践课程与毕业设计（论文）环节有机结合的形式，易于指导学生进行选题及组织学生的开题答辩工作。由于选题阶段学生与指导老师接触时间较多，沟通交流顺畅，不仅有助于学生进行毕业设计（论文）题目的选择，同时学生可以在老师的指导下充分地做好毕业设计（论文）开题答辩的准备工作；学生能够快速地投入毕业设计（论文）工作中，这样既可以缩短完成毕业设计（论文）的时间，使学生有更多的精力去进行工作实习和找工作等；还可以提高毕业设计的质量，避免学生在毕业答辩前期匆匆忙忙地准备毕业设计；此外，也可以缩短学生就业适应期，通过专业综合实践及毕业设计（论文）环节的实践，使学生积累实践经验、增长才干，从而提高了人才培养的质量，增强了学生的就业竞争力。

五、教学效果

从 2011 年开始，电子商务专升本专业已有 3 届学生完成了专业综合实践课程的学习任务，详细信息见表 2。

表2　课程实施情况

条目	2011 年	2012 年	2013 年
学生学习人数	55	72	55
学生项目团队支数	10	12	11
学生毕业设计人数（选用 ECStore 系统）	10	37	55

2011 年，电子商务专业 2010 级学生采用项目小组的形式完成了 10 个真实商城的建设，在学校举办的商城建设评比中（管理学院和自动化学院共有 20 多支团队参加），电子商务专业就有 5 支团队获奖（总共有 6 支团队获奖），其中一等奖 1 项、二等奖 2 项、三等奖 2 项。2011 级学生高昊宇同学利用上海商派公司 ECStore 系统完成的毕业设计——阁格屋裙装网站策划与实施，获得校级优秀毕业设计（论文）称号。目前，已有多名学生被企业推荐到其合作企业进行实习，其中 2012 级的 2 名学生（马清莹、田硕）被企业教师推荐到相关企业中就业。

校企合作共同建设专业综合实践课程，缩短了学校教育与企业需求的距离。通过此课程的学习，不仅使学生的电子商务理念发生了转变、电子商务知识得到了扩展和延伸、电子商务操作技能得到了提高，同时该课程也锻炼和提高了电子商务专业教师的实际操作能力。依托于行业领军企业，校企深入合作进行电子商务人才培养的模式也为电子商务专业的实践教学改革和综合改革提供了保障。

参考文献：

［1］沙金，祝振欣. 电子商务专业实践教学体系初探［J］. 中国电力教育，2009（2）：106 - 107.

［2］张天宇，刘红梅. 电子商务专业实践教学体系的构建［J］. 技术与创新管理，2009（11）：800 - 803.

［3］马洪娟. 电子商务专业实践教学体系的研究与构建［J］. 商业经济. 2010（6）：118 - 119.

［4］潘旭华. 电子商务专业实践教学体系构建与实施的研究［J］. 计算机教育，2010（8）：132 - 136.

［5］陈向华，王克富. 基于创业教育的高校电子商务专业实践教学体系的构建［J］. 电子商务，2008（11）：88 - 91.

工商管理专接本管理学课程改革研究

刘 成

摘 要：本研究不同于已有的比较概念化的研究，而更偏重实证，是从用人单位对毕业生的一般需求即胜任力的角度实证地检验了掌握课本知识、掌握企业经营管理常识性知识及具备某些特定能力对于胜任基层事务性非管理岗位工作（往往是学生毕业初入职场的岗位）的重要性，认为管理学课程改革应在内容上引进企业经营管理常识性知识，并结合内容采用多种教学方法，以努力促进学生胜任力的生成和强化。

关键词：工商管理专接本 管理学课程 胜任力 企业经营管理常识性知识

一、引言

专接本教育是近年来普通高等教育中的新事物，具有"普职融通、上下衔接"的特性，由此也带来了"专接本及高职高专阶段某些专业课程在人才培养计划上难免有些重复"（赵伯庄，李宇红，2006）的问题。就工商管理专业专接本而言，管理学课程就是这种带有重复设置问题的课程之一，具体表现为无论学生在专科阶段的专业背景如何，其在入学时都须通过管理学科目的考试，因而，事实上都具备一定的管理学知识基础。这就给本科阶段管理学课程教学提出了挑战。如果照搬普通本科的教学大纲实施课程，那么由于教学内容重复，"吃不饱"、"挑战小"乃至造成学习懈怠的问题普遍存在，既有损于课程效果又不利于人才培养。同时，由于专接本学生比普通高考大学新生具有更多的社会和工作经验及专业知识，他们对于课程的应用性有着更多的要求。原本适应普通本科的管理学课程在一定程度上并不适用于专接本学生。因此，亟须对专接本管理学课程进行改革。

二、文献回顾与研究主题

近年来，有关管理学课程的研究讨论相当多。有的文献从课程建设的整体角度进行了探讨，如张英奎等人讨论涉及教师队伍建设、教学内容建设、教学方法建设、教学条件建设和实践教学建设等方面（张英奎等，2009）；还有大量文献从教学方法（或模式）的角度探讨了很多有价值的教学方法（或模式），如参与式教学（陈耀花，王孟钧，2006；黄江泉等，2010）、案例教学法（陈黎琴，赵恒海，2006；张忠，2006）、情景模拟教学法（李玮，2008；曾志云，2009）、体验式教学法（李季鹏，2006；叶萍，2011）、TCP（理论教学、案例教学、实战教学）三角教学模式（邱伟年，蒋雪，2011），以及其他如游戏、互动、角色扮演和团队学习等方法；另有研究者从具体的情境——如高职、应用性、某专业——的角度出发对管理学课程教学和改革进行了讨论。针对专接本的文献，鲜有讨论专接本课程教学的，更没有针对专接本管理学课程的讨论（笔者在中国知网以"专接本"词条按"篇名"搜索相关文献，仅50余篇，其中没有讨论管理学课程的文献）。考虑到可能有人将"专接本"和"专升本"混同使用，在有关专升本的文献中也未发现有关管理学课程的研究（仅有讨论"护理管理学"的少量文献）。

综观相关的文献，对管理学课程内容改革的讨论比较少。其中，有些讨论还比较概念化。比如张英奎等提出"适当突出中华传统管理文化教育"，"将兵家、道家、儒家、法家等管理思想融会在当今我国企业管理之中"（张英奎等，2006），"在……中西理论兼收融合性的基础上，将最新的科研成果融入课堂教学"（张英奎等，2009）；周裕全等则强调教学内容要坚持做到"新"、"实"、"能"（周裕全等，2005）；还有的讨论从实践教学或应用性等角度提出管理学课程教学应增加 ERP 沙盘模拟、竞争模拟或 GMC 国际企业管理挑战赛等内容，以激发学生兴趣，提高学生实际应用管理知识的能力（袁基瑜，2009；余忠等，2009；禹海慧等，2012；范曙光，2012）。

尽管研究管理学课程内容改革的文献不多，但仍然给出了明确的启示：课程内容应尽量与中国的管理实践靠近。因此，诸如 ERP 模拟或 GMC 国际企业管理挑战赛等，由于模拟了企业经营的实践情况，涉及实践中有关战略、营销、生产、人事和财务等重要的企业经营管理常识性知识，其被引进管理学课程是应该予以积极考虑的。然而，考虑到人才培养要符合用人单位的需求，值得进一步追问的是：掌握这些知识是符合用人单位需要的甚至是用人单位看重的吗？基于此追问及管理学课程改革的视角，本研究要做的工作是：验证用人单位对工商管理专业毕业生的知识需求（这些知识包括管理学原理性知识以及那些可纳入管理学课程的企业经营管理常识性知识）以及对其他方面的特质的需求（这些特质是通过管理学课程有助于培养的特质），在此基础上，得到对管理学课程改革的启示。

三、理论基础与研究设计

（一）理论基础

一般来说，用人单位对员工的要求主要是具备一定的知识、素质和能力，能胜任工作，即具备一定的胜任力。对于工商管理专业的学生而言，用人单位需要其具备一定的管理胜任力（或管理胜任特征）。因此，可以从管理胜任力的角度去了解和验证用人单位对学生的知识需求和其他特质需求。

胜任力又称胜任特征，根据麦克利兰（McClelland）1994 年的定义，"胜任力可以是动机、特质、自我概念、态度或价值观、具体知识、认知或行为技能——也就是可以被准确测量或计算的某些个体特征，这些特征能够明确地区别出优秀绩效执行者和一般绩效执行者，或者说能够明确地区别出高效率的绩效执行者和低效率的绩效执行者"。麦克利兰还将胜任力区分为基准性胜任力和鉴别性胜任力两种。前者是指"较容易通过教育、培训来发展的知识和技能，是对任职者的基本要求"；后者是指"在短期内较难改变和发展的特质、动机、自我概念、态度、价值观等高绩效者在职位上获得成功所必须具备的条件，是能够将绩效平平者与绩效优异者区分开的胜任特征"。（胡修银，栗亚军，2007）显然，基准性胜任力确保了任职者能够胜任岗位工作，而鉴别性胜任力则有助于任职者获得岗位晋升。从人才成长的角度讲，鉴别性胜任力显然比基准性胜任力更具重要性。有关胜任力的研究还有这样一个基本共识：不同行业、岗位、职级所需要的胜任力是不同的。就工商管理专业学生而言，其毕业后刚走上工作岗位时，基本上是作为被管理者从事事务性工作，很少直接成为管理者，哪怕是基层管理者。因而，要研究他们应具备怎样的胜任力，较有参考价值的文献一方面是那些研究基层管理者胜任力的文献，另一方面来自那些研究大学毕业生胜任力的文献。

在有关基层管理者胜任力的研究中，李强和张伟（2012）在实证研究的基础上构建了一个包括生存力、适应力、交往力、性格力、平衡力、发展力六因子的基层管理者胜任力模型，并且在逻辑上说明了基层管理者不断发展成熟的过程：从跨过管理者门槛依靠"生存力"而成为基层管理者到依靠"适应力"保障能够应对新岗位面对的各种挑战，再到依靠"交往力"、"性格力"、"平衡力"实现在管理者岗位上的生存，最后依靠发展力实现自我的不断成长与发展。覃昆（2011）在分析基层管理者角色、职权和责任的基础上，提出了对基层管理者尤为重要的基本可归为技术技能和人际技能的六项能力。在叶萍（2011）提出的基层管理者通用素质模型中，基层管理者通用胜任特征被分解为两类共七项，分别是：隐性特征，包括角色定位、价值观、自我认知、品质、动机；显性特征，包括知识和技能。

在有关大学毕业生胜任力的文献中，姚若松（2010）构建了包括任务管理、自我管理、人际管理、运筹能力、冒险创新及岗位管理的六因素胜任力模型。在王雷（2011）构建的高校毕业生职业胜任力模型中，共包括四个维度：核心胜任力、岗位胜任力、角色胜任力和其他胜任力。

尽管表述不尽相同，无论是关于基层管理者胜任力的研究还是大学毕业生的胜任力研究，其所归纳的胜任力都包括了认知能力和行动能力，关于基层管理者胜任力的研究还提到了个人的成就欲望。但二者都没有直接将知识作为胜任力的构成部分。

（二）研究设计

根据胜任力理论，考虑到工商管理专接本学生刚毕业时所任职的基层事务性非管理岗位的现实情境，本研究假设管理学课本中的原理性知识、不在课本内的企业经营管理常识性知识以及通过管理学课程有助于培养的一些认知能力和行动能力都是学生的胜任力的组成部分。本研究力图了解和验证这些胜任力在性质上哪些倾向于是基准性胜任力，哪些倾向于是鉴别性胜任力，并由此了解哪些知识应该在课程中引入或加强，哪些能力应该在课程中着重进行培养。

研究采用问卷调查辅以访谈的方式，并分为两个阶段予以执行。第一阶段针对学生进行问卷调查，问卷调查的原因在于学生管理学知识基础的非零起点，而调查的主要目的在于了解相关情况以便于有针对性地进行课程设计。针对学生的调查问卷分为两个部分。第一部分的问题用于了解学生对管理知识的掌握情况。这部分除根据教学大纲要求的知识点设置问题外，还增加了跟企业管理实践密切相关的问题，如现代企业制度、企业治理结构、价值链和商业模式等。这些问题要求学生根据自己对相关知识的掌握程度作答。问卷中将掌握程度从低到高划分了 5 个等级（分别用数字 1～5 代表），从最低的"不知道"到最高的"知道并且会运用"。问卷的第二部分设置了几个主观题，用于了解学生获得管理知识的渠道来源、其对自身运用管理知识的能力的评价以及期望在管理学课程中学到哪些管理知识并锻炼哪些管理能力。

本研究的第二阶段是在第一阶段了解了学生方面的情况后，再展开对中层管理者的问卷调查。问卷题目设计成学生所具备的胜任力，包括掌握管理学原理性知识（包含在教材内的管理知识），掌握企业经营管理常识性知识（超出教材的管理知识），具备认知、行动、人际、内驱力、领导特质等方面的胜任特征。问卷要求接受调查的中层管理者就每一项胜任力（即每道题目）做出两方面重要性的评价：一是"胜任基层岗位、做好事务性工作"的重要性，二是"获得岗位晋升、提升管理职责"的重要性。这样做的目的在于测试哪些胜任力更接近基准性胜任力，哪些胜任力更接近鉴别性胜任力。重要性程度从"很不重要"到"非常重要"划分成 5 个等级。之所以将调查对象确定为中层管理者，是因为他们是基层人员绩效的评价者和岗位晋升的决定者，他们对基层员工胜任力的评价可能更有代表性。

四、数据统计与分析

对学生的问卷调查在其入学后第二周展开，按新生人数的 50% 随机发放 80 份问卷，回收有效问卷 51 份。从对回收问卷的统计情况看，学生对大纲要求的知识点的掌握程度处于中等程度上（在统计出各知识点掌握程度的均值后进一步算出总体均值为2.69，标准差为0.75。注：因为用数字1~5代表掌握程度的高低，所以也可以将1~5视为数值型数据进行运算）。而对不在大纲范围内的企业经营管理的常识性知识，要么不知道，要么只是略有耳闻，只有少数同学有一定程度的了解和掌握（总体均值为2.21，标准差为0.89）。这意味着在课程教学中对于学生已有中等掌握程度的书本知识无须花费过多精力，这也在客观上留出了空间可以用来介绍那些不在教材内的企业经营管理常识性知识——如果这些知识可以得到用人单位认可。在对各知识点掌握程度的均值按升序排列后，企业经营管理常识性知识的掌握程度均值都排在前列（即掌握程度较低）。对问卷的主观题总结后发现，绝大多数同学获得管理知识的渠道或来源排在第一位的是课堂教学，其次分别是教科书、媒体、实践。大多数同学对自己应用管理知识的能力都做出了"不太理想"的评价。另外，在问到期望在管理学课程中学到哪些方面的管理知识时，多数同学的回答都没有具体的指向，但却强调了实用性或对概念化和理论化内容的排斥。在问到期望在管理学课程中锻炼哪些方面的能力时，计划、决策、组织、沟通等方面的能力被提及最多。这表明学生所掌握的管理知识，基本还是在教材的范围之内，知识面窄，能力锻炼比较少。

对中层管理者的问卷调查，因为考虑到是对基层事务性非管理岗位（也是多数学生毕业后获得的第一个岗位）胜任力的评价，所以没有特别地限定调查对象所属的行业和部门，回答问卷者既有制造型企业的，也有服务型企业的，既有业务部门的，也有人力资源部门的，但都限定其职位为中层经理或主管。共发放问卷50份，回收有效问卷30份。通过对回收问卷的统计，按重要性评价均值从小到大升序排列，表1列示了十项胜任力，它们是对于"胜任基层岗位、做好事务性工作"而言重要性评价均值相对低的前十项。表2列示的十项胜任力是对于"获得岗位晋升、提升管理职责"的重要性评价均值相对低的前十项。

表1　对"胜任基层岗位、做好事务性工作"的重要性的评价（低分）

评价项	了解理论发展史	了解不同业务类型企业的运营规律	了解大量企业经营与管理案例	掌握企业治理结构的基础知识	决策能力	创造性	掌握现代企业制度的基础知识	对他人的影响力	掌握管理职能知识	多角度思考能力
均值	2.27	2.67	2.80	2.83	2.90	2.97	3.03	3.23	3.33	3.33
标准差	0.58	0.96	0.85	1.05	1.12	1.07	0.81	1.22	0.99	0.99

表2　对"获得岗位晋升、提升管理职责"的重要性的评价（低分）

评价项	了解理论发展史	掌握管理职能知识	掌握现代企业制度的基础知识	掌握企业治理结构的基础知识	帮助他人的意愿	了解不同业务类型企业的运营规律	运用管理学知识解决问题	了解大量企业经营与管理案例	了解企业运营的基本常识	具备管理意识妥善安排事务
均值	2.53	3.73	3.80	3.80	3.87	3.87	3.90	3.90	4.10	4.13
标准差	0.86	1.05	0.85	0.76	0.86	0.90	1.03	0.84	0.71	0.90

对比表1和表2可以发现，表1中的十项与表2中的十项多有重复，表明无论从基准性胜任力（胜任基层岗位、做好事务性工作）的角度还是从鉴别性胜任力（获得岗位晋升、提升管理职责）的角度看，它们的重要性评价都较低。并且，这些评价较低的胜任力多数是知识性的，即通过掌握知识而获得的胜任力。然而，尽管它们从基准性胜任力角度看都是不太重要或重要性一般（均值为2.27～3.33），但从鉴别性胜任力的角度看，基本都是比较重要的（均值为3.73～4.13）。只有"了解管理学理论发展的一般历史"这一项在鉴别性胜任力评价中仍然是不太重要的（这一项的标准差也较小，表明对它的评价比较一致）。

将评价均值最高的十项按升序列示在表3和表4中，可以发现，评价高的胜任力在表3和表4中也多有重复。

表3　对"胜任基层岗位、做好事务性工作"的重要性的评价（高分）

评价项	口头表达能力	书面表达能力	语言与材料理解能力	合作能力	逻辑思维能力	环境适应能力	沟通能力	积极主动性	责任意识	工作态度
均值	3.90	3.90	3.90	3.90	4.13	4.13	4.13	4.17	4.70	4.77
标准差	0.84	0.92	0.92	0.88	0.73	0.78	0.82	0.79	0.53	0.50

表4　对"获得岗位晋升、提升管理职责"的重要性的评价（高分）

评价项	决策能力	逻辑思维能力	积极主动性	口头表达能力	计划能力	环境适应能力	责任意识	沟通能力	工作态度	组织能力
均值	4.40	4.43	4.43	4.47	4.50	4.57	4.60	4.63	4.67	4.67
标准差	0.77	0.57	0.68	0.57	0.63	0.57	0.62	0.49	0.66	0.55

值得注意的是，与评价相对低的那些胜任力相比，评价高的胜任力都不是知识型的，而是能力或态度型的。而且，无论从基准性胜任力的角度还是从鉴别性胜任力的角度，这些项目都是比较重要乃至非常重要的（均值分别为3.9～4.77和4.4～4.67）。尤其是，表4中的这些项目作为鉴别性胜任力，得到了比表3更高（均值更大）和更一致（标准差更小）的

认可。

另外，对比表 1 和表 3，我们似可推断：基层事务性岗位可能不是专业知识敏感型的，而是能力敏感型的。也就是说，那样的岗位并不太在意任职者的专业背景而更在意能力。然而，联系表 2 再看，专业知识对于升职的重要性还是比较明显的。当然，更加重要的，还是那些不与知识直接相关的能力。

五、结论及对管理学课程改革的启示

本研究基于课程的视角，从基准性胜任力和鉴别性胜任力的角度分别检验了掌握课本知识、掌握企业经营管理常识性知识以及具备某些特定的能力对于胜任基层事务性非管理岗位工作的重要性。虽然调查的样本数量有限，但据此了解到的实际情况仍然对专接本管理学课程改革有所启示。

对学生的问卷调查揭示了学生在企业经营管理常识性知识方面的贫乏，而对中层管理者的问卷调查则表明，掌握这些知识对于其获得岗位晋升还是比较重要的。因此，在管理学课程中应该将这些知识充实进去，这不仅可以避免由于内容重复带给专接本学生的"吃不饱"等问题，还有助于学生胜任力的更好发展。并且，调查显示学生对课本知识已经有了中等程度的掌握，因而在教学策略上可以将花费在课本知识的学习和巩固上的时间减少，而将节约出的课时资源用于补充知识的学习上。当然，需要注意的是，应该仔细地选择将哪些企业的经营管理常识性知识加入课程，并且把握好这些知识与其他课程互补、衔接的问题。

另外，对中层管理者的问卷调查还表明了"能力"对于学生胜任岗位工作乃至获得晋升的重要性。尽管这些能力并不直接与管理知识相关，但管理学课程应该高度重视对这些能力的培养。这就要求在课程实施的过程中，应该灵活地运用各种教学方法（如前文提及的案例教学法、参与式教学法、角色扮演等），创造各种条件让学生多想、多说、多写、多做，以努力促进学生"能力"的生成和强化。

最后，将企业经营管理常识性知识充实到管理学课程，对于更好地运用多种教学方法也很有助益。拿最受推崇的案例教学法来说，如果课程内容窠于教材的计划、决策、组织、领导和控制等原理性知识，那么为了与这些知识对接，案例可选择的范围是非常有限的，并且运用这些原理性知识去分析案例，往往只能得到粗略和肤浅的认识。换句话说，教材中的原理性知识因其抽象和概括而与企业经营管理的具体实践有相当的距离，它很难为案例分析准备足够的"武器弹药"。如果将各种教学法比作"巧妇"之"巧"，那课程内容就可比作"米"。倘若没有充足的课程内容，那就难免出现"巧妇难为无米之炊"的尴尬。但是另一方面，如果课程内容很丰富，但教学方法呆板、单一，也不会取得好的教学效果，不会对学生胜任力的发展有更大的增益。所以，在实施管理学课程时，更充实的实践性课程内容与更丰富的教学方法之间应该是相得益彰、不可偏废的。内容与方法，两手都抓，两手都硬，才能更好地发挥管理学课程对于学生胜任力培养的作用。

参考文献：

［1］赵伯庄，李宇红. 高等教育中专接本的教学研究与探索［J］. 辽宁教育研究，2006（11）.

［2］张英奎，贾天钰，谢秀红，孙军."五位并举"建设国家级精品课程——北京化工大学"管理学"课程建设的探索与实践［J］. 北京教育：高教版，2009（4）.

［3］陈辉华，王孟钧.《管理学原理》参与式教学改革探讨［J］. 长沙铁道学院学报：社会科学版，2006（2）.

［4］黄江泉，于普选，张世仁. 参与式教学在"管理学"教学中的五个设计原则［J］. 中国地质教育，2010（3）.

［5］李玮. 情景模拟教学法对管理学教学的启示［J］. 教育探索，2008（7）.

［6］曾志云.《管理学》情景模拟教学研究［J］. 高等教育研究学报，2009（1）.

［7］李季鹏. 体验式教学法在"管理学"教学中的应用［J］. 黑龙江教育：高教研究与评估，2006（10）.

［8］邱伟年，蒋雪. 国际化背景下能力导向的管理学课程 TCP 三角教学模式研究［J］. 广东外语外贸大学学报，2011（4）.

［9］叶萍. 构建基于四大课堂联动的互动体验式创新教学模式——以高职《管理学基础》课程为例［J］. 中国职业技术教育，2011（29）.

［10］周裕全，赵水生，苏小玲，吴光华，何鹏.《管理学》课程教学改革探讨［J］. 南昌高专学报，2005（5）.

［11］袁基瑜. 应用型本科管理学课程教学内容与方法改革［J］. 北方经贸，2009（1）.

［12］余忠，刘燕娜，肖友智，戴永务. 对构建《管理学原理》课程教学新模式的思考

——基于培养学生管理实践能力的视角［J］. 科技和产业，2009（12）.

［13］禹海慧，吴孝政，易想和. 工商管理本科"管理学原理"课程设计思考——基于培养学生实践应用能力的视角［J］. 长春理工大学学报：社会科学版，2012（5）.

［14］范曙光. 管理学课程教学内容与方法改革探析［J］. 长春工程学院学报：社会科学版，2012（3）.

［15］胡修银，栗亚军. 管理人员胜任特征理论研究综述［J］. 长江大学学报：社会科学版，2007（6）.

［16］李强，张伟. 基层管理者胜任力模型实证研究［J］. 经济师，2012（10）.

［17］叶萍. 基层管理者通用素质模型与高职《管理学基础》课程教学改革［J］. 人力资源管理，2011（9）.

［18］姚若松. 大学毕业生胜任特征模型构建的研究［J］. 教育导刊，2010（9）.

［19］王雷. 高校毕业生职业胜任力评价体系研究［J］. 浙江社会科学，2011（11）.

《网络营销》课程的教材建设探讨[1]

田 玲

摘 要： 随着社会经济发展和信息技术的不断提升，以及人们对网络的深入认识和运用，互联网已经成为人们生活中一个重要的组成部分，电子商务在社会经济的发展中发挥了越来越重要的作用。为了满足社会对电子商务人才的需要，为我校电子商务专业学生搭建适合社会需要的专业知识结构，在《网络营销》课程的教学改革和实践过程中，根据课程背景、课程特色、企业需求和我校学生需求，在教材建设方面进行了探索和改革，希望使该教材具有自己鲜明的特色。

关键词： 网络营销 教材 建设 特色

一、引言

随着社会经济发展和信息技术的不断提升，以及人们对网络的深入认识和运用，互联网已经成为人们生活中一个重要的组成部分，电子商务在社会经济的发展中发挥了越来越重要的作用，使得企业对于网络营销人才的需求也越来越迫切。电子商务专业是我校应用性本科重点建设专业，也是亮点工程专业；《网络营销》课程是电子商务专业的主干课程，对《网络营销》课程建设是其中的一个重点。因此，根据该课程改革和实践过程中的课程大纲、课程特色、企业需求和我校学生需求，本文探讨了网络营销课程中教材建设的思路和实践，采用项目驱动的主导方式，旨在加大教学过程中实践环节和理论联系实际的力度，方便学生融会贯通，促进学生

---

[1] 项目来源：2013 年北京联合大学"十二五"校级本科规划教材项目（京联教［2013］11 号）。

自主学习，拓宽知识的操作层面，从而改善课程教学效果。

二、教材建设的需求分析

（一）网络营销课程分析

从该课程大背景来看，我校作为一所定位在应用技术型的高校，始终坚持为北京市的社会经济发展培养应用性人才。在长期办学过程中，积淀形成了"办学为民，应用为本"的办学理念，确立了"发展应用性教育，培养应用性人才，建设应用型大学"的办学宗旨以及"学以致用"的校训，办学特色以"应用"为首位。

从该课程自身特色来看，《网络营销》课程是电子商务专业的专业核心课，是学习网络营销理论和实践的一门课程，是一门强调理论联系实际、注重理论运用和实际操作的课程，注重从事网络营销人员必须具备的基本能力和职业素质的训练。该课程以掌握网络营销的策划、组织、实施、管理能力为目标，主要学习市场营销和网络营销的基本概念和理论、网络环境下消费者行为、网上市场调查、网络目标市场策略、网络营销策略以及企业网络营销策划等知识和方法。该课程的任务是使学生具备有关市场营销、网络营销的基本知识、基本理论和初步的网络商务信息采集、分析、处理能力以及网络营销策略策划、实施的能力，达到助理电子商务师在网络营销方面的能力水平。

通过课程分析和课程特色可见，在教材建设中，需要以我校的办学宗旨和网络营销课程的自身特点为基础，除了为学生提供丰富的网络营销知识之外，还要加大实践环节和理论联系实际的力度，拓宽知识的操作层面，提高学生的自主学习能力，从而改善课程教学效果。

（二）企业需求分析

人才市场是企业需求的感应器，更是大学课程培养的指明灯。为了解企业对相关人才的需求，以前程无忧网和中华英才网等著名的人才招聘网站为代表，进行了网络营销人才需求的调查分析。在此调研中，共调研2个网站、100多个职位，分别对这些数据进行了岗位人才需求企业类别和人才职责要求的分析，得出以下结论。

网络营销人才应掌握的理论知识包括以下几个方面：

1. 掌握营销基本理论；

2. 熟悉网络市场的特点；

3. 熟悉网络营销服务的常见产品；

4. 掌握营销型企业网站规划和建设的基本理论；

5. 掌握企业网站推广的基本理论；

6. 掌握企业网站运营和管理的基本内容和理论；

7. 熟悉企业网络营销效果评价的基本理论；

8. 掌握网络贸易的知识与理论。

网络营销人才应具备的实践技能包括以下几个方面：

1. 企业网站规划与建设的项目管理能力；

2. 网站优化与推广的实战能力；

3. 网络品牌建设与推广策略实施能力；

4. 网络市场调研方法；

5. 网络市场策划与分析；

6. 网络客户服务；

7. 企业网站诊断；

8. 企业网络营销效果评价；

9. 网络贸易与沟通技巧。

通过企业需求分析可见，在教材建设中，要从提高学生动手能力出发，注重学生的实践操作能力，在教材中强调项目和实际工作的融合，让学生在学习中都能动起手来。这样，学生在毕业后对于岗位要求都已经熟悉，且通过校内实习有了一定的工作经验，能增强学生的就业主动性和竞争力。

（三）学生需求分析

为了解我校学生的特点和需求，在电子商务专业内，对大三及大四共130多名本校本专业的学生，进行了学生需求情况的问卷调查和分析，分析结果如下：

1. 在教材的内容方面，有80%的同学希望教材内容理论知识和实验操作部分内容新颖、丰富，能顺应时代和社会的发展，满足社会人才的需求，能够做到更多的知识补给；

2. 在教材的设计方面，绝大多数同学希望在本课程的学习过程中，改善以往的被动学习方式，能提高学生自己的学习积极性和主动性；

3. 在教材的特色方面，80%以上的同学希望教材能够对学生自身发展有所帮助，能使学生有的放矢地进行知识储备和拓展，对就业选择和职业发展也有所帮助；

4. 在教材的内容分配方面，有近40%的同学希望能精简理论知识环节，扩大实践操作环节，并能将实践操作环节与企业需求相结合，使学生能够做到学以致用，同时希望能将本课程知识与其他课程知识做到有机地连接，做好课程间的潜在关联和分工。

通过学生需求分析可见，学生的需求和企业需求类似，也希望能很好地将理论知识和实践操作紧密联系起来，并增加实践操作环节，同时期望参与到教师的相关科研项目中，以做到更好地学以致用。

三、教材建设思路

（一）总体编写思路

综合以上内容，在该教材建设中，理论基础与实践技能的培养应该是全方位立体式地进行。基于以上分析，本着"强调理论联系实际、注重理论运用和实际操作"的原则，教材整体的编写思路是：案例分析—理论知识—示例应用—上机实践，每个章节都主要由以下几个部分组成。

1. 引言（通过不同字体区别于正文）。引出本章的主要知识点，指导学生学习。具体的内容包括：本章教学要求、本章主要知识点、本章的重点和难点等内容。

2. 引导案例。采用真实的、最新的网络营销案例引入（注意与市场营销案例的区别），一定要突出网络环境的特点和所带来的变化，创造具体的网络情境，提出案例的核心问题，从而引出本章的重点学习内容。通过案例分析来贯穿、指导本章的重点学习内容，帮助学生思考和学习，以锻炼学生独立思考、解决问题的能力。

3. 正文。一般按照章、节、目安排，叙述中可插入小案例（100～300字）、背景资料、重要或较难理解的名词解释等，内容要精练，一些内容可用插图的形式加以形象化表述（形式灵活，语言精练）。对于需要重点掌握的内容，采用优秀和恰当的"示例分析"的形式，来配合理论知识做好讲解，有利于学生参考，还能更好地指导学生对相关理论知识的掌握，培养学生网络营销策略的策划能力。

4. 本章小结。作为本章学习总结，注意与引言的区别，设计对应本章理论知识的上机练习和实践环节，来锻炼学生网络营销策略的实施能力，并加以引申阐述，如发展趋势、可能的障碍、问题以及解决方式等。

5. 上机练习与实践。在此环节中，采取任务驱动的方式，要结合每章的教学要求、企业实际技能需求和整体任务的部分环节分解，设置学生实际体验操作的内容，内容要实际、具体且容易实际操作；同时，根据该实践环节，给出相应的主要知识点和操作（或实践）要求等，锻炼学生的实际动手能力，加深学生对理论知识的理解和掌握。

6. 提高环节。结合本章的知识难点和重点，并结合相应的网络营销学生大赛或对应网络营销专员的岗位需求，设置相应的思考题、案例分析题和操作任务，引导学生自主性、深入性和研究性学习。全书最后还附有优秀学生完整的网络营销策划方案，以指导学生对全书内容的掌握。

（二）教材建设总体特色

教材建设是课程建设中的一个重要环节，概括起来总体特色包括以下方面。

1. 理论与实际应用相结合。目前虽然有关网络营销的教材比较多，但是内容大都侧重于理论知识的阐述和介绍，有关网络营销实践的内容比较少。教材建设中，要将每一章中的理论知识作为基础，配合网络营销的实际应用，突出理论联系实际的特色，将实际应用与每一章中的理论知识生动结合起来。

2. 突出实践环节和案例分析。教材建设中，每一章中的理论内容要精练、经典，以理论内容为基础的实践操作环节和以案例分析为每章的重点内容，从而对学生的实践应用能力进行有针对性的培养。在实践环节中，要配合操作截图和图解，加大实践教学的比例，使得实践环节详细、具体；在案例环节中，案例分析应贯穿教学过程的始终，并紧贴当今最新的网络营销热点问题。

3. 以工作任务为导向、体现项目驱动。在教材建设中，全书围绕一个总的网络营销工作任务所展开，每一章为各子工作任务的完成办法和相关知识，每个子工作任务既相互独立又相互合作，全部子工作任务串联为一个完整的营销策划流程。在每章的工作任务中，要求学生的角色有所变化，学生不再是一个学习者或消费者，而是一个企业的管理者，采用项目驱动的方式完成了角色换位，学生需要站在企业的角度来完成网络营销，完成自己的工作任务，同时学习相关的理论知识，帮助学生树立正确的网络营销观。

4. 符合企业和学生需求。根据企业的人才需求、企业的岗位群和学生需求来确定相关理论和实践教学内容，及其专业资格考试方面的内容，设计教材的主要知识点和实践环节，使得学生在学习完该课程后达到助理电子商务师在网络营销方面的能力水平，考取专业资格认证，提高学生就业的综合竞争力。

四、总结

教材，它不仅为教师提供一个进行系统教学的参考，也为学生提供了一个随时随地可以自主学习的依据，为学生提供各类信息资源，还能极大地促进授课时教师与学生间沟通交流，从而提高教学质量和教学效果。本文根据课程大纲、课程特色、企业需求和我校学生需求，结合我校实际情况，从内容、特色和思路等方面对《网络营销》课程的教材进行了策划及建设，旨在提高学生的自主学习兴趣，扩展他们的知识和视野，完善课程的教学效果，也为应用型《网络营销》课程的教材建设提供一定的参考和借鉴。

参考文献：

[1] 昝辉. 网络营销实战密码——策略. 技巧. 案例 [M]. 北京电子工业出版社，2009.

[2] 杨路明. 网络营销 [M]. 北京：机械工业出版社，2011.

[3] 刘芸. 网络营销与策划 [M]. 北京：清华大学出版社，2010.

[4] 冯军. 网络教学管理的研究 [J]. 商业文化：学术版，2009（06）：22－25.

[5] 赖洁瑜. 关于"高端技能型人才"培养模式的几点思考——基于《网络营销》的课程建设与改革研究 [J]. 新经济，2013（10）：84－85.

[6] 雷莉. 浅析"案例教学法"在网络营销课程中的应用 [J]. 经贸教学，2012（12）：86－87.

[7] 王凯. 任务驱动式教学法在《网络营销实务》课程中的应用 [J]. 齐齐哈尔工程学院学报，2013（09）：88－90.

[8] 樊文静.《网络营销》课程教学改革与探讨 [J]. 职业技术，2012（08）：30－31.

国内高校 MIS 课程建设比较分析^❶

黄　艳　任成梅

一、引言

管理信息系统（Management Information System，MIS）是一个以人为主导，利用计算机硬件、软件、网络通信设备以及其他办公设备，进行信息的收集、传输、加工、储存、更新、拓展和维护的系统。1967 年，美国明尼苏达大学率先开辟了管理信息系统课程。此后 30 多年里，各国纷纷推出了 MIS 课程。从 20 世纪 80 年代中期开始，国内高校也陆续开展 MIS 教学和研究。目前，MIS 课程已成为国内管理科学类专业的核心课程之一，但是由于专业背景、学科性质的不同，各高校在课程教学目标、教学方法、课程体系等方面都存在差异。本文研究的目的是通过对国内院校 MIS 课程设置数据的收集和对比，观察不同类型高校在 MIS 课程设置上的异同，为更好地开展 MIS 课程的教学提供数据支持。

二、数据收集及研究方法

首先，通过访问国家精品课资源网（http：//course. jingpinke. com），查找到 MIS 精品课程共 52 门。根据课程级别的不同，可以将相关课程分为国家级精品课程、市级精品课程和校级精品课程三类，详见表 1。这 52 门精品课程共涉及 50 所院校，其中中南大学同时拥有 1 门国家级 MIS 精品课程和 1 门市级 MIS 精品课程，宁夏大学同时拥有 2 门 MIS 校级精品课。

---

❶　本文是北京联合大学人才强校计划人才资助项目 BPHR2012C08 的阶段性研究成果。

然后，进一步下载并阅读各网站提供的课程建设相关资料，进行分析处理。最后，从教学目标、教学方法、课程体系等方面对比分析这些课程建设的相关特点。

表1 MIS 精品课程级别划分统计

类型	学校	合计
国家级精品课程	清华大学、复旦大学、哈尔滨工业大学、武汉科技学院、中南大学、华中科技大学	6门
市级精品课程	宁夏理工学院、南京审计学院、赣南师范学院、华东理工大学、武汉工程大学、内蒙古大学、海南大学、北京科技大学、中南大学、浙江经济职业技术学院、浙江金融职业学院、常熟理工学院、安徽财经大学、江西财经大学、湖北汽车工业学院、山东经济学院、成都信息工程学院、贵州财经学院、对外经济贸易大学、广西工学院、同济大学、东北财经大学	22门
校级精品课程	上海海事大学、杭州电子科技大学、东北农业大学、上海工程技术大学、上海工程技术大学、西北政法大学、南昌航空大学、江汉大学、西南财经大学、中南林业科技大学、仰恩大学、兰州商学院、兰州商学院、湖北经济学院、河南财经学院、大连东软信息技术职业学院、绵阳师范学院、成都理工大学、宁夏大学（2门）、山西财经大学、四川师范大学、厦门理工学院、华南农业大学	24门

三、国内 MIS 课程设置分析比较

（一）课程名称的设置

众多高校都使用"管理信息系统"作为该课程的课程名称，只有6所高校对管理信息系统课程的名称进行特定主题的限定，分为两类：一类是将课程名称中加上某一具体领域限定，如上海工程技术大学的"民航管理信息系统"、江西财经大学的"财经管理信息系统及应用"、中南大学的"会计管理信息系统"、武汉科技学院的"物流管理信息系统"；另一类是将课程名称中突出系统开发的特定工作，如华中科技大学的"管理信息系

统的分析与设计"、浙江经济职业技术学院的"管信息系统开发与应用"。

（二）课程教学目标的设置

52 门课程的开设对象基本都是经济管理领域的相关专业，如工商管理、会计、财务管理、信息管理与信息系统等专业。课程教学目标设置中，有 18 所高校在该课程目标中明确提及要"培养学生具有开发管理信息系统的初步能力"，强调对学生实际管理信息系统开发能力的培养。其他高校在课程目标中更多提到的是"获得对现代信息管理以及信息系统的整体性认识"或"让学生能够用信息方法分析企业管理的系统"。由此可见，MIS 课程已经逐渐从一门面向信息系统开发人员的课程变为一门面向管理人员的课程，从一门技术类课程变为一门讨论如何从管理者的角度认识与理解信息与信息技术的课程，从研究一个仅涉及管理系统的课程（狭义的 MIS）变为讨论组织信息化进程中各种问题的课程。

（三）教学内容的设置

教学学时的设置分布范围从 32 学时至 64 学时，多数有理论教学和实验教学。理论教学内容总体包括四大部分：第 1 部分，管理信息系统的基本概念、作用和发展；第 2 部分，管理信息系统的技术基础；第 3 部分，管理信息系统的分析、设计与实施；第 4 部分，企业管理信息系统的应用。对应教学目标的不同，会在第 3 部分和第 4 部分内容上有所侧重。教学目标中明确强调"对学生实际管理信息系统开发能力的培养"的课程，在第 3 部分管理信息系统的分析、设计与实施内容学时设置上有所增加。课程目标中强调"获得对现代信息管理以及信息系统的整体性认识"的课程，在第 4 部分企业管理信息系统的应用的学时设置上有所增加。实验内容有对某一典型系统的分析与设计、管理信息系统应用案例分析、小型系统开发等多种形式。

（四）教学方法的采用

有 6 所高校采用中英文双语授课方式讲授管理信息系统课程，分别为清华大学、复旦大学、海南大学、安徽财经大学、江西财经大学和上海海事大学。其他高校均采用全中文授课。在教学方法中，普遍采用的方法依次为课堂教授、实验练习、案例讨论、网络教学、情景模拟和企业调查等。由于管理信息系统课程具有实践性强的特点，教学中多配套相应的实验环节对所学的内容进行模拟和实现，还有不少高校将实验环节拓展到企业实践，增加对实际企业流程、业务的调查和分析。案例讨论分析也多用在该课程的教学中，多数案例是围绕典型企业的信息化建设规划、分析、设计、实施和管理而展开。

（五）教材的采用

教材是教学内容设计的体现，教材的选择也是体现教学内容体系的关键。通过对 52 门课程教材的采用分析，发现有 6 门课采用英文教材，有 15 门课程采用该学校自编的中文教材，有 13 门课程采用清华大学出版社出版、薛华成编写的《管理信息系统》教材，有 12 门课程采用高等教育出版社出版、黄梯云编写的《管理信息系统》教材，有 6 门课程采用其他教材。

参考文献：

［1］国家精品课资源网（http：//course. jingpinke. com）.

［2］李莉. 国内外 MIS 课程内容比较分析［J］. 鞍山师范学院学报 2008（3）：91－93.

［3］于倩倩，彭爱东，徐力，王璐，付浩. 中、美信息管理专业课程设置分析与比较［J］. 新世纪图书馆，2010（5）：69－73.

数据分析与预测课程的改革与创新

任成梅 黄 艳 张士玉 于丽娟

摘 要：数据分析与预测课程是一门实用性很强的课程，在本论文中笔者结合学科建设、行业需求的调查以及教学实践，探索课程内容的改革与创新，在吸收原有课程经验基础上引入新知识，以拓展教学内容，提升教学效果，为课程教学提供了一种参考。

关键词：数据分析 数据挖掘 教学改革

引言

2010 年，为培养提升学生数据分析职业能力和研究能力，在信息管理与信息系统专业 2011 版教学计划中开设了专业任选课程数据分析与预测。经过两轮教学实践，教学效果表明学生的数据分析能力和研究能力明显提升，毕业设计中部分学生还结合教师课题进行了数据分析工作，取得了优良的成绩。

如今，随着信息技术及应用模式的飞速发展，全球数据量及复杂性都在急剧增长。市场对信息管理人才需求呈现出新的形势和特征，对就业人员综合素质和应用创新能力的要求越来越高。"大数据"时代的到来给我们的人才培养带来挑战。据 Gartner 公司调查发现，数据分析和商业智能成为 2012 年首席信息官最优先考虑的技术。我国企业对商业智能的应用需求呈明显上升趋势。鉴于此，我国高校纷纷在信息类、商务类、工程类及管理类专业中开设商务智能课程，作为专业特色课程或专业选修课程。数据挖掘技术作为其中的核心部分成为教学中的重点内容。

一、课程原有内容和教学状况

2011 版教学大纲中，数据分析与预测课程的教学内容以数据的处理与统计分析、数据分析预测模型的使用以及管理决策与模拟分析为主，在数据挖掘方面安排了一个章节两个课时的内容。教学目标以培养学生职业技能为主，通过课程教学培养学生掌握基本的数据分析与预测原理和方法，应用现代计算机技术解决经济与管理理论与实务问题，具备从事基本数据加工、分析、信息处理等相关职业所需的基本技能。数据挖掘的一个章节内容为学生了解行业前景，继续深入学习数据分析方面的知识作了相关的知识介绍和准备，但并没有在相关的技术和内容上深入讲授，只能作为一个相关知识的引导，学有余力或对数据挖掘有兴趣的同学可以在课后和老师进行更进一步的学习或练习。但在教学实践中，具有这种主动性与积极性的学生较少，大部分的同学还是课堂讲什么就学习什么，以被动接受为主。此外，针对前者有主动学习需求的同学，在课堂课时安排和讲解上也没有足够的时间，课后的学习也不够连续和系统。

因此，在目前的时代发展和市场需求背景下，需要对课程的内容进行必要的改革，增加数据挖掘、商务智能等相关知识，拓展课程的知识容量，同时结合新添内容在教学形式等方面进行改革，提升和强化在数据分析挖掘及商务智能方面的知识学习和应用能力培养。

二、课程改革重点和难点

（一）课程内容和比例设置

数据分析和挖掘方法本身就是一个博大精深的领域，而课程的学时是有限的，所以在课程改革中必须研究在有限的学时内所教授的内容。本课程的理论基础是数学和统计学，同时又面向应用，具有特定的工具及其使用方法，虽然结果由计算机做出，但是必须对其进行合理解释。如果理论内容过多，则操作方法的练习时间会不够；如果理论内容过少，则对于结果的解释难以深入。考虑到我校学生的特点和基础，如何确定这个最佳比例仍然是研究重点，需要在教学中不断探索实践。

（二）课程实验工具的选择

本次课程改革在结构上增加了课内实验的部分，课程实验工具选择也是一个重要的内容。统计分析和数据挖掘具有一系列可以使用的工具，在具体方法和所采用的工具上有许多共同点，但是所面对的数据对象、应用场合和环境是不同的，因此，在课程教学改革中，从应用的角度综合讲述两大类方法的应用场合和相互关系也是一个重点。此外，在实验工具的选择中还必须考虑市场主流应用、工具的使用复杂难易程度等，结合学生的学习和接受情况等因素的影响。

（三）本课程和其他课程的关系

本课程是一门实用性很强的综合性课程，学生在学习本课程之前应当具备一定的基础知识，如计算机操作、概率与数理统计、统计学和管理学等基本知识。后续为面向毕业设计和就业岗位，在课程内容的选择和设置上，强调综合应用能力培养的同时，必须避免和前期课程的过多重叠。如何恰当地实现前后期课程的知识衔接也是课程改革中的重点之一。

三、课程内容与结构的改革与创新

结合 2013 版教学大纲的制订，本课程的教学目标定位在通过课程教学使学生掌握基本的数据分析及挖掘原理和方法，应用现代计算机技术解决经济与管理理论与实务问题，具备从事基本数据分析、信息处理、数据挖掘等相关职业所需的基本技能。作为一门实用性很强的综合性课程，注重培养学生的数据分析、信息处理、数据挖掘等能力。

课程的主要内容包括：数据处理、组织与汇总，数据的基本统计与分析，数据回归分析，数据仓库与数据挖掘方法及应用等。课程内容缩减了数据的基本统计分析与处理的内容和课时，减少了关于数据统计基础理论知识讲解，侧重数据分析应用技能培养，同时增加了关于数据仓库和数据挖掘方面的知识和应用内容。将以统计分析为主的课程，拓展为以数据挖掘和商务智能为主的课程，包含但拓展了应用范围，更加符合实际应用需要和行业发展趋势。

为更好地让学生吸收消化新知识，强化对课堂知识的理解和应用，在教学内容的结构设置上，增设了课内实验的环节，每两节理论课结合一节实验课程。实验中选择大众化的，学生容易上手的数据分析和挖掘工具，通过教师直接指导，及时地发现和解决学生在应用中出现的问题，同时吸收原有课程的教学方法和教学经验，采用案例式和任务驱动结合的教学模式，从应用出发让学生掌握更加实用的知识。

本课程为综合性、应用性课程，其预修课程有大学计算机基础、概率论与数理统计、数据库原理与应用、统计学和管理学。后续课程有毕业设计（论文）等。课程的知识重点区别于统计学、数据库原理等相关课程内容，强调对知识和工具的综合应用，从具体的数据分析、挖掘案例出发来运用以前所学的知识，同时培养学生分析问题和解决问题的能力。学生通过学习，在掌握数据分析技术的同时，也提升了研究能力，在毕业设计中还可以根据教师的课题进行更进一步的应用和锻炼，从而也为学生就业和进修提供了基础。

四、结语

本课程的改革和创新从调查研究入手，围绕当前社会发展和学科建设的需求，将新技术、新知识融入传统课程，课程教学与时俱进，提升教学效果，满足了社会对信息时代新型人才培养的需要。同时，课程的改革消化、吸收原有数据分析与预测课程的开设经验，结合信管专业学生学习特点，合理设置教学结构，设计适宜的教学方法。在新教学大纲中修订为面向信息管理本科专业的数据分析与数据挖掘课程。由于课程内容的更新和变化，对教师和学生都提出了新的要求和挑战，在教学实践中需要不断对教学内容进行细化和凝练，结合教学反馈对教学方法等方面进行实践和探索，以达到更好的教学效果。

参考文献：

[1] 杨延村. 校企结合的信管专业人才培养模式探析 [J]. 大学教育，2012（12）.

[2] 冯芷艳，郭迅华，曾大军，陈煜波，陈国青. 大数据背景下商务管理研究若干前沿课 [J]. 管理科学学报，2013（1）.

[3] 赵卫东. 商务智能（第二版）[M]. 北京：清华大学出版社，2011.

[4] 谷瑞军，陈圣磊，汪加才. 《商务智能与数据挖掘》教学研究 [J]. 电子商务，2010（10）

[5] 任成梅，张士玉，王艳娥，马丽仪. 数据分析与预测课程的教学探索与实践 [M]. 北京：中国时代经济出版社，2013.

提高管理类专业信息技术课程教学
效果的途径探讨

王艳娥 祁 梅

摘 要： 本文从实际出发，针对管理类专业信息技术课程中存在的具体问题，从强化学生对课程意义的认识、教学方法、考核方式等几个方面，提出了提高管理类学生信息技术课程教学效果的方法。

关键词： 管理类专业 信息技术课程 数据库技术

一、引言

随着信息技术的不断发展，各行各业的信息化程度越来越高，社会越来越需要掌握信息技术的复合型管理人才。为适应社会需求，国内外各高校的管理类专业都开设了计算机基础、数据库技术、VB 程序设计、管理信息系统等多门信息技术课程。但是，信息技术类课程对于大多数管理类学生来说是有一定难度的，特别是程序设计和数据库技术这些课程，难度就更大了。目前，在很多学校，这些课程的教学效果不是很理想，往往不能很好地达到预期目标。因此，如何有效地提高管理类专业信息技术课程的教学效果就成了普遍关注的问题。

为了提高管理类专业信息技术课程的教学质量和效果，需要系统地分析教学中存在的问题，并有针对性地改革教学方式，探索高效的实践方法。

二、管理类专业信息技术课程教学现状

在目前的教学中，管理类专业开设的信息技术课程主要存在以下几个

问题。

（一）部分学生对信息技术课程的意义认识不足

部分学生对学习信息技术课程的意义存在认识上的偏差，对信息技术类课程不够重视。认为管理类专业的学生今后不会从事程序设计和信息系统开发的工作，只要会简单的文字处理和电子表格处理就可以了，而完全没必要学习程序设计类和数据库技术方面的内容。认识上的偏差，在很大程度上影响学习积极性和主动性，进而影响学习效果。

（二）信息技术课程没有和管理专业知识有效融合

管理类专业学生的信息技术能力应该是以管理知识为基础，为管理技能提供更高效的工具和支撑。孤立地学习信息技术，对于管理类专业来说，并没有多大的实际意义。目前，很多管理类信息技术课程教学内容照搬信息技术学院专业的内容，过分强调技术本身，而没有将信息技术知识和管理知识有机地融合起来。

（三）教学方式方法问题

管理类专业的学生，一提到计算机技术，就觉得很难，存在较严重的畏难情绪。在学习信息技术过程中，更是缺少信心。对管理类专业的学生来说，与本专业其他课程相比，信息技术类课程更加难以理解。如果还采用传统的教学方式，老师讲，学生听，学生就会越来越没兴趣，从而就只为得到学分而学习，最终导致教学效果不理想。

（四）信息技术类课程考核形式问题

目前，很多信息技术类课程的考核都采用单一书面考试形式。这种考核方式能较好地考查学生理论知识的掌握情况，但很难考查学生的实践操作能力和动手能力。这就会导致学生只要记住一些知识点就可以取得很好的成绩，而忽略平时课程的学习，导致实践能力和动手能力的缺乏。

三、提高信息技术类课程教学效果的途径

针对上述管理类信息技术课程存在的问题，笔者结合多年的教学经验以及和同行的交流体会，从以下几个方面探讨如何提高教学效果。

（一）让学生充分认识信息技术类课程的重要意义

要想提高课程的教学效果，首先就要让学生明确课程的学习目的和意

义。信息技术类课程的学习意义可以从两个方面来看。首先，国内各企事业单位和政府部门都在采用计算机化、网络化办公和运营管理，需要大量既懂得管理又具有较高实践技能的人员。作为管理类的毕业生，具有一定水平的信息技术能力，会在就业上具有很大的优势；其次，毕业生进入工作岗位以后，既懂得管理又具有较高信息技术实践能力的员工会有更多的发展空间，更能够得到重用；最后，信息化是未来社会发展的趋势和方向，有了这样的认识，学生对信息技术类课程的学习目的就会更加明确，就会更加重视这些课程的学习。

信息技术类课程的教师，除了要让学生明确信息技术课程的重要意义，还要在教学的第一堂课，着重介绍该课程在管理专业毕业生所从事工作领域中的应用现状以及应用前景，让学生对该课程相关技术的应用有明确的认识。在这里可以讲一些本校以及国内外本专业毕业生的就业和工作情况，这样更加形象，更有说服力。

（二）信息技术课程和管理知识的有效融合

对于学生而言，不能简单地学习信息技术，而必须与管理知识有效融合。管理类专业信息技术课程的教学内容设置，要以管理专业为出发点，培养学生认识信息技术、掌握应用信息技术的能力，同时适度弱化信息技术的专业化知识，从而体现信息技术作为管理能力重要支撑的特点。让管理专业的学生结合管理专业知识来学习信息技术，从而能够应用信息技术来解决实际管理问题。如在数据库技术课程中，结合学生成绩管理、进销存管理、客户关系管理和人力资源管理等实际管理系统应用案例来讲授数据库设计和应用，让学生充分理解和体会数据库技术作为管理工作的重要支撑工具。在程序设计类课程中，弱化命令、语法这些枯燥的计算机概念知识，而是先提出某个管理问题，如"博弈"、"议价"、"拍卖"等，然后让学生利用程序设计来解决这个问题。

（三）采用灵活多样的教学方法

教学方法的采用对于提高教学效果起着至关重要的作用。针对管理类学生的特点，在教学过程中，可以采用案例教学、基于问题的教学方法、类比法等，从而更好地调动学生的主动性和积极性，提高教学效果和教学质量。

案例教学法是以大量形象、生动的实例将课程知识点贯穿起来。直观形象的实例避免了教学内容的枯燥，容易让学生理解和接受，可以提高学生学习的兴趣，并可以提高学生解决实际问题的能力。在管理类信息技术课程的案例设计上，要充分了解学生已有的计算机知识水平，并结合管理知识进行精心的选取和准备。如在数据库技术课程以学生成绩管理系统作为基本数据库操作的案例，实例简单，贴近学生且应用性强，容易被学生接受和理解，可以树立他们的学习信心，提高学习兴趣。案例教学中还应避免填鸭式的教课形式，应注重与学生的互动交流，启发引导学生积极参与，提出问题、分析问题、解决问题，让学生在轻松愉快的氛围中学习所需要的知识。

信息技术类课程实践性较强，实验教学部分必不可少。实验教学部分可以采用"基于问题学习"的教学方法。教师给出具体问题，让学生自行解决，最后教师完成对学生成果的评价和分析。如数据库课程中，教师给出多个可选题目，要求学生自行设计和实现一个数据库应用系统，学生可以自由组队，结合兴趣爱好选择其中一个题目。在设计和实现的过程中，小组内学生互有分工和讨论交流，分析和探索问题的解决方法。完成任务后，班内各小组分别进行展示，其他小组提问和互动交流，教师进行点评和汇总。在这种教学模式下，以问题为导向，以学生为中心。学生带着问题和教师互动，教学效果非常好。

（四）采用多样化的考核方式

信息技术课程具有较强的实践性，传统的期末一张试卷的考核方式并不合理，不能全面考核学生的学习效果，而应更加注重学习过程的考核。成绩可以分为平时成绩和考试成绩。平时成绩主要包括课外作业、实验作业、考勤、课堂表现、参加竞赛、计算机考级情况等内容。课外作业可以让学生到企事业单位或政府部门调查和走访与课程内容相关的应用状况，让学生对课程的应用有切身的体验。实验作业可以采用提交实验报告的方式，也可以采用让学生使用录屏软件把操作过程录制下来的方式。多鼓励学生参加与课程相关的信息技术竞赛，并将参加情况作为平时成绩的加分因素。

信息技术类课程的期末考核形式可以与计算机二级考试的形式接轨，由传统的纸质试卷变成理论考试和上级考试相结合的形式。理论考试可以包括选择、填空，上机考试包括程序改错、操作等内容，这样对学生掌握信息技术类课程的理论知识及上机实践操作都是一种促进，也可以更加全面地检查学生的学习效果。

四、结束语

本文分析了管理类专业信息技术课程的现状和存在的问题，从强化学生对课程意义的认识、教学方法、考核方式几个方面探讨了提高管理类学生信息技术课程教学效果的方法。本文所探讨的这些内容还需要在教学过程中不断探索和实践。

参考文献：

[1] 翁艳. 浅论信息技术能力培养对管理专业毕业生的就业促进作用 [J]. 湖北函授大学学报，2011（2）.

[2] 许菱. 基于互动式教学的普通高校管理类专业信息技术教育探讨 [J]. 江西理工大学学报，2009（12）.

[3] 杜芳芳. 非计算机专业程序设计课程教学的探索和实践 [J]. 教育与职业，2010（9）.

[4] 熊辉. 信管专业信息技术类课程教学的思考 [J]. 华章，2013（11）.

在 SQL Server Analysis Services 中进行数据挖掘编程的探讨

王　耀

摘　要: 本文讨论了在 SQL Server Analysis Services 服务器环境下结合 BI Dev Studio、Visual Studio. NET 工具进行数据挖掘编程的设计思路及方法,分析了利用 SQL 的数据挖掘扩展功能创建数据挖掘结构和数据挖掘模型并填充挖掘结构的编程方法,并提出了利用 ADOMD. NET 和 DMX 语句编写 Web 页面展示数据挖掘结果的设计思路。

关键词: 数据挖掘　DMX　ADOMD. NET　数据仓库

一、数据挖掘概述

数据挖掘就是从大量数据中获取有效的、新颖的、潜在有用的、最终可预测的模式的过程,也就是从大量数据中提取或挖掘知识,又被称为数据库中的知识发现。

数据挖掘技术是随着数据仓库技术的发展和成熟而发展起来的。数据挖掘与数据仓库是两个既相关联又相区别的概念:数据仓库是一种数据存储方式,它完成数据的收集、集成、存储、管理等工作;而数据挖掘研究各种方法和技术,从大量的数据中挖掘出有用的信息和知识,它面对的是经过初步加工的数据。数据仓库所具有的面向主题、集成、时间特征、数据稳定等特点,对数据挖掘提出了更高的要求;而数据挖掘为数据仓库提供了更好的决策支持。这二者是相互影响、相互促进的关系。

数据挖掘有分类、聚类、关联、回归、序列分析和偏差分析等挖掘方法。

一般来说，在进行数据挖掘前，应建好数据仓库，然后在数据仓库的基础上根据问题的实际需要建立适当的数据挖掘模型，然后选择恰当的挖掘算法对数据进行分析，从而找出规律，得出具有统计意义的结论。

进行数据挖掘的工具有很多，如 SQL Server、Oracle、SAS、SPSS 等都提供数据挖掘功能的组件。

二、SQL Server Analysis Services 服务器及其相关编程工具

SQL Sever 是目前较为常用的数据库之一，如果数据仓库采用的是 SQL Sever 数据库，配合使用 SQL Server Analysis Services 服务器进行数据挖掘，将会提高挖掘的效率。

BI Dev Studio（商务智能应用程序开发工具集）是微软公司针对数据挖掘技术提供的比较完整的开发环境。利用它，可以方便地创建和部署 Analysis Services 数据库。目前，该工具已经集成到 Microsoft Visual Studio. NET 中。微软公司还设计了 SQL 的数据挖掘扩展（Data Mining Extension，DMX）用以提高数据挖掘的灵活性和方便性。DMX 的目的是为数据挖掘定义统一的概念和统一的查询表达式，类似于 SQL 语言所起的作用。DMX 进行数据挖掘的步骤依次是创建挖掘结构、创建挖掘模型、填充挖掘结构。

创建挖掘结构除了采用 BI Dev Studio 工具集进行操作外，也可以用 AMO 对象进行编程得以实现。而 Visual Studio. NET 还可以利用 ADOMD. NET 编程接口访问 Analysis Services 数据库，从而将数据挖掘结果显示在 Web 网页中，方便用户查看挖掘结果。

三、利用 BI Dev Studio 进行数据挖掘的过程

下面以某学校学生的课程关联分析为例进行 BI Dev Studio 数据挖掘的说明。

表 1 是经过抽取而成的某数据仓库中一个学生的成绩分析事实表。在此表中，分数等级是一个对课程成绩进行分类的结果字段，通过某种运算，将每个学生的学生成绩分为三类：优秀、及格和不及格。

表1　学生成绩分析事实表（score）

字段名称	数据类型	来源	作用描述
ID	Numeric（18，0）	—	主键
学年学期	Char（10）	来源于学生成绩库	—
学生学号	Char（11）	从 student 表抽取	—
课程编号	Char（5）	从 course 表抽取	—
教师编号	Char（5）	从 teacher 表抽取	—
课程分数	float	来源于学生成绩库	—
分数等级	Char（1）	根据课程分数进行分类	分为三类：（优秀）1（及格）0（不及格）

根据上面的事实表，我们可以分析不同课程的内在联系：某几门课程学得好，其他哪些课程也可能学得好；某门课程不及格，其他哪些课程也可能会不及格。如果能科学地分析上述问题，无疑对学生提高学习效果是有帮助的。

这里我们可以采用关联模型和算法解决上述问题。

首先，利用 BI Dev Studio 建立 SQL Server Analysis Services 数据库（名称为 TB）。

其次，利用 BI Dev Studio 建立数据源（名称为 Dsource），通过下面的连接字符串将 TB 与 TeachMining 建立关联。

Provider = SQLNCLI10. 1；Data Source = localhost；Integrated Security = SSPI；Initial Catalog = TeachMining

然后，我们用 SQL 的视图将表1中某个专业的所有分数等级为优秀的记录都提取出来，该视图的代码类似于下面的语句。

```
SELECT A. ID，A. 分数等级，B. 学生学号，C. 课程名称
FROM    SCORE AS A INNER JOIN
    STUDENT AS B ON A. 学生学号 ＝ B. 学生学号 INNER JOIN
    COURSE AS C ON A. 课程代码 ＝ C. 课程代码
WHERE （B. 学生学号 IN
    （SELECT  STUDENT. 学生学号
    FROM    STUDENT INNER JOIN
```

CLASS ON STUDENT. 班级编号 = CLASS. 班级编号

WHERE（CLASS. 专业编号 ='PRO09'））AND（A. 分数等级 ='2'）

接下来，用 DMX 创建名称为"phY"的挖掘结构：

CREATE MINING STRUCTURE phY

　　（［学生学号］TEXT KEY，

　　　v_ phY TABLE （

　　　　［课程名称］TEXT KEY

　　　）

　　）

然后是用 DMX 代码创建名为"mdphY"的挖掘模型

ALTER MINING STRUCTURE phY

　ADD MINING MODEL mdphY

　（　［学生学号］，

　　v_ phY PREDICT （［课程名称］）

　　）USING MICROSOFT_ ASSOCIATION_ RULES （

MINIMUM_ SUPPORT =0.03，MINIMUM_ PROBABILITY =0.4）

这里 MICROSOFT_ ASSOCIATION_ RULES 表示的是数据挖掘中的关联规则算法，最小支持度是3%，最小概率是40%。

由于上述的挖掘结构用到了嵌套表，接下来的填充操作将使用 SHAPE 语法的子集来填充数据，其 DMX 语句如下。

INSERT INTO MINING STRUCTURE ［phY］

（　［学生学号］，

　　v_ phY （SKIP，［课程名称］）

）

SHAPE

{

OPENQUERY （［Dsource］，

'SELECT ［学生学号］FROM V_ PHY_ S ORDER BY ［学生学号］'）

}

APPEND

　（

　{

OPENQUERY（［Dsource］,

'SELECT［学生学号］,［课程名称］FROM V_ PHY ORDER BY

［学生学号］'）

｝

RELATE［学生学号］TO［学生学号］

）AS v_ phY

接下来可以按图 1 所示的 DMX 语句进行结果的检索。

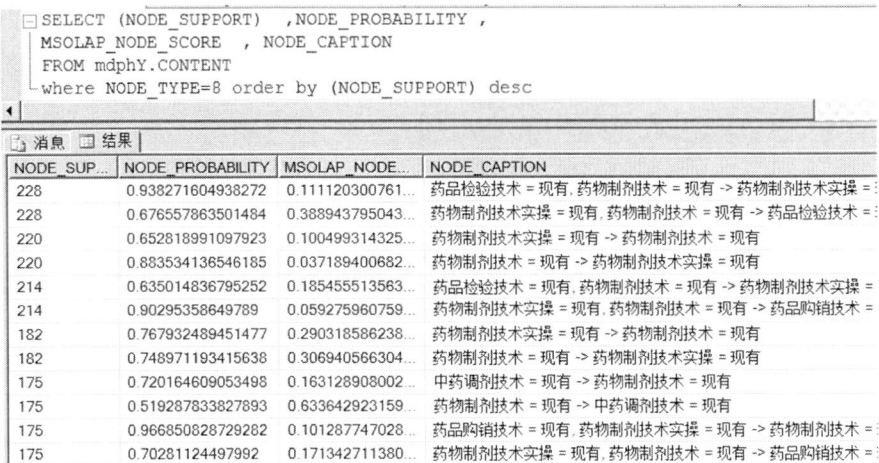

```
SELECT (NODE_SUPPORT) ,NODE_PROBABILITY ,
MSOLAP_NODE_SCORE  , NODE_CAPTION
FROM mdphY.CONTENT
where NODE_TYPE=8 order by (NODE_SUPPORT) desc
```

NODE_SUP...	NODE_PROBABILITY	MSOLAP_NODE...	NODE_CAPTION
228	0.938271604938272	0.111120300761...	药品检验技术 = 现有,药物制剂技术 = 现有 -> 药物制剂技术实操 =
228	0.676557863501484	0.388943795043...	药物制剂技术实操 = 现有,药物制剂技术 = 现有 -> 药品检验技术 =
220	0.652818991097923	0.100499314325...	药物制剂技术实操 = 现有 -> 药物制剂技术 = 现有
220	0.883534136546185	0.037189400682...	药物制剂技术 = 现有 -> 药物制剂技术实操 = 现有
214	0.635014836795252	0.185455513563...	药品检验技术 = 现有,药物制剂技术实操 = 现有 -> 药物制剂技术实操 =
214	0.90295358649789	0.059275960759...	药物制剂技术实操 = 现有,药物制剂技术 = 现有 -> 药品购销技术 =
182	0.767932489451477	0.290318586238...	药物制剂技术实操 = 现有 -> 药物制剂技术 = 现有
182	0.748971193415638	0.306940566304...	药物制剂技术 = 现有 -> 药物制剂技术实操 = 现有
175	0.720164609053498	0.163128908002...	中药调剂技术 = 现有 -> 药物制剂技术 = 现有
175	0.519287833827893	0.633642923159...	药物制剂技术 = 现有 -> 中药调剂技术 = 现有
175	0.966850828729282	0.101287747028...	药品购销技术 = 现有,药物制剂技术实操 = 现有 -> 药物制剂技术 =
175	0.70281124497992	0.171342711380...	药物制剂技术实操 = 现有,药物制剂技术 = 现有 -> 药品购销技术 =

图1　利用 DMX 检索关联规则结果图

这样的挖掘结果可以显示在 Web 页面中，从而方便读者查看。设计 Web 页面时需要添加一个 table 控件，具体的实现则是利用 ADOMD. NET 检索 mdphY 挖掘模型，并将检索结果通过 AdomdDataReader 对象读取显示到 table 控件中。这个过程与 ADO. NET 访问 SQL Server 数据库本质上是类似的。下面是部分核心代码。

```
Dim con As New AdomdConnection
con. ConnectionString = " Provider = SQLNCLI. 1; Data Source = server2008; Integrated Security = SSPI; Initial Catalog = TB"
con. Open ()
Dim cmd As AdomdCommand = con. CreateCommand
cmd. CommandText = " SELECT "   & _
    " (NODE_ SUPPORT), NODE_ PROBABILITY ," & _
```

" MSOLAP_ NODE_ SCORE, NODE_ CAPTION " & _

" FROM　MDPHY. CONTENT　" & _

" WHERE NODE_ TYPE = 8 ORDER BY (NODE_ SUPPORT)

DESC "

……

```
Try

    Dim reader As AdomdDataReader = cmd. ExecuteReader

    While ( reader. Read )

        For i = 0 To reader. FieldCount - 1

            ……

            mycol. Text = reader. GetValue ( i ). ToString ( )

            ……

        Next

    End While

    reader. Close ( )

Catch ex As Exception

    Response. Write ( ex. ToString )

End Try
```

功能运行结果如图 2 所示。

序号	支持度	概率	重要性	规则
1	207	0.958	0.993	药品检验技术 = 现有 -> 药物制剂技术 = 现有
2	207	0.543	0.993	药物制剂技术 = 现有 -> 药品检验技术 = 现有
3	175	0.961	0.993	药品购销技术 = 现有 -> 药物制剂技术 = 现有
4	175	0.459	0.993	药品经营与管理 = 现有 -> 药品检验技术 = 现有
5	160	0.941	0.993	化学基础 = 现有 -> 药学基础 = 现有
6	160	0.419	0.993	医学基础 = 现有 -> 化学基础 = 现有

图 2　关联分析规则显示运行结果图

四、小结

通过以上示例的说明，利用 BI Dev Studio 进行 Analysis Services 数据挖掘，可以设计成 B/S 构架的 Web 页面程序，最终将数据挖掘结果以直观、形象的形式展示在网页间，从而方便决策者进行查询与分析。

第三部分

教学方法改革与
教学环境改善

行动导向教学法在《个人理财规划》课程中的应用

苏艳芝

摘　要：文章介绍了行动导向型教学法的基本内容和个人理财课程的特点，通过结合个人理财课程的应用实践，论述了生活案例引导法、市场调查法、知识构建法和对比实践法等教学法在课程中的运用对综合素质人才培养的意义。

关键词：行动导向　知识构建　实践对比　应用

随着我国经济的快速发展，个人可支配收入的不断增加，拥有的财富越来越多，银行、保险公司、证券公司都成立了个人理财工作室，专门针对个人资产进行管理。由于市场发展的需要，理财规划师成为市场上急需的人才，人才的需求带动人才供给的改革与发展。传统的教学方法已明显不能满足现代职业能力培养的要求。因此，国内外许多高校根据社会发展的形势，创造开发了一些适应社会、技术和生产发展要求的新的职业教学方法和教学模式，其中以培养关键能力为核心的"行动导向型"教学模式被广泛推广，它使职业教育进入一种新的概念与模式下运作，对世界职业教育与培训事业的发展产生了极为深刻而广泛的影响。本文就行动导向型教学模式与个人理财课程的结合，对《个人理财规划》课程进行教学改革探讨。

一、行动导向型教学法及特点

行动导向型教学法是德国文教部长联席会议在 1999 年制定的《框架教学计划》中确定的一种新型职业培训教学课程体系和先进的职业技术培

训教学法。

行动导向型教学法的采用，让学生在获取知识的过程中，个人综合素质也随之发生改变。综合素质包括学生的思维和行为方法、动手能力和技能、习惯和行动标准及直觉经历、需求调节、团队合作等方面的综合能力，这些能力正是学生在日后参加工作时需要的综合能力。

行动导向型教学法，是对传统的教育理念的根本变革，其目标是培养学生的关键能力，让学生在活动中培养兴趣，积极主动地学习，让学生学会学习。因而，行动导向型教学法要求学生在学习中不只用脑，而且是脑、心、手共同参与学习，是提高学生行为能力的一种教学法。

二、《个人理财规划》课程的特点

《个人理财规划》课程是对各种金融理论知识的应用总结，涵盖了现金规划、消费支出及债务规划、保险规划、投资规划和养老规划等个人（家庭）理财规划各方面的内容。它具有如下特点。

（一）综合性

《个人理财规划》课程，涵盖了风险管理、金融学、财务管理、财务分析、保险学和投资学等相关课程的内容，在这些课程所学的基础知识的基础上，加以综合地实践运用，来规划人生不同阶段的财务需求。培养学生为理财消费者提供个性化及综合化服务的专业技术能力、人际交流能力、团队合作精神。

（二）实践性

人生不同阶段的财务需求是不同的，达到理想的财务目标，是每一个人的梦想。如何实践现金规划，远离月光一族的纠结；如何为孩子进行教育规划，保证孩子顺利完成高等教育，而不至于因为经济问题荒废学业；如何规划自己的消费，轻松拥有房产及车辆；如何规划自己的生活，使得老年生活轻松富足，这些都是个人理财规划的主要内容，且都具有非常强的实践性，需要培养学生的分析、规划和验算能力。

（三）规律性

《个人理财规划》课程中各个部分的规划是有规律可循的，对于主要的规划内容，如房产规划、教育规划、养老规划都是需要分析消费者在当前拥有的资产状况和未来要达到的目标，计算出拥有的和未来要达到的目标之间的差距，结合资金时间价值的计算，计算出要想达到规划目标需要进行的各种投资理财方法。

通过对《个人理财规划》课程的学习，使学生能够正确地把握理财规划的基本流程、人生不同阶段的理财需求和特点、不同金融工具的运用原理，培养学生进行综合化金融服务的能力、人际交流能力和沟通能力以及创新能力。

三、行动导向型教学法在《个人理财规划》课程中的应用

行动导向型教学法不是一种具体的教学方法，它是一种创新的职业教学理念。让学生在活动中起主导作用，用行为来引导学生、启发学生的学习兴趣，让学生在团队中自主地进行学习，培养学生的关键能力。在这种教学理念的指导下，老师可以针对不同的教学内容、不同的目标对象，在教学实践中创造出各种不同的教学方法。在个人理财课程中，笔者主要采用了如下几种方法。

（一）生活案例引导法

案例教学法在讲授《个人理财规划》课程时，是非常好用的一种方法。在进行教育规划的时候，通常先让学生调查自己高等教育阶段的消费支出有哪些，具体需要多少。学生们很积极，兴趣很浓，每个学生都能说说自己的消费支出状况。然后让学生自己计算四年大学生活总的支出在上大学前的货币价值。让他们计算调查一下自己家庭的收入和支出的状况，根据这些资料的汇总，让他们计算，如果要满足一个学生18岁上大学时资金的需要，家长在孩子小的时候（刚出生时、3岁或者6岁）需要拿出多少钱进行投资储蓄。因为涉及自身问题，并且以后成家立业也要用到，学生的兴趣都很高，在这些计算的过程中，主要使用的就是货币资金的时间价值，即现值和终值的计算，这些计算公式学生在财务管理课程中都已经学习过了，应用起来比较方便。实践演练之后，让学生在做未来教育规划时，把学费的上涨率和通货膨胀率考虑进去，加入计算中，教育规划的内容就更全面了。

（二）市场调查法

在讲授现金规划时，主要采用市场调查的方法。首先以"月光族"的话题引出现金规划的意义和目的，"月光族"的话题本身就让学生产生了浓厚的兴趣，现金规划中使用较多的就是各种类型的银行储蓄业务，因此让学生分小组做市场调查，调查各家银行推出的储蓄业务的种类，每一种业务的期限、利率、操作规则等内容，以小组为单位给出调查报告。通过这样一个调查的安排，学生对各家银行储蓄产品的种类、利率和利息的计算、操作规则等内容都有了全面的了解，然后对于运用这些资源进行现金规划，在熟悉现金规划的基本规则之后，针对现金规划和控制方式也有了很多不同的内容。市场调查让学生主动了解市场，运用市场信息解决理财中的问题。

（三）知识构建法

知识构建是让学生在大脑中对知识进行系统的搭建，形成体系，遇到类似的内容，达到举一反三的效果。教育规划、养老规划，以及住房规划中所使用的知识是一样的，规划的思路也是一样的，都是根据现在市场购买力推算未来实际需要的货币价值，再来计算现在已有的货币价值在一定的投资回报率的条件下在未来的货币价值，两者的差额就是需要平时进行按照年或月进行积累的额度，利用确定年金的计算，计算出每个月或者每一年需要积累的额度，达到理财规划的目的。

这些内容是根据案例教学解决一个教育规划的内容，其他的规划内容通过引导学生在头脑中形成知识的构建，形成体系，运用所学的知识完成不同的规划目标，进而锻炼学生综合运用知识解决实际问题的能力。

（四）对比实践法

对于消费规划中的房屋规划，在选择贷款方式的时候，可以选择实践对比法。对于经常使用的两种还贷方法，等额还款法和等额本金还款法，根据市场上的贷款利率，通过实际案例的计算对比，能够很清楚地看到两种还款方式带给消费者的利益差别。通过实际案例的对比计算，让他们自己总结两种方式的利弊，学生的兴致很高，讨论得也很激烈，对不同还款方式的掌握比较扎实。这样，根据实际案例计算结果的比较分析，进行总结，学生掌握的效果比较好。

四、意义

（一）有利于学生独立工作能力的形成

采用了知识构建教学法，学生通过在头脑中将各课程中所学到的知识进行统一的搭建，形成系统的知识体系，结合生活案例法，引导学生学习如何运用这些知识，提高了学生独立工作的能力。通过按照知识构建教学法，使学生掌握了解决问题的思路和方法，有助于他们在以后的社会实践中独立地完成工作。

（二）有利于学生创造能力的形成

市场调查法，以学生为主体进行课程内容的安排，大大地扩展了学生的眼界，原先的死记硬背不复存在，替代的是调查市场、了解行业，这给学生解决问题提供了广阔的空间。在市场调查中，学生可以了解和掌握金融市场中理财工具的多样性，理财的解决方案并不是唯一的，而是多样化的；答案不再是静态的，而是动态的；答案没有最好的，只有更好的。将在书本中看到、学到的知识融汇到市场中具体的事物上，理解力和创造性都得到了激发。

（三）有利于学生综合职业能力的形成

由于综合地应用以学生为导向的不同教学方法，大大提高了学生的综合职业能力。个人理财规划作为一门综合性学科，需要学生掌握各种金融理财工具，结合消费者的实际状况进行全面的分析风险和需求，帮助消费者形成合理的理财目标并力求实现，涉及风险管理的方式方法，投资理财的技巧，与人沟通的能力，分析消费者的风险偏好，运用各种金融工具，其中还要掌握社会保障方面的知识，一对一地针对每一个消费者的情况进行不同的规划。学生不再是一门门学习单一学科的学习，而是将所有知识综合起来加以运用，锻炼其分析问题和解决问题的能力。

总的来说，行动导向型教学法不再是一种单纯的老师讲、学生听的教学模式，而是师生互动型的教学模式。教学方法有很多，但宗旨都是把学生作为学习的主体，充分发挥其学习的主动性和积极性，变"要我学"为"我要学"。把学生的头脑当作一支需要被点燃的火把，使之不断地点燃思维的火花。经济的发展，就业压力的增加，迫切需要培养学生分析问题、解决问题的能力，同时要锻炼其沟通能力及综合能力，以便更好地适应社会发展的需要。

参考文献：

［1］张晓辉. 行为导向法在《汽车保险和理赔》教学中的应用［J］. 教学交流（下旬），2012（10）：89 – 91.

［2］韩茂源. 行动导向教学法的理论释义及实践解读［J］. 黑龙江高教研究，2011，(6)：146 – 147.

［3］任婷婷. 行动导向教学在《国际贸易实务》课程教学中的实践应用［J］. 教育教学论坛，2013（19）：131 – 132.

基于智能手机的移动学习研究

祁　梅

摘　要： 在移动技术不断发展的今天，手机不仅是交流的工具，更成为人们工作生活的贴身媒体，移动学习应运而生。本文介绍了当前关于移动学习的研究现状，分析了移动学习的应用模式，并对移动学习资源开发提出了5项基本原则以适应其应用于辅助课堂教学。

关键词： M-Learning　移动学习　资源开发

移动学习（Mobile Learning 或 M-Learning）是指一种在移动通信设备帮助下的能够在任何时间、任何地点发生的学习，移动学习所使用的设备主要是指已广泛使用的智能手机。移动学习是数字化学习和移动应用技术两者相结合的产物，具有移动性、高效性、广泛性、交互性、共享性和个性化等学习特征，使学习者不再局限于电脑桌前，可以随时、随地、随身地进行学习。它带给了学习者全新的学习体验，使那些厌倦了传统学习方式的学习者焕发出对学习的浓厚兴趣。

一、国内外移动学习的研究

根据芬兰"TelenorWAP 移动学习"研究项目报告，移动学习的定义是：由于人们地理空间流动性和弹性学习需求的增加而使用移动终端设备进行学习的一种新型学习方式。

移动学习的概念甫一出现，立即引起了广泛的关注。许多学者从认知和教学角度研究移动设备应用于实际教学和学习的可行性。研究显示，学习者对新技术的使用表现出极大的好奇心和兴奋感，他们非常愿意和渴望在学习中使用这种新的技术；更重要的是，通过实验发现，在新技术的辅助下学习者的学习效果得到了明显的提高，这为移动学习进一步的研究和应用提供了良好的前提条件。

移动学习在国外的研究主要集中在欧洲和北美的部分经济发达国家。研究群体主要分为两类，一类是目前的 E-Learning 供应商，他们的研究力求借鉴 E-Learning 的经验，把 M-Learning 推向市场，应用方向是更多地用于企业培训；另一类则是教育机构，他们的研究立足于学校教育，试图通过新技术来改善教学、学习和管理。

我国对于移动学习的研究始于 21 世纪初，与欧美国家相比，研究相对滞后，研究规模还比较小。目前主要研究成果包括：北大移动教育实验室开发的基于 GPRS 的移动教学平台和基于本体的教育资源制作、发布与浏览平台；上海交大的 E-learning Lab 移动学习平台建设已经取得了一定的成果。除此之外，还有教育部的"移动教育"项目等其他一些正在进行的研究项目。

虽然研究者们在开发学习内容、学习工具和其他应用程序方面取得了一些成果，但是对于移动学习内容设计规范方面的研究还比较少，使教师无法遵循一定的原则进行移动学习内容设计。另外，对于移动学习的质量评估研究也较少，可能原因是移动学习涉及的应用技术比较多，平台也不统一，同时学习者的学习自主性对于学习效果等都会产生一定的影响，故移动学习的质量标准较难确定。

二、移动学习的应用模式

根据移动技术的限制及无线通信技术的现状，目前可以实施的移动学习基本上有基于短信息的移动学习、基于连接浏览的移动学习和基于校园无线网络的准移动学习三种形式。

（一）基于短信息的移动学习

基于短信息的移动学习除了提供语音服务外，还提供面向字符的短信息服务。通过短信息，使学习者之间、学习者与互联网服务器之间都可实现有限字符的传送。学习者通过智能手机等学习终端，将短信息发送到位于互联网上的教学服务器，教学服务器分析用户的短信息后转化成数据请求，并进行数据分析、处理，再发送到学习者手机。利用这一特点，可实现学生通过无线移动网络与互联网之间的通信来完成一定的教学活动。短信息服务不仅可以用于学习者日常的通信交流，而且可以用于课业信息、日程安排和重要通知等信息的发布。

（二）基于连接浏览的移动学习

基于短信息的移动学习，其数据通信呈间断性状态，不能实时连接，因而不能利用这种方式实现移动学习终端对学习网站的浏览，也就很难实现多媒体教学资源的传输和显示。随着通信芯片和DSP（Digital Signal Processor）性能的提高以及3G通信协议的推出，移动通信协议将得到很大改进，通信的速度也将大大提高，基于连接浏览方式的移动学习将得到广泛的应用。该方式是学习者利用移动学习终端（如智能手机），经过电信的网关接入互联网，通过WAP协议访问教学服务器，进行浏览、查询和实时交互，类似于普通的互联网用户。由此可以看出，基于连接浏览的移动学习方式不但可以传输文本，还可以传输一些图像信息。

（三）基于校园无线网络的准移动学习

所谓准移动学习是指可以在局部范围内（如一个校园、一栋楼、一片户外学习区或一个教室）通过无线局域网络（WLAN）技术实现移动学习。这也是当前移动学习作为校园面授教育的补充最现实可行的方式。

三、移动学习资源开发

目前，移动学习的研究主要集中在继续教育和远程教育领域。然而，最新调查显示，当前大学生几乎都拥有手机，且大多数是具备上网功能的智能手机，80%以上的学生几乎从不关机，借助手机进行沟通已经逐渐成为大学生学习和生活的重要内容，并成为其生活中的行为习惯。然而，如何利用手机作为辅助课堂教学的工具，发挥手机作为学生贴身媒体的作用，最大限度地扩展课堂教学的范围和效果，在当前学校教育的研究中并不多，我们的研究将在此方向上做有益的探索。

我们在教学实践中发现，学生们不仅随时随地使用手机用于通信、上网、游戏等，而且在不自觉中也将手机用于学习中。例如，学生在课堂上有时会利用手机的录音功能，将老师讲的重点部分录下来；有的学生会利用手机的拍照功能，将黑板（或屏幕）上的内容拍成照片，等自己做练习时拿出来参考；还有的学生会利用手机的存储功能复制一些较小的学习资料，如作业题等。当然许多同学都会利用手机上网功能直接从网上查资料。如何将学生这种不自觉的学习方式引导到有意识、有目的的学习过程中，学习资源的开发至关重要。

移动学习的最大优势在于，它不再将学习者固定在书桌前，学习者可以充分利用"碎片化"的时间，在任何地点进行个性化的学习。因此，移动学习资源的开发应遵循以下原则。

（一）简约性原则

指移动学习资源的呈现形式应简洁明了，且概括性较强，界面操作简单。由于移动学习设备自身的限制（如屏幕小、操作不便）和无线网络速度的限制，移动学习资源的知识内容应言简意赅，界面操作应方便快捷，以弥补设备自身的不足。

（二）专题性原则

指移动学习资源的内容应以专题性知识为主。由于移动学习易受外界环境干扰，当所学内容是围绕某一专题展开时，则可以增强学习者的学习目的性和专注度，使学习者每完成一次学习都能对该专题有比较详细的了解，掌握一定的知识。

（三）片段性原则

指移动学习资源应以片段性的知识点为单位。当学习者在一定的"零碎"时间中进行学习时，相对稳定环境的学习时间较短，这使得每次学习的内容不能很多。移动学习的这种"碎片"式学习体验，要求适宜于零碎时间的学习材料。因此，移动学习资源应将知识细化分解为一系列子知识点，以便学习者能够在短时间内迅速有效地掌握。

（四）连贯性原则

移动学习的片段性也决定了移动学习内容的另一个特点，即必须具有很好的连续性，能够前后衔接。移动学习的教学活动时间是由学习者自由支配的，在经过一个阶段的学习后，容易造成学习者在学习内容上的不完整，因此其学习资源应在知识水平上保持连续性，以满足学习者的需求。

（五）标准化原则

指移动学习资源开发应遵循一定的标准。目前应用范围最广、应用性最强的数字学习资源开发规范是美国 ADL 项目提出的"可共享内容对象参考模型"（Sharable Content Object Reference Model，SCORM），在移动学习资源开发中遵循 SCORM 标准将有利于移动学习资源的共享与管理。

四、结束语

移动学习使学习者摆脱了时间和空间的限制，使智能手机等移动通信设备的强大功能在学习中发挥出巨大作用，更满足了现代社会人们对终身学习的需求。而移动学习的媒体呈现可以激发学生的学习兴趣，移动学习的互动性可以调动大学生的学习积极性。移动学习的课件必须坚持简单的原则，将学习内容分解为细小的可独立学习的单元，组成短小精练、内容紧凑、重点突出的微型课件。使移动学习成为课堂教学的重要辅助部分，发挥移动学习在信息化社会中的独特作用。

参考文献：

［1］刘建设，李青，刘金梅. 移动学习研究现状综述［J］. 电化教育研究，2007（7）：21 – 25.

［2］任海峰，赵君. 移动学习国内外研究现状分析［J］. 成人教育，2010（1）.

［3］李华新，李望秀. 移动学习资源开发刍议［J］. 山西电教，2009（2）：14 – 16.

基于云概念的虚拟教学实验室管理

周晓璐

摘　要： 本文探讨了基于云概念的实验室管理方案，主要有：基于云概念的虚拟教学实验室结构，提出了云端实验室系统构架；基于云概念的虚拟教学实验室管理实现方式，并详细论述了其中优势，提出了以后该方面的研究方向。

关键词： 云概念　虚拟教学　实验室　管理方案

一、引言

作为一种新的前沿技术，云概念一经推出，就逐渐成为一种潮流，到目前为止云概念被越来越多的环境所应用。云概念是指电脑、手机、电视等电子应用产品能够通过互联网提供包括云服务、云空间、云搜索、云浏览、云社区、云应用等一系列资源分享应用。云概念是基于"云计算"的技术，实现各种终端设备之间的互联互通。手机、电视机等都只是一个单纯的显示和操作终端，它们不再需要具备强大的处理能力。用户享受的所有资源、所有应用程序全部由一个存储和运算能力超强的云端后台来提供。

云概念的推出使传统的人工管理实验教学方式和人工现场预约方式受到了强烈的冲击，更加简便、清晰、规范的实验室管理系统也应运而生。本文以云概念为依托，探讨了基于云概念的虚拟教学实验室管理技术，实验室利用虚拟云计算技术有如下好处：（1）学校花较少成本，就能够获得较强计算功能和得到最好的教学效果；（2）云技术能提供即时的软硬件服务，从而获得更加快速的响应；（3）利用云计算技术，能够打破 IT 硬件壁垒进行额外创新活动；（4）利用云平台，可以使得学校服务现代化；

（5）由于云计算环境服务更新快，也为学校实验室提供紧跟时代潮流的实验机会。因此，把云概念和云技术引入虚拟教学实验室中有着很高的实用性以及前瞻性。

云作为一种新型的计算方式和一种新型的服务模式，受到了广大学校和企业的欢迎。第一，其提供服务的基础必须基于互联网，要求用户必须接入互联网。第二，云计算以客户端数据为中心。云计算的关键是数据，云计算依托有效的分布式数据处理技术，能够快速地解决互联网中海量信息类别的检索、存储和管理服务，使数据的管理和应用更加智能化。第三，云计算以单个用户为中心。在云计算模式中，海量的数据存储在"云"中，用户能够以方便、安全的方式进行访问，获得云中相关的信息或服务。对于用户来说，使用基于云计算的服务就相当于通过互联网使用本地计算机。因此，云计算加盟到虚拟教学实验室管理中，使得学员的应用程序被广泛分散到网络广大的服务器集群中，学员的数据存储在网络数据中心，而数据中心则是通过云计算的强大计算能力和超大的存储空间，为学校实验室大大减轻了终端设备性能的压力。

二、云端虚拟教学实验室结构

云端虚拟教学实验室管理技术可以使用实验室实验管理系统实现高校实验室、实验仪器与实验耗材管理的规范化、信息化；大大提高实验效率教学，特别是开放实验教学的管理水平与服务水平；为实验室评估、实验室建设及实验教学质量管理等决策提供数据支持；智能生成每学年教育部数据报表，协助高校轻而易举完成数据上报工作。运用计算机技术，特别是现代网络技术，为实验室管理、实验教学管理、仪器设备管理、低值品与耗材管理、实验室建设与设备采购、实验室评估与评教、实践管理、数据与报表等相关事务进行网络化的规范管理。

云端实验室管理系统软件，把云端和实验室需求完美地结合起来，提供了实验室与服务供货商的衔接，符合了时代发展的需求和进步，进行一站式的服务，省掉了中间不少的费时费力环节。

基于云概念的虚拟教学实验室管理系统利用分布式网络服务器存储学生用于构建工作平台的虚拟仪器和发生器基本元件。所使用的仪器设备服务器系统直接连到远程应用场合的仪器中，来进行物理量的测量。服务器可以位于网络上的任何地方，同一实验室、同一校园以及远程的客户可以连接到同一局域网网络上的服务器。学生以及学员可以从他们家中通过因特网访问服务器。

云端服务器用于实现模拟元件和引擎的超文本网络化系统。学生或者学员将实验元件装配成单个仪器或整个平台，放到云服务器端，实验人员便可以从网络服务器中下载希望的元件和模拟引擎进行实验。这种服务都是通过服务器上的用户授权来保证安全的，中间的软件保护通过连续检查客户/服务器的连接来试验。

如图1所示为基于云概念的虚拟教学实验室结构简图，所需使用的软件库通过网络服务器连接到互联网上，被测物理对象与实验服务设备相连，都必须在网络服务器上，但是不必和软件库在同一个网段上，网段与网段之间通过网桥相连，本地大学实验室和远程客户挂在网络上即可，这样便形成了整个基于云端的虚拟教学实验室。本地教师在教授学生或者远程学员想进行某项实验，只需从网络服务器中下载对应的软件库和被测物理对象即可，这样大大地节约了搭建实际实验台架的时间和实验成本。

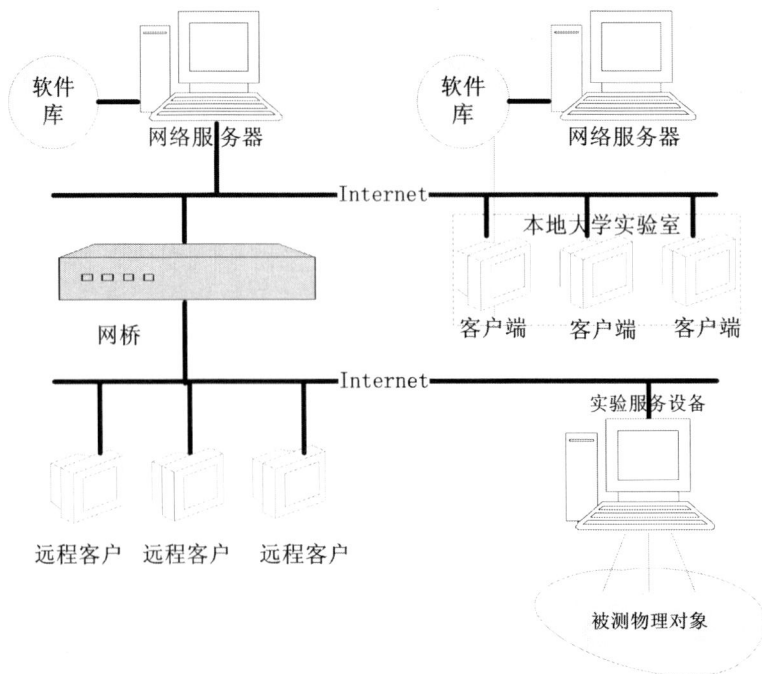

图1　基于云概念的虚拟教学实验室结构简图

三、云端虚拟实验室管理系统实现方式

如图2所示为云端虚拟实验室管理系统的具体实现方式，概括起来讲，云端虚拟实验室的实现有三种主要实现方式。

（一）基础设施即服务（Infrastructure as a Service，IaaS）

即IT设施，包括计算机、网络以及其他相关的设施。学校可以将自己的应用部署到上面后开展业务。如纽约时报，它使用成百上千台亚马逊EC2服务器在36小时内处理TB级的文档数据。如果没有EC2，纽约时报处理这些数据将要花费数天或者数月的时间。

（二）家庭即课堂

学校建立云端虚拟实验室后，学员只需在家庭或者网吧终端按照老师的要求进行选取实验元器件进行实验即可，把实验室真真正正地搬到家里。

（三）软件即服务（SaS）

SaS是一种以互联网为载体，以浏览器为交互方式，把服务器端的程序软件传给远程用户来提供软件服务的应用模式。在服务器端，SaS提供商为用户搭建信息化所需要的所有网络基础设施及软硬件运作平台，负责所有前期的实施、后期的维护等一系列工作。学校只需根据自己的需要，向SaS提供商租赁软件服务，无须购买软硬件建设机房，招聘IT人员。相对于传统软件而言，SaS模式在软件的升级、服务、数据安全传输等各个方面都有很大的优势。

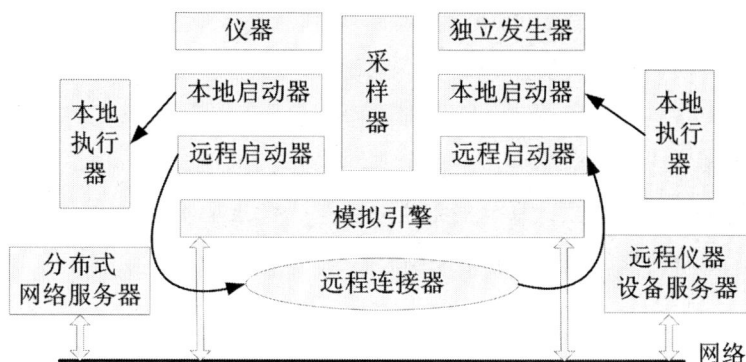

图2　云端虚拟实验室管理系统实现方式

四、云端虚拟实验室管理系统优势

整体来说，虚拟云端实验室有很大的实际优势和使用价值，具体有以下几点。

（一）功能强大

云端实验室管理系统软件整合了实验室最常用功能，包括：电子实验记录；教师对实验室整体有效的监控与管理；实验室内交流共享平台；实验室"智慧"的资产化管理。

（二）上手非常简单，零培训（半小时以内适应性培训即可熟练使用）

学生能够迅速熟练地掌握云端实验室管理系统软件的各项功能，得益于新集成的协作和数据管理工具所带来的生产效率的大幅提升。

（三）实验记录方便

让教学试验管理轻松实现实验记录电子化，通过实验记录的原始录入，建立完善的电子实验记录数据库，方便学生或者学员对实验数据的管理与检索，实验室的管理者因此会突破时间与空间的限制，随时随地对实验进程进行把控。

（四）现代化试剂耗材管理

为教学提供了完整的实验试剂耗材订购管理的解决方案，在方便学生或者学员掌握各种实验试剂相关信息的同时，还可以提供一站式在线订购平台，从而实现对实验室试剂耗材的现代化管理。

（五）仪器管理科学化以及现代化

各类实验仪器相关属性和状态一览于表，按照标准的操作规程管理设备，建立设备的使用、清洁、维护和维修记录，方便调阅，形成规范化的仪器使用预约流程，提高仪器设备的使用效率，避免资源的浪费。实验仪器设备内外部环境监控，系统采集实时数据，记录历史曲线图，环境出现异常时，系统能够提供多途径（如手机短信、短消息、系统提示）的报警功能。

（六）样品管理透明化

提供样品采集、接收、贮存和处置全过程以及样品的唯一性标志的记录，保证样品信息的有效性、完整性和可追溯性。

（七）信息交流更方便

方便快捷的实验室内部信息交流共享平台可以让学生或者学员迅速地在不同地点、不同时间交流实验心得，做过实验的学生可以为以后的学生留下宝贵的实践经验。

（八）丰富的知识库

常用资料一应俱全，学校还可以建立具有本实验室特色的个性资料库，例如本实验室发表论文专著，本实验室学生毕业论文，本室常用文献资料，本实验室常用软件等。可以方便地将特定文献共享给特定实验人员，并且提醒他们及时阅读。

（九）个性化个人工具箱定制服务

个人工具箱，包括管理日程、学习笔记、便签和 RSS 阅读器，可以协助用户管理工作学习及生活中的各种日程安排，并且有及时周到的贴心提示，学生可将当日日程定制到首页，登录系统，待办事项一目了然。

五、结束语

云概念作为一种创新技术应用于教学实验室管理中是一种较好的尝试，基于云概念的虚拟教学实验室的重要价值主要在两个方面：降低成本和提高学生兴趣。一方面，与真实验相比，可以大大降低成本和减少辅导时间；另一方面，由于允许学生更自由地做试验，学生对虚拟实验环境的兴趣将会提高。所以随着云概念中云计算技术不断地成熟与发展，云计算在教学实验室中的应用将会越来越多。本文探讨了基于云概念的实验室管理方案，主要有：（1）基于云概念的虚拟教学实验室结构，提出了云端实验室系统构架；（2）基于云概念的虚拟教学实验室管理实现方式，并详细论述了其中优势。

本文探讨了基于云概念的虚拟教学实验室管理，但尚存不足。主要有：（1）该文从理论上进行了分析，但没有构建系统实例，缺乏有力的可行性证明。（2）没有进行学员建议、绩效等方面的思考。今后的研究将从系统仿真和真实系统实验评测等方式进行研究，以提供更可行、可靠的云端虚拟教学实验室解决方案。（3）基于云概念的虚拟教学实验室应用带来的管理问题也没有做出详细的考虑，这都是今后有待研究的内容。

参考文献：

［1］钱素予. 基于云计算的电子商务发展研究［J］. 电脑知识与技术，2011（7）：34 –35.

［2］蒋国银，王有天，杜毅，马费成. 基于云计算的电子商务解决方案研究［J］. 数学的实践与认识，2013（8）.

［3］李凤保，彭安金，古天祥. 基于 Web 的虚拟化教学实验室［J］. 仪器仪表学报，2012（5）.

［4］H. J. W. Spoedler. Virtual instruments and virtual environment. IEEE Instrum. Meas. Mag，1999（20）：14 –19.

［5］The Measurement and Automation Catalog 2001. National Instruments.

DHCP 中继代理在校园网络中的应用

郭　峰

摘　要：随着校园网络规模的日益扩大，传统的 IP 地址静态分配已变得非常烦琐，而且给用户增加很多不便。采用跨网段的动态主机配置协议能有效地解决校园网络中 IP 地址的分配和管理问题，而且可以大大减少网络管理员的工作量。本文主要介绍了 DHCP 中继代理技术，结合三层交换机的 DHCP 中继技术，实现跨网段 DHCP 服务器在校园网中的应用，达到高效管理网络的目的。

关键词： DHCP　DHCP 中继代理　跨网段

一、前言

在校园网络建设过程中，网络规模不断扩大，客户端数以千计，对网络的移动性要求越来越高，如果通过静态方式来分配 IP 地址、网关、DNS 等参数将极大增加网络管理员的负担，并且极易出错，此时，可以通过架设 DHCP 服务器来解决。在校园网中，客户端与 DHCP 服务器往往不在同一网段内，这种情况下有必要使用 DHCP 中继代理技术。

二、DHCP 技术

（一）DHCP 概述

DHCP 动态主机配置协议（Dynamic Host Configuration Protocol）是为了减轻 TCP/IP 网络的规划、管理和维护的负担，解决 IP 地址空间缺乏问题。

这种网络服务有利于对网络中的客户机 IP 地址进行有效管理。所有的 IP 网络设定数据都由 DHCP 服务器集中管理，并负责处理客户端的 DHCP 要求，而客户端则会使用从服务器分配下来的 IP 环境数据。DHCP 通过"租约"的概念，有效且动态地分配客户端的 TCP/IP 设定。

如果 DHCP 客户机与 DHCP 服务器在同一个物理网段，则客户机可以正确地获得动态分配的 IP 地址；如果不在同一个物理网段，则需要 DHCP Relay Agent（中继代理）。用 DHCP Relay 代理可以去掉在每个物理的网段都要有 DHCP 服务器的必要，它可以传递消息到不在同一个物理子网的 DHCP 服务器，也可以将服务器的消息传回不在同一个物理子网的DHCP客户机。在校园网络中，采用三层交换机进行组网，划分不同的子网，在核心交换中通过配置 DHCP 中继功能实现为不同子网分配 IP 地址的目的。

（二）DHCP 原理

当 DHCP 客户端首次接入网络的时候，也就是客户发现本机上没有任何 IP 数据设定，它会向网络发出一个来源地址为 0.0.0.0、目的地址为 255.255.255.255 的 DHCP DISCOVER 封包进行广播。

如果本地网络没有 DHCP 服务器，则与本地网络相连的具有 DHCP Relay功能的网络设备收到该广播报文后，将进行适当处理并转发给指定的其他网络上的 DHCP 服务器。

当 DHCP 服务器监听到客户端发出的 DHCP DISCOVER 广播后，它会从那些还没有租出的地址范围内，选择最前面的空置 IP，连同其他 TCP/IP 设定，响应给客户端一个 DHCP OFFER 封包。

如果客户端收到网络上多台 DHCP 服务器的响应，只会挑选其中一个 DHCP OFFER 而已（通常是最先抵达的那个），并且会向网络发送一个 DHCP REQUEST 广播封包，告诉所有 DHCP 服务器它将指定接受哪一台服务器提供的 IP 地址，工作流程见图 1。

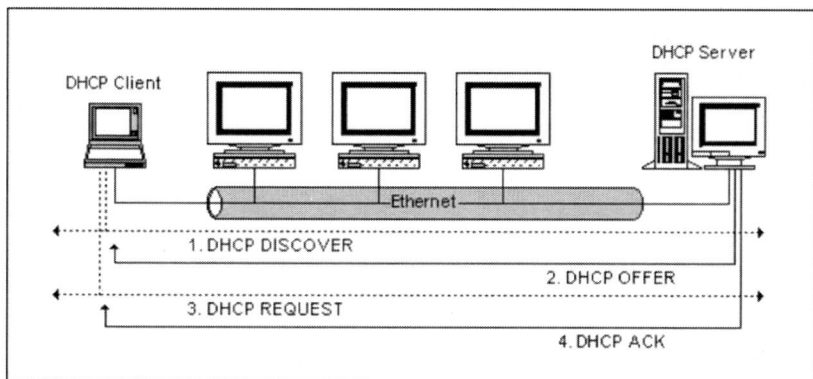

图1 DHCP 原理

三、校园网络中 DHCP 服务器的规划部署

在校园网络设计部署 DHCP 服务器时应考虑如下因素：

1. 特殊服务器及客户端应采用静态 IP 地址，尽可能提高效率和安全性，使得 DHCP 服务停止时这些特殊服务器仍然能够正常工作。

2. 出于可靠性原则，DHCP 服务器应具有冗余，但应减少不必要的 DHCP 广播。

3. 校园网络划分多个物理子网后，在汇聚交换机上应使用 DHCP 中继服务，减少 DHCP 服务器的架设，集中管理，从而提高网络性能，同时进行校园网络管理。

四、校园网络中 DHCP 服务中继功能的实现

利用 DHCP 中继代理功能，既可以把 DHCP 客户端的 IP 地址租用请求转发给另一个局域网中的 DHCP 服务器，又可以把广播流量限制在客户端所在的局域网内，对网络性能的提高具有较大的优势。

在图2所示的网络拓扑图中，有实验室 A、实验室 B、实验室 C，划分为 3 个 VLAN，核心层划分 1 个 VLAN 接 DHCP 服务器，它们的 IP 地址分配见表1。

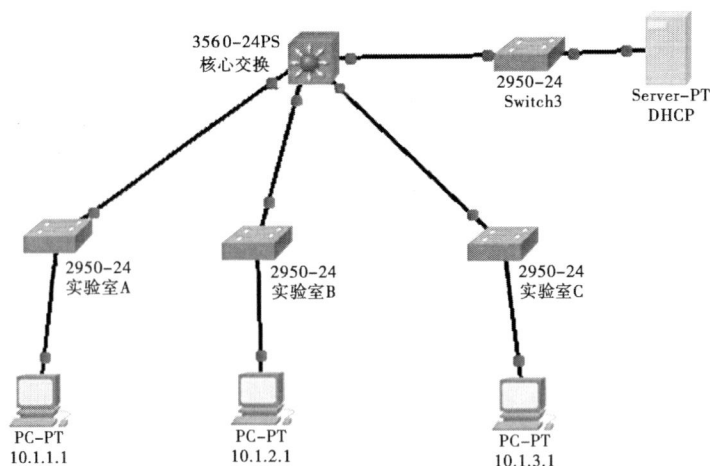

图 2　网络拓扑图

表 1　IP 地址分配表

名称	子网编号	子网	子网掩码	网关
实验室 A	Vlan11	10.1.1.0	255.255.255.0	10.1.1.254
实验室 B	Vlan12	10.1.2.0	255.255.255.0	10.1.2.254
实验室 C	Vlan13	10.1.3.0	255.255.255.0	10.1.3.254
DHCP 服务器	Vlan99	10.1.99.1	255.255.255.0	10.1.99.254

下面为核心交换 DHCP 中继代理功能配置要点：

```
Switch（config）#vlan 11              //创建 vlan11

Switch（config-vlan）#vlan 12         //创建 vlan12

Switch（config-vlan）#vlan 13         //创建 vlan13

Switch（config-vlan）#vlan 99         //创建 vlan99


Switch（config）#int vlan 11          //进入 vlan11

Switch（config-if）#ip add 10.1.1.254 255.255.255.0

//配置 IP 地址
```

Switch（config-if）# ip helper-address 10. 1. 99. 1

//配置 DHCP 中继

Switch（config）#int vlan 12　　　//进入 vlan12

Switch（config-if）#ip add 10. 1. 2. 254 255. 255. 255. 0

//配置 IP 地址

Switch（config-if）# ip helper-address 10. 1. 99. 1

//配置 DHCP 中继

Switch（config）#int vlan 13　　　//进入 vlan13

Switch（config-if）#ip add 10. 1. 3. 254 255. 255. 255. 0

//配置 IP 地址

Switch（config-if）# ip helper-address 10. 1. 99. 1

//配置 DHCP 中继

在 10. 1. 99. 1 的 DHCP 服务器中创建相应的作用域并激活，分别对应实验室 A、B、C 各自的 VLAN11、VLAN12、VLAN13，即可实现 IP 地址的全自动配置。

以上是在 CISCO 交换机中配置命令，如果是 H3C 交换机，则命令稍有不同，需要首先配置 DHCP SERVER 组，然后在 VLAN 中应用 DHCP 组号即可。

五、结束语

在校园网络建设中，对每个部门或实验室子网客户端的 IP 地址管理分配，都可以采用 DHCP 技术，特别是在大规模网络环境下采用 DHCP 中继技术能够取得良好的运行效果，可以大大减轻网络管理人员的工作强度，同时也杜绝了因人为分配 IP 地址而造成的 IP 错误或冲突，并且可以随时动态更新 DNS 服务器、网关、WINS 服务器等信息，DHCP 中继服务是校园网络不可或缺的利器。

参考文献：

［1］林泽东. 基于数据库的 DHCP 服务器的应用研究［D］. 青岛：山东科技大学，2011.

［2］李金翠. DHCPv4 中继系统安全方案设计与实现［D］. 武汉：华中科技大学，2011.

［3］朱兴宇. 关于 DHCP 协议的应用研究与新发现［J］. 价值工程，2012（10）：176.

［4］杨武军，郭娟，石敏. IP 网络技术与应用［M］. 北京：北京邮电大学出版社，2010.

［5］梁广民，王隆杰. 思科网络实验室路由交换实验指南［M］. 北京：电子工业出版社，2007.

［6］黄彩凤. DHCP 基本原理及配置［J］2009，45（7）：44-46.

［7］丰硕，林美蓉. 浅谈解决 DHCP 动态更改 IP 地址问题［J］. 电脑知识与技术，2010，6（11）：2589-2590.

北京市教委高校资产动态管理系统的应用探讨

郭建平

摘　要：应用北京市教委高校资产动态管理系统，大大改善了我校国有资产动态监管和日常管理的需要，但在应用过程中也有一些不尽如人意之处。所以，本文分析了该系统的功能、使用过程中出现的问题和不足之后，提出了应用建议和改进措施，期望对其他高校有所借鉴和帮助。

关键词：北京市教委高校资产动态管理系统　应用　建议　改进

一、引言

高校国有资产是高校履行其社会职责的物质基础。多年来，各级财政部门、主管部门和高校在国有资产管理方面做了大量的工作，并取得了一定的成效。但随着社会不断发展，财政改革的不断深入，面对如今数额庞大的高校国有资产，原有的管理制度和管理模式已经远远不能满足各层级管理和应用的需要。

财政部在广泛听取各方面意见和反复研究的基础上，起草了《行政单位国有资产管理暂行办法》和《事业单位国有资产管理暂行办法》，力求全面规范行政事业单位国有资产管理工作，维护国有资产的安全和完整，合理配置国有资产，提高国有资产使用效益，保障行政事业单位履行社会职能。

我校应北京市教委的要求，在 2012 年引进了北京市教委高校资产动态管理系统，大大改善了我校❶国有资产动态监管和日常管理的需要，但在应用过程中也有一些不尽如人意之处。所以，本文分析了该系统的功能、使用过程中出现的问题和不足之后，提出了应用建议和改进措施，期望对

---

❶　"我校"本文指北京联合大学。

其他高校有所借鉴和帮助。

二、北京市教委高校资产动态管理系统的应用分析

（一）主要功能分析

该系统主要围绕资产卡片数据，完成了基础信息，资产登记与验收，资产调剂，资产处置，资产变动，资产盘点，相关查询，资产账目、报表和用户、权限、单位管理等主要功能，如图1所示。

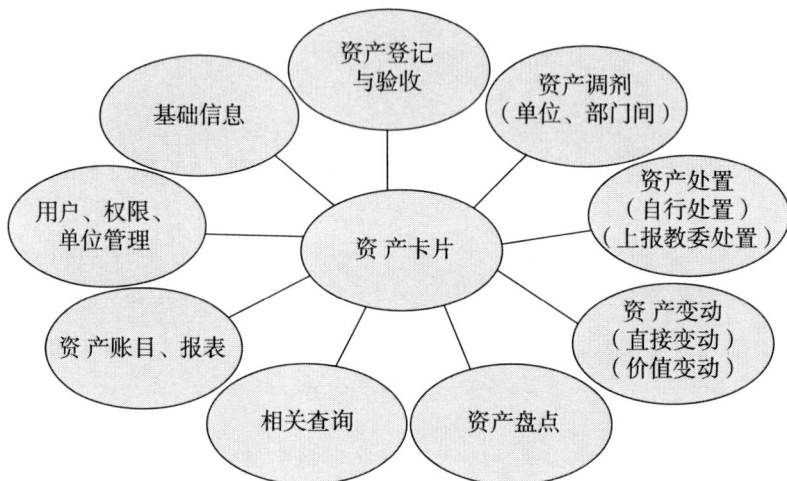

图1　系统的主要功能

应用该系统的主要目的是：使行政事业单位国有资产管理进行合理分配，有效使用国有资产，维护国有资产完整，为行政事业单位履行社会职能提供有力保障。其业务内容围绕资产全生命周期，覆盖资产的形成、使用、处置、评估和收益等管理环节，通过卡片管理和条码管理功能形成资产档案；通过系统各项业务登记能实现日常业务管理，形成资产管理台账；通过数据交换中心实现资产业务的申报和备案，严格按照有关制度科学管理单位内部国有资产，维护和保障行政事业单位国有资产的安全和完整。

（二）应用该系统后的主要优势分析

基于该系统的特色和主要功能，在2012年使用了新的北京市教委高校资产动态管理系统后，我校的资产管理工作有了质的变化。

1. 管理科学，操作规范

学校固定资产实现数字化管理后，提高了学校固定资产的管理和使用

效益，使总务、后勤管理工作纳入正规化、科学化轨道的同时，便于学校领导和上级部门及时了解资产构成及使用状况，为主管部门决策提供及时可靠的数据。

2．功能齐全，数据精确

系统软件涵盖了资产增加、减少、变更、借出、归还、维修、折旧、报损处理以及系统数据的查询、统计、报表、导出、导入、打印输出等内容以及对账和盘点工作，速度快、操作简单、正确率高，是传统工作方式所无法比拟的。

3．提高效率，节省开支

规范、便捷和高效的资产管理，可以减少不必要的办学开支，大大提高资产的使用效率，使资产更好地为学校服务提供了技术保障。

三、北京市教委高校资产动态管理系统的应用改进建议

虽然新的北京市教委高校资产动态管理系统提高了工作效率，完善了资产管理等工作，但是在应用过程中也有一些不尽如人意之处，通过多次实践操作和研究探讨后，发现有一些可以改进的地方，供大家借鉴。

1．批量录入的改进

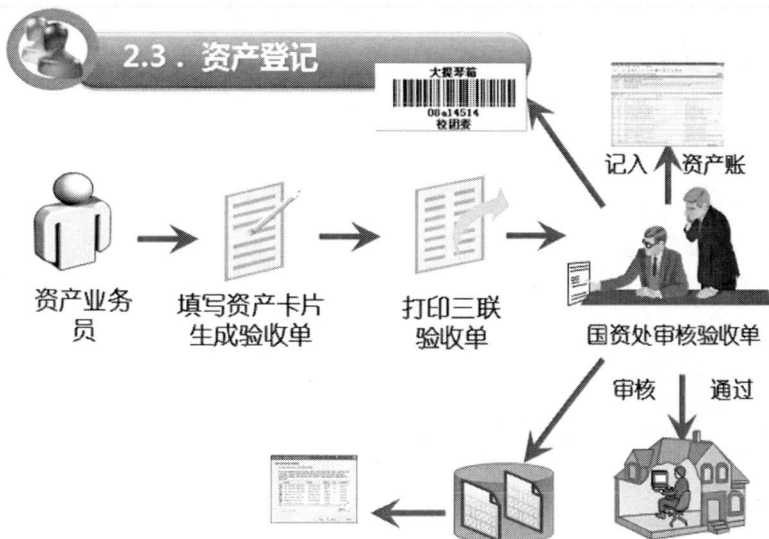

图2 资产录入流程

资产录入的基本操作流程如图 2 所示，主要包括以下内容。

（1）资产业务员用本单位用户登录系统→系统功能→资产配置（点开加号［＋］）→资产登记

（2）登记→单击资产所属大量→弹出卡片登记界面→单击［分类号］图标→弹出分类号选择界面→输入［分类号］或［分类名称］→单击［搜索］→选择对应的资产明细→填写卡片详细信息→检查合格→保存

（3）单击［验收单］→填写验收单信息→保存→打印→出现《固定资产验收三联单》，选择后单击［确定］→弹出要打印的验收单界面→单击［打印］图标→选择打印机→获取资产验收三联单

（4）在录完一张卡片，单击［保存］后，会发现批量按钮变亮，单击［批量］，软件会弹出输入框，并提示：请输入同批卡片的总数量，不包含当前卡片。此时，只需输入记账日期和数量，单击［确定］即可完成卡片的批量生成。

在这个操作流程中，会出现这样一个小问题：在之前录完一张卡片的编号之后，自动生成的一批卡片编号通常是不连续的。分析出现这一现象的原因，可能是先录入的卡片在保存时，已经产生了独立的编号，而之后批量生成的卡片编号则是系统另行生成的，这就使得同一批购入的设备编号并不连续，以致在以后的系统查询、资产处置等功能的使用上会带来许多不必要的麻烦。

基于以上分析，建议改进的方法是：在批量录入卡片的第一张录入完成后，先不要生成卡片编号，等到批量生成时统一生成，以保证同批卡片编号的连续性。

2. 查询功能的改进

查询功能是本系统中使用频率最高的一项，其中按编号或日期查询是很多使用者常用的查询方式，查询功能中所包含的项目如图 3 所示。

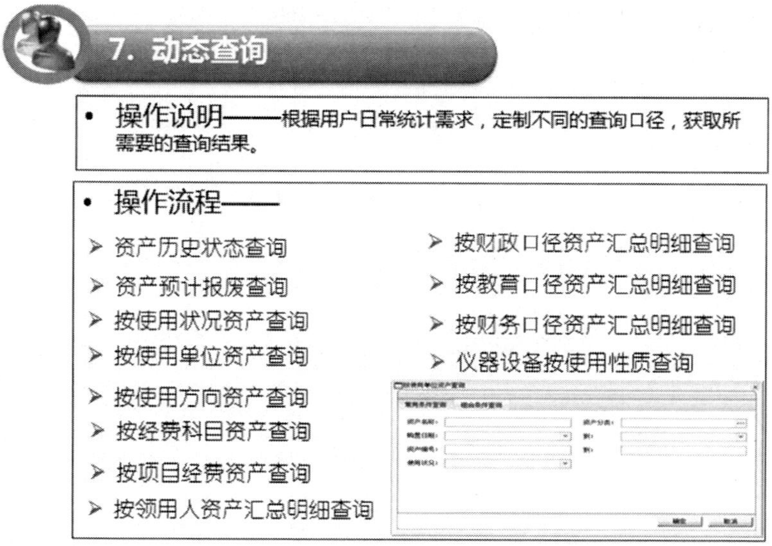

7. 动态查询
• 操作说明——根据用户日常统计需求，定制不同的查询口径，获取所需要的查询结果。
• 操作流程——
➢ 资产历史状态查询
➢ 资产预计报废查询
➢ 按使用状况资产查询
➢ 按使用单位资产查询
➢ 按使用方向资产查询
➢ 按经费科目资产查询
➢ 按项目经费资产查询
➢ 按领用人资产汇总明细查询
➢ 按财政口径资产汇总明细查询
➢ 按教育口径资产汇总明细查询
➢ 按财务口径资产汇总明细查询
➢ 仪器设备按使用性质查询

图 3　动态查询功能

资产明细查询操作步骤主要如下。

登录系统，单击［综合查询］→［资产明细查询］，弹出［资产明细查询］条件对话框，如图 4 所示。

资产明细查询
方案：
上一次的查询方案
保存
删除
设置
资产编号
到
取得日期
到
价值
到
资产名称
资产大类
使用部门
使用方向
使用状况
存放地点
取得方式
价值类型
资产分类
清 空
确 定
取 消

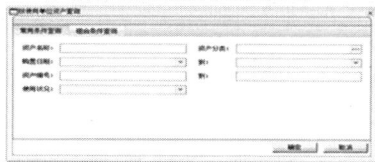

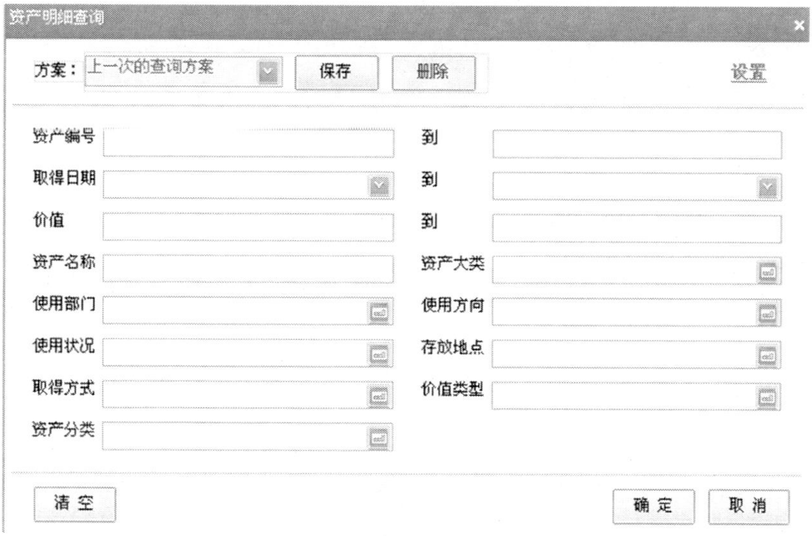

图 4　查询条件界面

在这个操作流程中，会出现这样一个小问题：如果查询的条件是某一个单一资产编号或某一个固定日期等，该系统仍要求输入两个编号或两个日期才能进行查询，实践当中只能输入两个同样的编号或输入两个同样的日期。

基于以上分析，建议改进的方法是：在系统软件当中加一个判断，如果条件当中的后一个编号或日期为空，即按照第一个条件查询。

3. 资产处置报告的文本导出改进

资产处置执行功能是对准许处置的资产进行登记，记录每笔资产的处置形式、处置收益等信息。生成资产处置执行单据，表示资产处置业务发生。

生成资产处置执行单据，可以选择两种数据来源，第一是针对已经经过上级单位审批，并且批复结果为同意的资产处置申报事项；第二是在审批参数范围内，允许单位自行处置的资产，可以直接引用资产进行登记。

其基本操作步骤如下。

进入系统后，单击［处置管理］→［资产处置执行］，进入［资产处置执行］界面，新建一张资产处置执行单，如图5所示。

图5　资产处置执行界面

（1）在单据表体点击［选择卡片］，来选择相应的资产。

（2）选择资产：点击［选择资产］，弹出卡片选择界面，如下图6所示，可以通过查询按钮在查询框中输入查询条件，以快速定位到相应的卡片，勾选要选择的资产后，会自动加载到已选列表中，点击［确定］，返回［资产处置执行］界面。

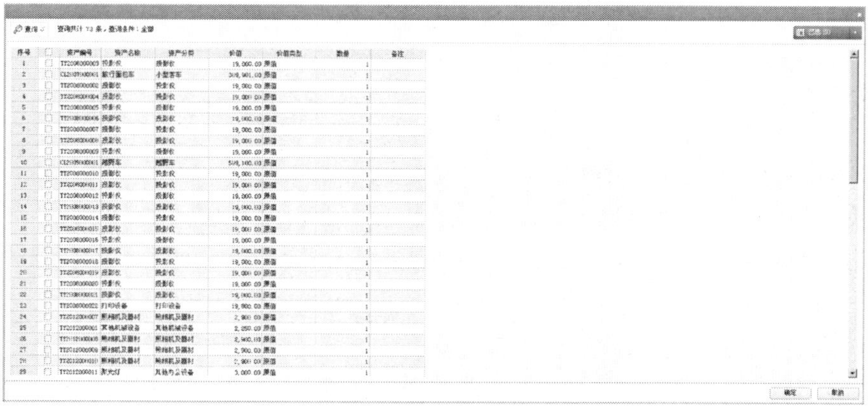

图6　选择资产界面

在这个操作流程中，会出现这样一个小问题：根据实际情况，往往在资产处置的申报过程当中，需要导出被处置资产明细的电子表格，便于资产的核对。而系统的固定表格过于简单，缺少很多必要的项目，如购入日期、资产规格型号、厂家、供货商等。

基于以上分析，建议改进的方法是：在实现每一个过程表格都能导出的前提下，表格的列选可以由使用者自行变更编排，以方便使用。

四、总结

应用新的北京市教委高校资产动态管理系统，大大改善了我校国有资产动态监管和日常管理的需要，带来了众多优势，如资产信息，了如指掌；查询信息，快捷方便；购置资产，有账可依，资产的使用和去向一目了然。资产管理系统能最大程度上帮助学校达到资源的合理利用与有效配置，大幅度地减少资产管理人员的工作强度，提高资产管理工作水平，并适合资产管理人员进行移动办公，通过电脑联网对校园资产进行全面的管理，从而达到合理分配学校各项资产、提高资产利用率、跟踪资产流动情况和防止资产流失的目的。在发生资产流失的情况下，也能够迅速追查到相关的责任人，有效地减少了学校资产不必要的损失，从而使我校固定资产管理水平上了一个新台阶。

本文针对该系统的实践应用和国内相关系统进行了学习研究后，分析了该系统在功能、使用过程中出现的问题和不足，提出了几点实践体会和应用建议，期望对其他高校有所借鉴和帮助。

参考文献：

［1］陈绍煌. 高校资产管理系统的设计与实现［J］. 华南理工大学，2010（5）.

［2］鲁成伟. 高校资产管理研究［J］. 上海海事大学，2005（12）.

［3］何丽宏. 高校资产管理系统的数据库设计［J］. 黑龙江科技信息，2011（5）.

［4］鲍善昌. 浅析计算机在企业固定资产管理系统中的作用［J］. 中小企业管理与科技（上旬刊），2014（1）.

［5］强明隆. 浅谈当前高校资产管理的问题与对策［J］. 管理观察，2013（11）.

［6］林文锦. 当前高校资产管理工作面临的困境与对策［J］. 教育教学论坛，2012（11）.

高等教育国际化的质量保证途径

梁日杰

摘　要：本研究论文首先就国际三大品质保障组织作了介绍分析；其次，针对教育全球化背景下各国保证教育质量的途径作了分析；最后，就国际品质保证组织对跨国教育质量一致性的作用进行了阐述。

关键词：高等教育　国际化　质量保证

美国高等教育认可审议会（Council for Higher Education Accreditation，CHEA）执行长 Judith S. Eaton 曾指出，高等教育品质保证风潮来源于以下几个趋势。

1. 高等教育绩效责任将更受重视，尤其在学生学习成效的强调上与评鉴结果信息的透明化上；

2. 高等教育国际化的趋势，促使各国高等教育必须建立相关制度；

3. 各国政府加强高等教育服务的质量保证与控管，以增进高等教育迈向全球化的竞争力；

4. 国际高等教育通过落实质量保证的有效方式，以确保逐渐扩张的营利性教育机构之质量；

5. 国际高等教育更加重视高等教育质量保证的相关过程。

根据上述观点，在高等教育国际化与全球化的趋势下，高等教育质量保证已经成为各国政府提升高等教育机构竞争力及展现绩效责任的重要方法。为落实高等教育质量保证，国际间主要的规划方式为发展质量保证机制及设立独立专责的评鉴机构。此外，为应对高等教育国际化及人才流动需求，不同国家间如何相互承认与合作，亟须质量保证机制与准则，国际品质保证组织也应运而生。

一、国际三大高等教育品质保证组织

目前国际上有三个较知名的高等教育品质保证组织，分别为高等教育质量保证国际网络（International Network for Quality Assurance Agencies in Higher Education，INQAAHE）、亚太质量保证网络（Asia-Pacific Quality Network，APQN）及"欧洲高等教育质量保证协会（European Association for Quality Assurance in Higher Education，ENQA)，分别从事全球、亚太区域及欧盟区域的高等教育质量保证工作。这三个国际质量保证组织均为非营利组织，且都有政府单位做质量保证任务的支持与背书，使得其公正客观性较无疑虑。各品质保证组织的成立时间、任务、会员资格、质量保证准则及合作伙伴等重要信息，详见表1。

表 1　国际三大高等教育品质保证组织

组织名称	高等教育质量保证国际网络（INQAAHE）	亚太质量保证网络（APQN）	欧洲高等教育质量保证协会（ENQA）
成立时间	1991 年	2003 年	2000 年成立，2004 年更名
组织范围	全球	亚太区域	欧盟
组织性质	非营利组织	非营利组织	非营利组织
经费来源	会费、补助及其他收入	会费、补助及其他收入	会费、补助及其他收入
任务	从现有及发展中的理论与实务出发，通过强化质量保证机构的共同合作，创造、搜集及传播信息	促进欧盟在质量保证领域上的共同合作	作为促进高等教育研究及合作和提高亚洲及太平洋区域的高等教育质量评估、改善及维持之用
会员资格	正式会员、候选会员	入会会员	机构会员
会员数目	208 个	58 个	23 个
质量保证准则	优良实务准则（GGP）	优良实务准则（GGP）	欧洲高等教育区质量保证标准与准则（ESG）
主要合作组织	亚太质量保证网络（APQN）	高等教育质量保证国际网络（INQAAHE）	欧洲大学联盟（EUA）、欧洲高等教育联盟（EURASHE）、欧洲学生联盟（ESU）、国际教育组织（EI）及商业欧洲及欧洲委员会（EC）

二、针对高等教育全球化，确保各国教育质量

从表 1 可以得知，成立最久的高等教育质量保证国际网络（INQAA-HE）距今也不过 23 个年头，其他两个组织成立都未满 20 年，显而易见，高等教育质量保证组织是在高等教育全球化背景下为对各国教育质量把关与交流要求而产生的，这也可以从其设立目的看出端倪。这三个组织的设立目的不外乎以下四项。

1. 维持、提升或改善区域内的高等教育品质；
2. 建立区域内各会员间的交流、联结与支持网络；
3. 扩展与传播区域内的质量保证机制；
4. 协助与警示会员识别教育质量不良的机构与组织。

此外，从其会员数目也可得知，有越来越多国家、组织与个人认同这个理念，并经过审查而成为国际品质保证组织会员，其影响力与日俱增，甚至牵动各国办理高等教育质量保证工作的方向与政策。

三、大学院校也可申请加入提升自我品质保证机制

值得一提的是，INQAAHE 与 APQN 为实现其设立目的，也提供各国高等教育机构申请成为其会员的机会，发达国家如美国、日本及澳大利亚等，都有大学或研究机构经审查通过成为其会员，以期建构完备的自我质量保证机制。

当然，高等教育的学科众多，也有针对单一学科的国际品质保证组织成立，来协助及提高该学科的质量。例如商管领域有国际商管学院促进协会（The Associationo Advance Collegiate Schools of Business，AACSB），1919 年就开始针对商管教育做认证，早期只认证设置于美国的大学，而后更名为 AACSB international，对全球大学开放。目前所施行的大学系所评鉴，只需该系所通过 AACSB 国际认证，工程类则需要 IEET 国际认证，就可以免受评鉴，足见其影响力。

四、发挥桥梁功能，确保跨国高等教育质量一致性

随着各国高等教育的扩张，因特网的兴起，教育国际化的理念得以大

范围推广，各国都有其课程国际化及延伸其研究到其他国家的方案，或跨国提供学习课程及招收外国学生等，而这些作为应受到内部质量保证的管制。相对的，外部品质保证机构也要有能力评估这些内部过程的本质与影响，这称为高等教育国际化的质量保证。而且这通常无法仅由单一会员组织（或机构）实现，需要通过一个扮演桥梁角色的国际品质保证组织来执行。

除了协助各国在高等教育质量保证工作上的联系与交流外，提供外部质量保证，协助各会员提升其教育质量，确保会员间的高等教育质量得以趋于一致，让未来跨国人才流动及学历相互承认理念顺利推行，也是国际品质保证组织的任务之一。

此外，有的国家没有质量保证机构，或虽然有质量保证机构但没有良好的国际声誉，就需要通过国际品质保证组织来提高其机构能力与技术能力，以发展质量保证制度及提升竞争力。INQAAHE 及 APQN 就有这样的机制，协助发展中国家或低收入国家会员向世界银行集团申请补助，以利于这些国家得以发展品质保证机制，参与国际品质保证组织及其活动，进而提升这些国家的高等教育品质。

参考文献：

［1］王一兵. 高等教育质量保证机制：国外趋势和中国面临的战略［J］. 高等教育研究，2002（1）.

［2］李秀珍，马万华. 韩国高等教育国际化指标体系评述［J］. 外国教育研究，2013（2）.

［3］张进清. 跨境高等教育研究［D］. 西南大学博士学位论文，2012.

第四部分

教学管理

基于高校内部管理模式改革背景的
管理者工作要求探析

杨　冰

摘　要：随着社会发展以及社会对高校人才培养的需求和期望的不断变化，高校内部管理模式改革势在必行。在这种背景下，高校管理者应该怎么做才能应对管理理念、管理方式等变化所带来的挑战，已成为高校管理者亟待思考和解决的问题。本文从分析高校内部管理模式改革的发展趋势入手，在提出高校内部管理模式由传统的行政管理向服务行政模式转变的基础上，对高校管理者为应对变化、更好地开展工作提出了新的要求。

关键词：高校管理模式　服务行政　工作要求

目前高校内部管理模式改革是高校管理工作发展的一大趋势，也是社会、学术界十分关注的一个问题。从宏观角度看，国家和社会都要求高校去行政化，去行政化不等于取消行政管理，但肯定与和传统的强制式的行政管理不一样；从中观层面上看，高校内部管理模式也在随着社会环境的不断变化而改革，在校、院、系三级管理过程中，管理重心不断下移，如何更好地发挥学院、系等办学主体的积极性和主动性，激发他们的改革动力成为学校管理工作新的出发点和重点；从微观层面上看，高校日常教学和管理工作过程中，教、学、管之间存在不协调情况，在一定程度上影响了管理效率和教学质量的提升。这些现象普遍存在，同时也在不断呼吁学校内部管理模式的改革。综上所述，随着社会发展以及社会对高校人才培养的需求和期望的不断变化，高校内部管理模式改革势在必行。在这种背景下，高校管理者应该怎么做才能应对管理理念、管理方式等变化带来的挑战，成为高校管理者亟待思考和解决的问题。本文从分析高校内部管理模式改革的发展趋势入手，在提出高校内部管理模式由传统的行政管理向服务行政模式转变的基础上，对管理人员为应对变化、更好地开展工作提出了新的要求。

一、高校内部管理模式改革的趋势

我国高校内部管理模式改革经历了 30 多年的发展，呈现出的新趋势就是从行政管理向服务行政方面转变。这种转变是具有必然性的。首先，随着高等教育的发展，社会对高校的质量要求越来越高，这就要求管理部门及管理者要加强对教学和学生的服务；其次，高校是学术性组织，学术权力的发展也要求高校管理者必须加强自身服务学术研究的职能；第三，高校的社会服务功能凸显也要求高校管理部门必须加强社会服务的功能。因此说，高校内部传统的强制式行政管理势必要发生变革。"变革传统的行政管理"指出了高校内部管理模式目前存在的问题，解决问题的关键还在于寻找可行的路径。高校实施内部管理模式改革，服务行政模式应该就是改革的选择路径。

服务行政无论是从国外研究情况还是国内研究情况看，最早都是由行政法学研究者提出，然后逐步引入行政法研究领域。服务行政作为一种全新的公共行政模式，从管理行政到服务行政转变，意味着公共行政已经不仅仅是单纯的管理活动，更是一种服务活动，这是符合社会发展趋势的。同时，我国近些年一直都在推进服务型政府的建设。我国学者在 2000 年的时候就已经用服务型政府来表达服务行政的概念，服务型政府的建设自然对高等教育产生影响，所以高校内部服务模式改革也是对服务型政府建设的回应。此外，国家 2010 年发布的国家中长期教育改革与发展规划纲要提出了学校要逐步取消行政化，这是从政策和法律的层面上推进了高校服务行政模式的构建。

二、服务行政模式主要的理论依据

服务行政模式主要的理论依据是新公共服务理论，属于公共行政理论。美国亚利桑那州立大学丹哈特夫妇对 20 世纪 80 年代以后出现的新公共管理理论进行了反思和批判，提出了新公共服务理论。如图 1 所示，从公共行政的演变趋势来看，行政管理的发展趋势就是由传统的行政管理向服务管理转变。

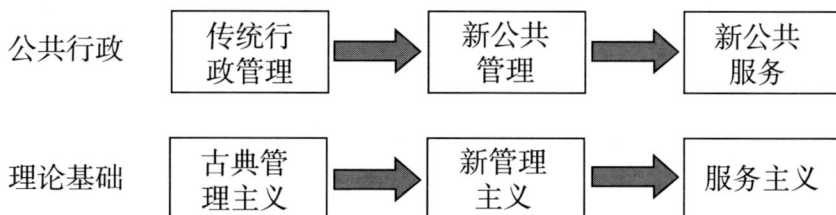

图1　公共行政的演变趋势

（一）新公共服务理论的核心内容

1. 服务的是公众而不仅是顾客

政府关注的不仅仅是顾客（直接的服务对象），更要关注公众（范围扩大，包括潜在的群体），并且要在公众间建立信任合作。追求的是公共利益，也就是基于共同利益基础上的公共利益，而不是个人利益的简单叠加。

2. 重视公民权

公民权涉及的是个人影响政治系统的能力，它意味着对政治生活的积极参与。新公共服务理论更加重视以"公民权"、"公民参与"和"优质公共服务"为核心内涵的公民精神建设。

3. 思考要有战略性，行动要有民主性

满足公众需要的方案是在社会共同努力和协作过程中得到的最有效、最负责的实现，所以政府思考要有战略性；同时要使所有的利益相关者都参与方案的执行过程，在行动上则需要具有高度的民主性。

4. 责任不是单一的，而是复杂的

新公共服务理论认为责任是治理过程的基础，治理过程的复杂性决定了责任机制的复杂性。政府关注的不仅仅是市场，还应该包括其他各个方面。因此，责任应广泛包含一系列专业责任、法律责任、政治责任和民主责任，涉及职业标准、公民偏好、道德问题、公法和公益。责任并不简单，责任的实现要靠公民参与、授权以及对话。

5. 政府是服务而不是掌舵

政府不是控制者，而应转变为服务者，要帮助公众为促进公共问题得到解决而进行协商、提供服务。

6. 重视的是人，而不只是生产率

建立公民社会是实现民主治理的前提，而建立公民社会必须重视人的作用。因此，组织应以一种具有高度包容性和参与性的管理方法来对待人，予以尊重、信任和支持，在尊重所有人的基础上通过合作和共同领导的过程来运作，最终实现民主治理理想。

（二）高校服务行政模式的内涵

根据上述新公共服务理论的核心内容，以新公共服务理论为基础的服务行政模式的内涵包括：从理念上讲，强调以社会公众的需求为出发点；从目标上讲，要建立公民本位、社会本位和民主公正的行政；从功能上讲，明确政府是为公民和社会共同利益服务的组织，其最基本的法定职能是服务；从方式上讲，行政指令不再是行政的必要手段和普遍形式，实现价值目标的措施不是依靠权力控制而是民主的手段。

综上所述，在总结服务行政模式内涵的基础上，我们可以推演出高校服务行政模式的内涵。高校服务行政模式中对服务功能的强化就是一种隐性管理的表现形式。服务并不代表放弃管理，高水平的管理越来越重视服务在隐性管理中起到的重要作用。高校服务行政模式的内涵具体如下。

1. 管理观念

管理者将自身定位在服务者角色上，普遍树立以人为本的理念，具备较强的服务意识。

2. 管理方式

改变行政命令式的工作方式，尊重广大师生员工的需求和意见，以平等的姿态为相关方面提供服务。

3. 管理职能

为师生员工等相关利益者提供全面而周到的服务，重视提高服务质量。

4. 服务对象

师生及相关的利益者。

5. 组织机构

扁平化、弹性运行机制及高参与性。

三、基于服务行政模式背景下的管理人员工作要求分析

高校管理模式的改变趋势也在逐步影响着各高等院校的内部管理模式改革。以北京联合大学为例，近两年学校各职能部门一直在强化服务意识，同时学校的管理重心在不断下移，管理工作的出发点和落脚点更多地放在了如何做好服务、充分发挥学校办学主体——二级学院的积极性和主动性等方面。面对内部管理模式的这种"管理即服务"的变革，作为高校的管理者特别是学校下属二级学院的中层管理干部在工作中应该怎么做才能更好地为学生、一线教师服务，促进管理水平的提升，进而提高教学质量，具体分析与建议如下。

（一）树立以服务为核心的管理理念

以服务为核心的管理理念包括以人为本的理念、平等尊重的理念、责任意识、质量意识和奉献精神等。

1. 以人为本的理念

在新的管理模式下，管理者管理工作的重点是关注学生的个性发展和一线教师的职业发展。按照服务行政模式的内涵，学生和一线教师都是管理者服务的对象。关注他们的成长发展是管理工作的出发点和落脚点。从人才培养的角度看，人才培养不能依靠行政命令，也不能靠统一的作业来实现。学院作为人才培养的主体，管理者在引导教师开展专业建设、设计课程体系、组织教学过程时应考虑学生的个性发展。这也是近年来高校教学改革的发展方向和重点。从师资队伍建设看，一线教师是教学工作的中坚力量，也是影响学校人才培养质量的关键因素之一，教师的发展是管理者必须关注的内容。在组织教师进行学科专业规划，开展科学研究、组建学术团队、凝练研究方向时都要充分考虑教师特别是青年教师的成长和发展，要有意识也要有责任地加以引导，尽量减少他们走弯路的过程，加快其成长速度。总结以往的管理实践，很多时候关注教师的学术发展比物质奖励对教师更能够起到激励作用。

2. 平等尊重的理念

从服务行政模式的服务理念和方式看，服务主体在服务过程对服务对象的权利是要给予充分尊重的。因此，管理者特别是在以从事学科专业建

设等学术管理活动为主的管理者要树立平等尊重的理念。首先要有尊重知识和人才的胸襟，其次要意识到高校内部管理存在的合理性，同时管理者要有意识地搭建教、学、管三方信息平等交流的渠道，减少信息不对称性，加强教、学、管三方面之间的相互理解和了解。

3. 责任意识

服务就意味着责任，责任意味着管理者要对服务对象负责，所以管理者应该主动去思考自己所负责岗位的事情，主动做事，而不是被动地做事。同时，管理者也要对师生的利益诉求有所回应。现在很多高校都在逐渐建立健全首问负责制，主要目的就是使管理者能够从自身做起，逐步树立责任意识。

4. 质量意识

从高校内部实际的过程看，很多时候师生感觉服务不到位，其实就是质量标准的问题，因此，加强质量意识，提高工作质量就是提高服务水平。

5. 奉献精神

服务型管理强调的是"以人为本"，"以人为本"要求管理者考虑事情周全、复杂，这自然会涉及个人利益的问题。所以，管理者一定要有奉献精神，才能担当重任。当然我们所说的奉献不是完全脱离实际的奉献，那种做法也是不够人性化的，不符合服务行政的内涵。我们所讲的奉献，是在满足管理者作为"经济人"正当要求的基础上肩负好服务的职能。

6. 整体观念

管理者要充分尊重广大师生的需要，为其提供优质的服务，其责任具有多面性和复杂性。因此，作为管理者在考虑各种教学管理和学术管理问题时必须具有整体观念，要纵观全局、系统思考。

（二）改变传统的管理方式

以服务为核心的服务行政管理要求管理者必须改变在传统行政管理理念指导下所采取的传统的管理方式。

1. 多角度看问题，换位思考

在服务行政模式中，服务存在于导向、激励和凝聚的领导性中，这就要求管理者在处理问题时不能一味地想去强行改变他人的行为，很多时候需要以信任为基础多角度看问题，学会从别人的价值观角度去理解所发生的问题和现象，设法通过改变自身去影响他人。如果管理者没有真正站到教师的角度去考虑问题，所出台的政策、措施及建议等自然无法让教师接受，也就不可能实现服务。当然，一线教师也应该有换位思考的意识，站在管理者的角度去理解一些政策、措施当时出台的初衷，教师和管理者之间就会减少一些对立、抱怨等负面情绪，提出的建议就会更中肯、有价值。

2. 关注信息、开拓思维

在当今这个时代，任何管理工作都是以各种有效的信息为基础的。在高校管理过程中，获取掌握有效的信息，关系到管理工作的成效。管理者要想为一线师生提供更好的服务，就必须关注各方面信息，掌握、跟踪高等教育发展、学校发展改革以及兄弟院校的典型经验等各方面的相关动态，这些信息的掌握能够有效拓展管理者的思维，提高管理效率。

3. 接纳不同意见，包容开放

服务行政模式要求广泛推进师生的民主参与，同时高等学校是典型的学术组织，学术思路和观点都是经过碰撞才能够获取和发展，因此，管理者要做好相应的教学和学术管理工作，就要与和自己有不同价值观的人进行交流，鼓励他们发表意见。对于某一个问题，不同意见可能在短时间内会影响决策，似乎是降低了效率，但从长远看，不同价值观的意见对减少错误很有意义。另一方面，管理者也要不断地引导教师以包容的心态对待学生。从目前高校教学方式方法改革深入推进的趋势看，教师和学生的角色也在发生着改变，教师和学生可能都处于平等的学习者地位，师不必贤于弟子，弟子不必不如师。教师只有不断鼓励学生多发表意见，才能够为创新型人才培养奠定良好的基础。

（三）善于处理好几种关系

以服务为核心的服务行政管理要求管理者在管理工作中必须善于处理各个管理要素之间的关系，才能够保证服务的质量。

1. 学术与行政的关系

学术权力与行政权力的关系是高校内部一直以来争论的焦点，这也是高校管理模式改革的一个焦点和难点。这两大权力是大学内部主要的权力，目的都是促进大学达成目标，都有存在的合理性和必要性。学术权力的充分发挥是学术自由和民主管理的本质诉求，行政权力的合理使用也是高校效率和秩序的保证。高校作为学术型组织，自然要以学术权力为主，以行政权力为保障。因此，管理者特别是作为教学科研活动主体的二级学院要实施服务型管理，势必要处理好这两个关系。要想处理好学术权力和行政权力的关系，首先要厘清职责，学术事务和行政事务管理各有负责人，相对独立，各负其责，进而保证两个权力能够合理运行；同时进一步健全和完善学院特别是系级层面的学术组织，更多地吸纳"布衣"教授参加学术活动，更多地从学术角度给予学科专业建设以引领和指导。

2. 刚性与柔性的关系

管理规定虽然是刚性的，但管理者在从事管理工作时，管理方式、方法、观念一定要多元化，有灵活性。例如，在人才培养方面，毕业标准一视同仁，但学生个体却是各有差异，要想满足差异化个体接受高等教育的需要，在管理工作中就必须进行个性化管理。在日常教学管理中，如果管理者不只看结果，拿规定要求师生，而是更多地关注过程，关注不同师生的实际情况，及时发现问题，帮助他们解决问题，管理效率和服务水平就会大幅度提高。服务型管理就是要求管理者要处理好刚性和柔性的关系，两者之间的度如何把握往往是管理者比较欠缺的地方，需要继续完善。

3. 处理好民主和集中的关系

服务型管理要求民主，管理者在工作过程所做的一些决定及出台的政策，一定要广泛地征求师生意见，以增强决策的可行性和正确性。但是，服务行政管理也要求管理者在思考上要有一定的战略性。一线师生的意见有时候是很零散的，要保证方案执行的最大效率，管理者必须作出决策。但在实际的管理过程中，管理者经常走两个极端，要么不征求意见，引发一定的矛盾；要么广泛征求意见，但没有决策，不承担责任。这两种做法都是不可取的，严重影响高服务水平和工作效率。

（四）努力提高几种能力

管理者要为服务对象提供优质的服务，必须努力提高以下几方面能力。

1. 管理能力

高校管理模式改革是从强制和命令式行政管理到"以服务为核心"的服务管理。从人性化的角度看，做好服务需要面对很多管理问题，这些复杂的管理问题的处理对管理者的管理能力提出了较高的要求。从实际工作经验看，管理工作其实就是三步：发现问题—研究问题—解决问题。发现问题是指在观察、认识和预知的基础上发现工作中存在的问题；研究问题是指对所发现的各种复杂问题去伪存真、抽丝剥茧，找出最本质、最核心的问题；解决问题则一定要讲究化繁为简，便于执行。只要管理者处理好上述三方面内容，管理能力自然就会得到显著提升。

2. 协调能力

服务行政管理模式要求管理者不是控制者而是服务者，管理者的功能定位更多的是协调，需要协调各方面利益，帮助师生表达和满足他们的共同利益需求。很多时候，管理工作就是协调工作，因此协调能力是管理者必须提高的主要能力之一。

3. 信息整合能力

管理者在处理工作时会接触到很多信息，为了提高服务水平，就必须充分利用这些信息。但很多时候信息可能是零散的，非系统的，分布在各个方面，管理者只有善于挖掘和利用这些信息才能更好地解决工作问题。比如新生的学情、毕业生的就业去向等信息，通过对这些信息的有效整合和分析，能够为我们设计课程体系、确定专业改革方向提供相对科学和有利的依据。同时，管理者还要重视进一步加强管理手段和管理方法的信息化建设，促进服务效率和服务水平的显著提升。

总之，服务行政模式是高校内部管理模式改革的必然路径，在这种以服务为核心的新型管理模式下，高校的管理者特别是二级学院的管理者一定要按照新的工作要求不断完善自身的管理工作，勤于思考、善于学习，不断提升服务水平。

参考文献：

[1] 杨正联，杜培培. 刍议新公共服务理论的核心内涵 [J]. 商业时代，2013（9）.

[2] 郑茂雄. 从管理到服务——高校服务行政模式的构建 [J]. 现代教育管理，2013（3）.

[3] 江赛蓉. 服务行政模式——大学去行政化的路径选择 [J]. 中国高等教育，2012（12）.

[4] 李明慧. 高校的服务型行政管理探析 [D]. 吉林大学硕士论文，2009（4）.

[5] 卢彬彬. 高校服务型行政管理理念的构建与实现 [J]. 产业与科技论坛，2011（10）.

［6］李锦江. 高校服务型行政管理思路研究 ［J］. 科技资讯, 2011 (33).

［7］谭冰. 高校服务型行政管理体系探析 ［D］. 大连海事大学硕士论文, 2011 (6).

［8］陈松. 新公共服务理论视野下高校教育管理创新 ［J］. 管理视野, 2013 (4).

［9］叶锦文. 新公共服务理论视阈下的高校管理 ［J］. 发展研究, 2011 (12).

［10］李雪. 新公共服务视阈下我国高校内部行政管理的完善 ［D］. 东北大学硕士论文, 2010 (6).

［11］徐涌金. 明确中层管理干部要求促进转型期高校管理工作 ［J］. 国家行政学院学报, 2005 (5).

［12］杨德广. 关于高校去行政化的思考 ［J］. 教育发展研究, 2010 (9).

［13］季洪涛. 大学学术权力研究 ［D］. 吉林大学博士论文, 2012 (12).

［14］钟秉林. 高校学术与行政权力如何协调 ［N］. 光明日报, 2011 – 04 – 14.

经管专业实验教学课程运行管理中
的问题及解决建议探讨

陈　晨

摘　要：保障实验教学正常运行是经管实验教学中心在高校应用型人才培养中一项重要的基础性工作。本文针对实验中心实验教学课程运行管理中容易出现和存在的问题进行了初步的探讨，提出了解决方法和建议。

关键词：实验教学课程　运行管理　问题　探讨

一、引言

实验教学是应用型大学创新人才培养价值链中的重要一环，实验教学中心是开展实验教学的重要场所，保障实验教学课程正常运行是中心承担的重要任务。由于经管专业不同的实验课程对教学时间、场地和环境等有着不同的要求，影响实验课程运行的因素来自多个方面。因此，发现和解析实验课程运行过程中存在的问题，提出解决方法和对策有助于我们更好地完成实验教学运行任务。

二、经管实验中心实验教学任务的类别、运行过程和运行特点

实验教学中心承担的实验课程运行任务分为两类：课内实验和集中实践。不同专业和类别的实验课程对实验教学时间、实验环境资源、实验进行方式和教师指导程度等方面的要求不同，实验中心要分别对其进行计划安排、环境资源配置和运行保障等方面的管理。

课内实验和集中实践课程的教学运行一般均需经历教学计划下达、实

验课程登记入系统、实验课排课、实验课表生成及公布、实验教学环境准备、实验课程实施和实验课程各项信息统计等过程。

教学计划下达：根据教学计划要求下达各专业下学期实验课程任务，确定实验任课教师。

实验课程登记入系统：把下学期实验课程信息输入教务排课系统。

实验课排课：根据实验课程需求，使用教务排课软件或手工安排实验课程的时间地点。

实验课表生成与公布：向学生和教师公布下学期实验课表。

实验教学环境准备：中心根据实验课程要求准备实验环境。

实验课程实施：教师和学生按要求完成实验课程教学。

实验课程各项信息统计：实验中心收集并统计实验课程实施的各项信息，包括课程名称、课时和学生人数；实验项目的名称和性质；实验环境和实验耗材情况；实验课实施课表和实验室记录；实验室利用率；等等。

由于经管实验中心承担的实验课程在教学运行过程中经历的环节和影响因素较多且均为经管类专业实验，因此，课程实施运行中具有计划性强、灵活性小、专业性强、实验环境要求差异性大、课内实验与集中实践交叉进行和管理复杂等特点。

三、经管实验中心实验教学课程运行管理中容易出现的问题

经管类实验课程运行涉及的多方面因素及其具有的特点造成运行管理中经常遇到一些问题，需要认真分析和处理。

（一）实验课程排课过程中需考虑多项影响因素，容易造成排课失误

排课是实验教学运行的重要环节，在排课过程中需要考虑多个因素，如教学计划中规定的课时、课程要求的环境资源、任课教师的教学时间、学生的上课时间、实验室可安排实验的时间和实验室环境资源情况等。借助排课软件虽然能够避免排课中各因素出现冲突，但若软件本身缺少对某些因素的考虑，或排课中临时有特殊因素需要考虑，就需要排课人员人工操作。在这种情况下，如果需要考虑的因素过多，就极易出现排课失误。

（二）实验课程运行信息传递不通畅

在实验课程运行过程中，不可避免地会遇到因特殊原因造成课程时

间、地点变更的情况，若变更信息不能及时发布或相关人员没有接收到此信息，将有可能造成课程"撞车"等现象，影响实验课程的正常运行，严重时还会引发教学事故。

（三）忽视课前对实验课程环境的测试

实验教学环境是实验教学课程顺利进行的基本条件。实验教学班次和人数的增多、实验项目更改、新增实验软件等都会造成实验教学环境资源发生变化，有些变化会直接影响实验课程进行，如实验位次数不足、服务器容量不够、软硬件环境不匹配等；若在实验课程运行前没有对实验环境进行充分的测试和熟悉，在实验课程进行中将会出现环境问题影响实验进行。

（四）实验教学运行规程执行不规范、信息收集不全

实验课程信息包括实验教师、学生、实验教学文件、实验室环境和实验设备及耗材等多个方面的信息，统计和分析实验课程信息有助于发现和解决实验课程中出现的问题，也能为今后的实验课程运行管理提供依据。但由于受到多因素的影响，如忘记在实验室记录上登记课程信息、调课信息没有及时登记入系统等，造成实验中心信息记录缺失、信息收集不全。

四、解决和处理实验教学课程运行管理中问题的建议

（一）制定细致规范的实验课程运行管理规程

建立和实施实验课程运行管理规程是实验课程正常运行的保证。在管理过程中，可针对实验课程运行的各个关键环节设计合理的管理规程，规范运行管理工作，如在对实验课程排课流程调查和分析的基础上，根据各院校使用排课软件的情况合理制订实验课程排课流程。在流程中充分考虑教师、学生、实验室环境和实验课程要求等多方面因素，并在流程中标注注意事项，使参与实验课程运行的人员充分了解自己在实验课程运行中应该完成的工作并按照规程进行。

（二）建立统一的实验教学运行信息平台，保障信息实时更新和沟通

在实验课程运行中保持良好的信息沟通能够避免和减少运行中的各类冲突。可采取建立统一的实验课程信息平台的方法，把实验课程的各类信

息通过信息平台进行上传、发布、接收和处理；采用信息流转的方式把信息按工作流程要求传递给相关的接收者并索要回复，以确保信息传递的有效性。

（三）合理地开发、使用管理技术

提高实验课程运行管理效果，除了严格执行实验课程运行管理规程之外，还可借助计算机网络技术构建管理环境，如利用上网控制软件对实验室网络进行控制管理；利用门禁和中控系统对实验室设备、开关门、照明等进行控制。

（四）合理匹配实验教学资源，注重课前实验环境测试

实验室的环境条件是实验课程运行的基础保证。在构建和使用实验室环境时应注意做到以下几点。

1. 调查相关专业实验教学的需要，充分考虑各实验项目对实验环境的特殊要求，如信管专业实验课程不仅对计算机硬件系统配置要求较高，还对系统软件和专业软件有特殊要求；而工商管理专业的实验课程更加注重对实验室实物仿真模拟环境的建设。

2. 利用计算机网络技术建立虚拟软件平台，提高实验环境的资源共享，如北京联合大学经贸实验教学中心建立虚拟软件平台，共享金融学专业、财务管理专业、工商管理专业等专业软件30余个，服务经管专业实验课程90余门。

3. 构建实验环境时，事先做好软硬件的功能测试和选择工作，避免出现软硬件功能冲突。

4. 注重课前实验环境的测试，及时发现和解决实验环境问题，如在每学期期初，请实验教师对实验课程环境进行测试，及时发现和解决环境问题。

（五）加强实验教学及管理人员职业素养

实验教师和实验管理人员的责任心和职业素养直接影响实验课程的运行和教学效果。在日常工作和学习中应注重加强其职业技术提升和职业责任感。

1. 制订和实施实验教师、实验技术和实验管理人员的技术培训提升计划，使其在实验技术掌握和实验指导上与实验教学环境建设同步。

2. 加强岗前培训和检查，在实验教师、实验技术管理人员上岗前进行培训和实验操作考核。

3. 树立实验管理人员的服务意识，加强专业教师、实验技术人员、实验管理人员的沟通和协作。

五、结束语

实验课程运行管理是实验教学中心一项基础性的重要工作，保障实验课程正常进行对提高实验教学效果起着重要的作用。为此，我们应该不断研究和探索实验课程运行管理方法，提高工作效率，促进人才培养。

参考文献：

［1］李建楠，刘玉峰，李春辉. 高校实验教学管理现状及对策［J］. 实验科学与技术，2011（2）.

［2］朱再春. 高校教学运行管理中存在的主要问题及其对策探析［J］. 科技经济市场，2010（5）.

国外大学教学质量评价指标及启示

吴印玲

摘　要：通过介绍国外大学教学质量评价指标，阐明我国高校教学评价体系与国外相比还存在一定差距，并提出了一些改进意见，以期对我国的大学教学评价指标体系的设计和完善起到一定的借鉴和指导作用。

关键词：大学课程　教学质量　评价指标

为提高教学质量和教师的执教能力，在多数中外大学中都开展了对课程教学质量的评价活动。可以看到，在大学教学质量评价指标中基本都包含学生测评部分，并将其作为教学评价指标体系的重要组成部分，占据较大权重。由于学生是教学活动的主体，是教学活动中最主要的参与者，他们在连续的学习过程中整体感受到教师的素质和教学能力，因此学生对教学质量最有发言权，只有借助于他们汇集的评价信息，才能及时了解教学中存在的问题，获得教学质量的真实反馈。因此，课程评价指标的设计直接影响到测评结果的准确性和有效性。但是，为了提供更全面、客观的评价，国外很多高校课程评价已经从多角度进行，学生、同行、教师本人，以及院长、校友都是评价主体，使得评价更全面科学。鉴于大学教学质量评价作为课程评价的中心地位，积极研究国外大学的课程评价指标体系，对改进和提高我国高等教育教学质量有着重要的意义。

一、国外大学教学质量评价指标概述

（一）加拿大多伦多大学课程评价表的主要内容

在加拿大多伦多大学，每学期临近结束时，学校会给每位学生发放由学校统一制订的学生评述表，请学生评价任课教师和所学课程。学生评述表由两部分组成，第一部分包括 4 个方面：评述任课教师、评述所学课程、评述学生自己和随堂增补的评述或可能提出的问题。

1. 评述任课教师部分

本部分由以下 10 个评述项目组成，包括：清楚而又明确地陈述了课程的目标和要求；所使用的批阅（如批阅论文、作业和考试卷）方法恰当地反映了课程的本质和公平合理地评估了学生的学习情况；有组织和有计划地给学生发学习材料；用恰当的例子清楚地解释概念；激发学生的热情和对学习材料的兴趣；注重学生所提出的问题，清楚而又有效地回答这些问题；遇到与所学课程有关的问题的时候，学生能通过约见的方式或在所公布的办公时间内得到个别咨询；确保合理地给学生作业评分，评语和反馈信息对学生有所帮助；确保在合理时间内完成给学生作业的评分；综合考虑，作为大学教师，其工作是有成效的。

本部分设置了 7 个评估等级：特差、很差、差、一般、好、很好和杰出。

2. 评述所学课程部分

本部分有 9 个评述项目，包括：与同一级别的其他课程相比，本课程的学习负担；与同一级别的其他课程相比，本课程学习材料的难易度；要求阅读的内容的价值；助教的价值（如果有）；实验室的价值（如果有）；学术讲座的价值（如果有）；语言对话课的价值（如果有）；整个学习经历的价值；就你对这门课的体会而言，不考虑你是否要通过学习这门课来实现对某计划或学位的需求，你是否将仍然选学这门课。

本部分也设置了 7 个评估等级：很低、低、低于一般、一般、高于一般、高和很高。

3. 评述自我部分

本部分共有 4 个评述项目。由于不同的学生之间存在个体差异，所以，针对不同的评述项目设计了一些不同的选择。

（1）（在选学本课程之前）已经获得的学分总数：

①0～4.5 ②5～9.5 ③10～14.5 ④15～19.5 ⑤20～24.5

（2）本课程对你来说是：

①计划的需要 ②根据课程计划的要求而选择的 ③生活的基本需求

④选修课

（3）在一开始注册的时候，你对学习这门课的热情程度：

①低　　②中等　　③高

（4）你期望自己这门课能得多少分数：

①＜50　②50～59　③60～69　④70～79　⑤＞80

4. 随堂可能增补的评述或问题部分

本部分留出了12个项目的空间供任课教师自己设置评述或调查项目。为了便于计算机的统计，同时还提供了7个选项的顺序编号，选项的具体内容则由任课教师根据自己的需要设置。

学生评述表的第二部分是学生对任课教师或所选课程作补充评述或提出建议，比如：陈述自己评述的理由，针对教学改革或课程建设提出建议。这部分要求学生写出自己的观点和想法，没有任何条件和内容等方面的限制。

（二）美国康奈尔大学课程评价表的主要内容

美国高校课程评价的评价标准以学生为中心，指标从细微处反映课堂教学质量。康奈尔大学为帮助教师提升教学质量，编制了《教师评价手册》，其中针对课程和教学内容有一套评估体系，各院系可再根据实际情况进行增补。标准评估课程和教学内容的建议，如表1所示。

表1　标准评估课程和教学内容

一级指标	二级指标
课程安排	1. 课程目标与学院课程设置一致。2. 课程目标明确。3. 教学大纲里列举了教学重点。4. 教学大纲与课程概要一致。5. 课程概要具有逻辑性。对学生而言，课程难易适度。6. 课程内容安排时间充分。7. 这门课程是其他课程的必要准备。8. 在教学大纲里写清课程需求。
课程内容	1. 该课程推荐阅读的书目是最新著作，包括权威作者作品。2. 课程任务满足学生个性化需求。3. 如果实验室工作是课程的一部分，要与课程吻合。4. 课程任务对学生而言具有挑战性。5. 确保课程内容是最新的。6. 授课教师对待课程各部分内容的重视度均等。7. 观点是否具有多样性。8. 课的深度、广度是否合适。9. 教师是否完全掌握所授课程。10. 检验标准在课程大纲里有明确说明。11. 布置的任务能够反映课程目标。12. 考试内容可以代表课程内容和目标

一级指标	二级指标
课程内容	13. 课程考试设计良好。14. 考试题目清晰。15. 考试和论文成绩评定公平合理。16. 成绩等级分布与学生课程水平和招收学生的水平相匹配。17 试卷和论文及时反馈给学生。18. 学生有充足的时间完成家庭作业。19. 作业量和课程学分一致。20. 考试与课程内容和课程目的吻合。21. 测试成绩及时反馈。22. 确保学生了解成绩评定标准。23. 学生在更高级的课程中有怎样的表现。24. 学生在论文和课题中运用了所学课程的内容。25. 作业的总体质量如何
课程目标	1. 课程目标是否清晰地传达给学生。2. 课程目标与学院总体教学目标是否一致。3. 课程是否为学生学习更高级别的课程做了充分的准备
教学方法	1. 教学方法（讲座、讨论、观看影片、实地考察、专题演讲）是否与课程目标一致。2. 教学步骤是否有变化。3. 学生学习课程中是否利用了图书馆资源。4. 多媒体设备是否有助于强化课程
作业	1. 作业是否对课堂讲解和课上讨论起到补充作用。2. 作业是否反映了相应的课程目标。3. 阅读书目是否与课程目标或学院教学目标一致。4. 作业要求水平是否与课程等级一致

　　为了提供全面、客观的评价，课程评价从多角度进行，学生、同行、教师本人，以及院长、校友都是评价主体。康奈尔大学还会邀请毕业一到两年的校友就以前的课程进行总体的评价，但问卷一般不再设置如课堂活动情况等具体的问题。

二、优化我国大学教学质量评价指标的思考

　　比较中外大学教学质量评价指标，可以发现二者仍存在一定差别，一方面是由于中外文化差异的背景造成的，另一方面也体现出我国在教学评价上与国外先进教育相比还存在很大差距，需要借鉴其先进经验，不断完善，使其真正达到鉴定教学、促进教学和提高教学的目的。

（一）加强指标设计的科学性和合理性

　　既然学生是学习活动中的主体，在课堂教学中就应该既有教师"教"的活动，又有学生"学"的活动，教学过程是一种师生双边共同活动的过程，教师的积极性主要表现在对学生因材施教的主导作用上，应最大限度地调动全体学生学习的主动性、自觉性与创造性，使学生最大限度地发

展。因此按照传统习惯，教学评估就是对教师进行评估，这实际上是不科学的，也是不合理的。因而，多伦多大学和康奈尔大学对教学的评估不是单一对教师进行评估，评估对象还包括提高教学质量的支持系统，如所学课程、学生情况和不同教师的不同需求。因为老师需要了解学生对自己教学方法、课程内容设置、学生学习态度等方面的情况，在评价表中不可能完全具体体现，通过这样的评述可以科学而合理地反映教学中各方面的实际情况。只有通过这种全方位、多角度的重点调查，才能获得有价值的信息，才能找出教学中的问题的真正所在，这样才能为科学而合理地评估教学提供有力的保证，才能增强教学评估的科学性、可信性和实用性。与此相比，我国的学生对教学的评述项目就显得比较单一，必须加以不断完善，使指标设计更全面、科学、合理。

（二）注重指标设计的个性与整体性相结合

不同课程的特点不同，不同任课教师的需求也不同。如果所有课程的评述项目都相同，便不能充分反映不同课程的差异，因此应该针对不同的课程设置一些不同的评述项目。同时，不同的教师其特点也不同，因此对课程和学生也会有自己特定的要求，多伦多大学充分考虑课程和教师的个性差异，特意留出部分空间以便不同的任课教师根据课程和自己的特殊要求来设置不同的评述项目，这是特别值得我国大学借鉴的。因为，通过这项内容，教师可以尽可能多地了解学生对自己教学的反馈信息和其他一些与本课程或教学有关的情况，了解学生对自己教学诸多方面的看法和学生的基本情况。另外，为了兼顾学生的个性和特别的要求，多伦多大学还特别设置了学生发表自己意见的部分，这有利于学生自主性的发挥，了解学生的真实想法。设计并应用这种整体性和个性相结合的评述表，才能更好地发挥教学评估的作用。

（三）进一步改进和完善学生评价的内容

单从评价教师的项目设计来看，多伦多大学特别明确规定：教师要对学生准确说明课程的学习目标和要求；批阅作业、论文、考试的方法恰当、公平；教师要设立答疑地点、时间；在规定时间内批阅完学生作业并反馈给学生。在评价教师的基本素质、教学方法、教学态度、责任心和教学效果上，多伦多大学基本没有设立特别具体的指标，而是让学生根据课程目标和评分标准进行综合评价。与此相反，我国高校大多在这方面的指标设计上则非常具体，而有时这些指标又是相互交叉的，很难具体区分，使得学生在某些项目的评分上基本相似，造成评价结果不够准确。这说明我国的教育理念还滞后于先进教育，中国的教学模式仍然是以教师为主体，教师是知识的灌输者，学生被动地接受所学知识内容，表现在评价指标的设计上，则是评价教师灌输知识的方法是不是符合学生要求。而国外主要强调学生自主学习，通过教师的引导最终达到教学目标。因此，在评价项目的设计上，我国大学还需进一步改进和完善，突出学生在学习中的主体地位，使评价项目的设计更加科学，可以更好地反映出教师的实际教学效果，更好地反映出教学中存在的问题。

三、结论

国外高校课程教学质量评价指标体系具有多维度、个性化和多样性的特点，而我国高校课程教学质量评价指标体系的设计相较而言还有一定差距。因此，我国高校在教学质量评价指标体系设计时应注意构建多维度、全过程的指标体系，并应包含学生个性化的叙述性问题，根据背景特征不同构建多样性的而不是统一的评价指标体系。

参考文献：

［1］盛跃东. 解构多伦多大学教学评估体系中学生评述表［J］. 比较教育研究，2003（8）：37－39.
［2］张晓盈，钟锦文. 浅析我国高校教学质量评价［J］. 现代教育技术，2007（7）：47－50.
［3］课程质量的提升之道——美国高校课程评价借鉴，www. jyb. cn.

基于 BP 人工神经网络的电子商务专业英语教学质量评价研究[①]

裴一蕾　李丹丹　薛万欣

摘　要：针对电子商务专业英语教学质量问题，分析影响电子商务专业英语教学质量因素。运用人工神经网络理论和方法，建立电子商务专业英语教学质量评价的 BP 人工神经网络模型并将训练样本进行归一化处理，同时利用 RAND 函数对训练样本进行插值保证神经网络充分学习。通过实例进行评价分析，说明用 BP 人工神经网络方法评价电子商务专业英语教学质量是可行的。该模型具有很强的学习、联想和容错功能，其分析结果和过程都接近人脑的思维过程和分析方法，使得电子商务专业英语教学质量评价结果的精度大大提高。

关键词：人工神经网络　电子商务专业英语　教学质量评价

一、引言

电子商务专业英语教学使学生在掌握专业知识的同时，有效地提高了外语水平；通过较长时间的外语训练，转变思维方式，提高创新能力，从而成为经济发展所需要的复合型高素质人才。电子商务专业英语教学质量评价可促进专业教学内容、方法的改革，有利于教学内容的完善、教学方法的提升。通过对教学质量的评价分析，有利于教师专业素质的提高，对教师自身英语水平和教学水平的改善也具有重大的意义。目前，国内电子

---

❶ 本文系北京联合大学教育教学研究与改革项目《电子商务专业英语课程教学方法改革与教学效果评价研究》（项目号：11103581113）研究成果。

商务专业英语教学质量评价方法主要是模糊综合评价法。模糊综合评价法需设计不同的隶属函数，这些函数的设计因人而异，模式也难以通用。

近年发展起来的人工神经网络是一种有效的评价方法。人工神经网络是基于模仿生物大脑的结构和功能而构成的一种信息处理系统，是由大量的、简单的单元（神经元或节点）相互连接而组成的网络结构，以实现大脑的感知和学习功能，是一种非线性的动力学系统。它具有大规模并行处理、分布式存储、自适应性等许多优点。它能够解决具有一定内在规律，且这个规律又不是很明确，有一定模糊性的问题。人工神经网络已在多个领域得到应用，其中 BP 人工神经网络是应用最广泛、效果最好的方法。本文将 BP 人工神经网络应用到电子商务专业英语教学质量评价中，建立了基于 BP 人工神经网络的电子商务专业英语教学质量评价模型。通过应用讨论了隐含层网络节点数和训练函数对结果可靠性的影响，对电子商务专业英语教学质量进行了正确的评价。

二、影响电子商务专业英语教学质量因素分析

闫秀霞（2013）通过实证研究发现，学生专业英语重要性的认知度对专业英语教学质量具有显著的影响。专业英语的学习最终要落脚到学生自身是否努力上，当学生对专业英语重要性认知度较高时，会自觉重视专业英语的学习，投入更多的时间与精力，对专业英语的掌握自然会提高，对专业英语重要性的认知度也成为影响专业英语教学质量的关键因素。

陶友兰（2001）在调查中发现，专业英语教学方法主要采用传统的翻译教学法，课堂气氛沉闷，缺乏活跃性，难以激发学生的学习兴趣，影响教学质量。马莉（2013）提出改革专业英语授课形式，在专业英语教学过程中，教师可根据实际情况选择多媒体教学，通过播放一些与专业相关的有意义的声像材料，以图、文、声并茂的授课方式来提高学生学习积极性和参与性。与此同时，在课堂中适当开展时事报道、专题讲述、小组讨论等多种以学生参与为主的教学形式，充分调动学生兴趣，活跃课堂气氛。

马莉（2013）以电子商务专业英语为例，提出专业英语的教学内容要多样化且具有时效性。教师不仅要让学生掌握英文文献中的图表、术语及一些特定数值的表示方法，还要让学生掌握电子商务基础理论、网络营销、物流配送、电子支付、电子商务安全等专业知识，教学内容的多样化

能帮助学生用外语全方位地了解自己所学的专业，并为今后进行更高层次的学习研究打下良好的基础。同时引入当前专业领域发展的前沿动态知识，选择与当前科学研究紧密相连的教学内容，如将物联网、云计算与移动商务等充实到课堂教学中。只有这样，讲授内容才能跟上时代发展的步伐，使学习变得有用且有效。

唐宁莉（2008）指出当前专业英语考试方式欠合理，大多数高校把专业英语作为考查课，这就使学生平时不重视专业英语的学习，只在考试前搞突击战术，虽然可以应付考试，但实际知识的掌握大打折扣。马莉（2013）提出英语学习是一个循序渐进的过程，教师要激发学生日常学习的积极性，避免考前突击复习，因此要建立平时成绩，具体包括考勤、课堂提问、课堂小测验和课堂讨论等平时课堂上学生表现的成绩，并将此成绩纳入期末总成绩中，以充分引起学生重视。

张玉芝（2010）指出教材选用是否恰当是影响专业英语教学质量的主要因素。她认为当前的专业英语教材大多比较陈旧，存在这样或那样的问题。专业英语教材的选择要适应当前信息更迭快捷的需要，不同高校应针对本校实际情况选择合适的教材，避免盲从。

教学论的理论提出，教学是教师、学生、课程（教学内容）、教学方法、教学环境（包括物质的环境和精神的环境）和教学反馈等主要要素的结合体。这些要素都以不同的性质和方式决定着教学的质量，都是教学评价需考虑的因素。根据教学论理论、学者的研究成果以及教师日常的授课实践，本研究提出电子商务专业英语教学质量评价分为三个方面：教学条件的评价、教学过程的评价、教学效果的评价，即电子商务专业英语教学质量评价体系的一级指标教学条件、教学过程和教学效果。教学条件是指高校成功实施双语教育所必备的条件，根据日常教学实践设置教师、学生、教材这三个相应的二级指标；教学过程是保障教学质量的重要环节，主要包括教学方法和教学内容两个方面；教学效果的评价是测定和检验学生是否达到教学目标及达到目标的程度，主要设置了专业目标以及外语目标两个二级指标。

三、电子商务专业英语教学质量数据

下文应用了 BP 人工神经网络对电子商务专业英语教学质量状况进行

评价。数据来源于笔者对北京联合大学管理学院电子商务专业 2012 级、2013 级专接本学生专业英语教学质量调查的问卷统计结果。调查时间分别为 2013 年 3 月至 2013 年 6 月、2014 年 3 月至 2014 年 6 月，调查主要指标为教师教授质量、学生学习质量、教材质量、教学方法质量、教学内容质量、专业目标实现情况以及外语目标实现情况。本研究调研共发放问卷111 份，共收回问卷 111 份，其中有效调查问卷为 109 份。本文使用的数据，均来自笔者此次调查所得。

表1　2012 级、2013 级专接本学生专业英语教学质量状况

年级	教师教授质量	学生学习质量	教材质量	教学方法质量	教学内容质量	专业目标实现情况	外语目标实现情况	教学质量等级
2012 级	良好	良好	良好	良好	良好	良好	良好	良好
2013 级	良好	良好	良好	良好	良好	良好	良好	良好

由于训练数据的样本数目偏少，而人工神经网络则需要较多的输入输出数据来训练网络，利用 Matlab 自带的 RAND 函数在各级评价标准中间按随机均匀分布方式内插训练数据的方法，针对训练样本过少的情况，在优秀至不及格五类教学质量等级中，每两个相邻等级之间内插生成十组训练样本。由于神经网络训练样本输入的每一维代表一个特征，当神经网络的输入是多维时，要识别的模式就有多个特征。当这些特征的数据相差很大，如几个数量级时，就需要进行归一化，使其变成相同数量级，以防某些数值低的特征被淹没。BP 神经网络模型一般以 S 形函数作为转换函数，该函数的值域为巨 [0，1]，因此在网络训练时也要将原始数据进行处理，规范到 [0，1] 之间，所以对训练输入数据进行归一化处理，以提高网络泛化能力。

四、电子商务专业英语教学质量评价模型的建立

BP 神经网络通常是由输入层、隐含层和输出层组成的，层与层之间采用的是全互联的方式，同层单元之间无相互连接。BP 算法的中心思想是调整权值使网络总误差最小。BP 模型学习过程的算法由正向传播和反向传播

两部分组成。通过反复的正向传播和反向传播，不断地修改各层神经元的权值和阈值来减少误差函数，直到与某一相当小的正值或进行迭代运算时误差函数不再减少。学习过程的实质是求误差函数的最小值，它通过反复训练已知样本集，在没有达到设定的误差最小值之前，每训练一次，权值将沿误差函数的最速下降方向改变，最终收敛到最小点，然后将多个样本训练所得的各层间连接权值及各层神经元的偏置值（即阈值）信息保存起来，以便对未知样本进行处理。

标准的 BP 算法是基于梯度下降法，通过计算目标函数对网络权值和阈值的梯度进行修正，学习过程是通过调整权重和阈值使期望值和神经网络输出值的均方误差趋于最小实现的，只用到目标函数对权值和阈值的一阶导数信息。BP 神经网络的训练实质上是非线性目标函数的优化问题。针对 BP 算法局部收敛和收敛速度慢的缺陷，本文将 LM 算法引入 BP 神经网络权值的训练。基于数值优化的 LM 算法不仅利用了目标函数的一阶导数信息，还利用了目标函数的二阶导数信息。LM 算法根据迭代结果动态地调整迭代的收敛方向，使每次的迭代误差都有所下降，收敛速度快。电子商务专业英语教学质量评价是一个非线性关系较为复杂的问题，神经网络具有逼近任意非线性函数的能力，且一般的三层 BP 神经网络模型就能够满足大部分非线性系统的要求。因此，本文采取三层 BP 网络，其拓扑结构如图 1 所示。隐含层神经元节点数的确定是人工神经网络设计中最关键的步骤，它直接影响网络对复杂问题的映射能力。本文采用"试算法"确定神经元个数，经试算，最佳隐含层节点数为七个。

电子商务专业英语教学质量评价模型采用单隐层的网络结构，选择了三个评价指标作为网络的输入，分别为"教学条件"、"教学过程"、"教学效果"；将每个指标分为 5 档，分别为：优秀、良好、中等、及格、不及格；评价结论（即教学质量等级）作为网络的输出，对应输出值为 0.9 及以上、大于等于 0.8 小于 0.9、大于等于 0.7 小于 0.8、大于等于 0.6 小于 0.7、小于 0.6，也为 5 档，分别为：优秀、良好、中等、及格、不及格。本次 BP 神经网络的拓扑结构为：一个输入层，神经元节点数为三个；一个隐含层，神经元节点数为七个；一个输出层，神经元节点数为一个。用二进制数对评价指标和评价结论的档位编码。通过发放调查表，共采集到 90 组样本数据，其中 60 组作为训练数据，30 组作为测试数据。在本研究中，隐含层神经元的传递函数采用 S 型正切函数 tansig，输出层神经元传递函数采用 S 型对数函数 logsig，效果最佳。程序采用 Matlab7.0 编制而成。

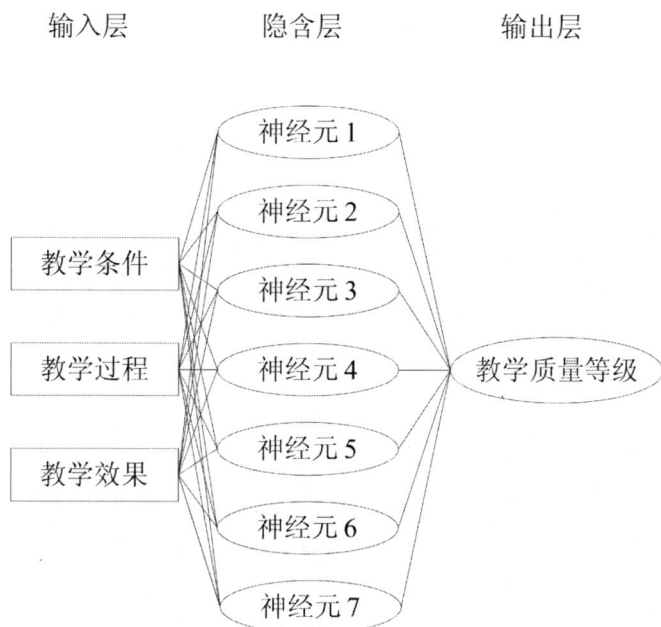

图 1　BP 人工神经网络结构拓扑图

五、评价结果

采用训练样本中的数据来训练网络，系统误差精度设为 0.001，当训练次数达到 56 次的时候，满足了系统的误差精度。然后将表 1 中的实测值代入训练好的网络，按输出值与期望值的接近程度去判定其归属哪一级，表 2 为评价结果。

从评价结果看，2012 级、2013 级电子商务专业专接本学生专业英语教学质量都为良好。将 BP 人工神经网络对监测数据仿真后的评价结果与调查问卷单因子评价结果相比较。经过训练后的 BP 网络对测试样本具有较高的仿真程度，其评价结果与单因子评价结果一致。

表 2 神经网络的训练结果

年级	输出值	等级
2012 级	0.876	良好
2013 级	0.892	良好

六、结语

改进后的 BP 人工神经网络评价结果的准确性和精度都非常高，结果更为实际、客观、合理，很好地解决了评价因子与教学质量等级间复杂的非线性关系，而且计算速度快，还可选用更多的参数指标进行学习，程序具有广泛的适用性。

参考文献：

［1］尹京川，马孝义，孙永胜，等. 基于 BP 神经网络与 GIS 可视化的作物需水量预测［J］. 中国农村水利水电，2012（2）：13 - 15.

［2］申振宇，申金媛，刘剑君，等. 基于神经网络的特征分析在烟叶分级中的应用［J］. 计算机与数字工程，2012（7）：122 - 124.

［3］张毅. 基于神经网络的蛋白质序列分类算法研究［J］. 计算机与数字工程. 2012（6）：30 - 32.

［4］彭永红，张臣. 基于神经网络的态势预测方法研究［J］. 舰船电子工程，2012（3）.

［5］郭庆春，赵雪茹. 基于人工神经网络的黄河水质评价［J］. 计算机与数字工程，2013（5）：683 - 685.

［6］闫秀霞，王志伟，崔会保. 高等学校专业英语教学质量影响因素的实证研究［J］. 山东理工大学学报（自然科学版），2013（3）：35 - 41.

［7］陶友兰. 研究生专业英语教学中存在的问题及其对策［J］. 学位与研究生教育，2001（12）.

［8］马莉. 专业英语教学方法的探讨与实践［J］. 技术与创新管理，2013（2）：141 - 144.

［9］唐宁莉. 专业英语教学改革初探［J］. 科技创新导报，2008（31）.

［10］张玉芝. 专业英语教学改革初探［J］. 中国电力教育，2010（15）：216 - 217.

浅析学籍管理制度与学籍管理中的师生沟通

徐 燕

摘 要：学籍管理制度建设是高校人才培养的内在动力，在学籍管理过程中，接触更多的可能是不那么优秀的学生，教师与学生必须有良好的沟通，建立平等的关系，并付出更多的关爱。本文主要分析了学籍管理与学籍管理制度，并探讨在学籍管理工作中，如何与学生沟通，怎样观察学生、接触学生和了解学生，学生才能在管理稳定的校园环境下生活、学习。

关键词：学籍管理 学籍管理制度 师生沟通

高校的学籍管理是对学生取得学籍（学习资格）到全面认识其学习生涯整体脉络，规范学习过程，再到经过学习活动后取得相应学习成果的全过程管理。因此，对学生学习过程的全程把握和监控是我校制定学籍管理制度的关键所在。

一、学籍管理与学籍管理制度

学籍管理是根据国家对高校学生德、智、体全面发展的要求，结合学校培养人才的目标定位，制定规章、制度、办法并按一定程序对高校学生从入学到毕业在校期间的学籍取得与变更、教学管理制度、校纪、校风等方面实施的管理。

学籍管理工作是一项既具体细致又纷繁复杂的业务管理工作，从事这项工作所付出的不仅是艰辛的劳动，还包括极大的耐心和责任心，它涉及每个学生的切身利益，也关系到学校的办学质量。

学籍管理制度建设是高校人才培养的内在动力，高校发展是提高学籍管理制度文明程度的有力保障。学籍管理制度以条文的形式告诉学生学校为他们设计了一个怎么样的学习轨道，告诉学生在校期间什么可以做，什么不可以做，制度上规定的各种奖惩措施在一定程度上可以使被管理者朝着高校发展的目标成长，从而促进高校发展，达到其教学目标。学籍管理制度还可以使学生感受到被人信任和期待，可以激发他们全身心投入学习，在遵守制度的同时，发展其自身的个性，从而达到或超越学籍管理制度的要求。学生愿意做出新的尝试，接受新的挑战。在学籍管理制度激发学生潜能的过程中，高校人才培养效率得以提高，高等教育得以发展。

学籍管理制度应该是一所学校区别于他校的文化和历史的体现，是学校的一个整体人文环境。这样的人文环境，决定了高校独特的目标定位、发展思想。对学生学业的要求是学校目标的重要组成部分，董泽芳在《大学的理念与追求》一书中曾说学校的目标应该遵循如下的客观依据，"教育自身的特点和发展；国家的教育方针与培养规格；学校的现状、历史，亦即学校发展的基础；社会所可能产生的正面和负面影响；环境有可能发生的对学校有影响的变化因等"。虽然学籍管理制度对学生学业要求的规定是对大学生最为基本的要求，但那并不代表是"千人一面"的全部要求，管理者在制定学籍管理制度时也留给了学生全面发展和个性化发展的空间。

学籍管理的政策性很强，从学籍的取得，到学籍的异动，再到学籍的丧失，国家教育行政部门和高校都有一系列的规章制度，学籍管理人员在管理过程中必须严格按规定办事。同时，学籍管理是一种以学生为主要对象的管理，由这个特点所决定，学籍管理过程也贯穿着对学生的教育活动。对于不明白办理学籍手续的学生，要详细而准确地告知；对于不理解学籍政策的学生，要耐心解释；对于违反相应规定的学生，要采取适当的方式进行批评教育。

现代学籍管理是服务型的管理，不再是传统上命令、管束、制裁那种冷冰冰的管理，而是要求管理人员把被管理者——学生作为平等的个体对待，充满人文关怀，使管理充满人性化。

在学籍管理中，要增强学籍管理的民主意识。首先，在管理中将学生放到应有的主体地位，使管理工作做到尊重学生，理解学生，满足学生并努力营造平等、民主的校园氛围。其次，让学生在管理活动中参与选择，参与创造，参与管理，参与决策，以增强学生对管理目标、制度、方法的认同感。最后，保障学生民主自由的学习权利。现代大学是由具有创造性人格的个体组成，而创造性人格的发展和形成需要民主自由的外部条件。因此，保障学生民主自由的学习权利应成为学生管理工作的一种价值追求。我们要改变传统的管理方式，权力的设置和运用不能只受道德标准的衡量与限制，应该坚持依法治校，将教育关系作为一种法律关系来看待，应当将尊重受教育者的合法权益作为教育者的首要义务。在行使教育管理权时，首先考虑的不应当是如何处置受教育者，而应当是这样处置是否合法，是否会侵犯受教育者的权利，真正将受教育者作为一个平等的法律主体来对待。

传统学籍管理把被管理者作为管理的客体，强调管理者的权威性和管理手段的强制性，主张通过严格、严厉的惩罚性措施保障管理活动的顺利实现，缺乏与被管理者的有效沟通。这种理念下的学籍管理人员往往把自己置于"至高无上"的地位，对待办理学籍手续的学生态度强硬，缺乏应有的人文关怀，造成了双方关系的紧张。

二、学籍管理中的师生沟通

在学籍管理过程中，我们该如何与学生沟通，这是技术也是艺术。与学生建立平等、良好的关系并获得学生的信任与接纳，是顺利开展学籍管理工作的前提。

如果对成绩不佳的学生加以抵触、排斥，那只能"事倍而功半"。或许他们只是一时的疏忽、糊涂；或许他们也有自己的不幸、自己的苦衷。因此，换一个角度去看问题、去工作，很多问题反倒会"事半而功倍"。

（一）多角度观察学生

所谓"金无足赤，人无完人"。每个人都有自己的优点，都希望别人能看到自己的长处，希望得到认可、鼓励和赞扬。成绩优异的学生，我们可以看到他们渴望的眼神、求知的勤奋、良好的习惯；成绩不理想的学生，往往因不及格、挂科掩盖了他们金子般的光芒。作为教师，我们要用独特的眼光去挖掘学生身上一些鲜为人知的优点，让学生能够得到一些新的肯定。

爱因斯坦曾经说过，别人赞美他思维能力强，有创新精神，他一点都不激动，因为，作为大科学家，他听这类话听腻了，但如果谁赞扬他小提琴拉得棒，他一定会兴高采烈。

（二）师爱的力量

师爱，即对学生的爱，它包含了对全体学生的热爱和尊重、理解和期待。师爱是教师的一种高尚的道德情操，是教育的灵魂。

美国思想家爱默生说过，"教育成功的秘诀在于尊重学生。"只有尊重学生，才会得到学生的尊重和爱戴。

我们在学籍管理工作中会接触到各种各样的学生，其中也有成绩优异、文明懂礼的，然而，更多的是那些由于学习成绩不好而面临学籍处理、需要重修甚至即将被退学的学生。看着他们，我们会有恨铁不成钢的无奈，有早知今日何必当初的气愤。然而，不管怎样，面对他们的需求，我们仍然要选择尊重，选择亲切。

古语云："施在我有余之惠，则可以广德。留在人不尽之情，则可以重交。"对学生也是一样，在学生最需要帮助时，助他一臂之力，可使之终身受益，把爱留给学生，就可播惠永久。

（三）教师的人格魅力

人格是教师心态、品格、个性、气质和行为方式的基本特征。魅力，就是对人独特的吸引力。教师若有魅力，学生就喜欢多接近，亦如《学记》里说的"安其学而亲其师，乐其友而信其道"。

中央电视台著名节目主持人白岩松在采访北大教授季羡林先生的时候，听到一个关于他的真实故事。有一年秋天，北大新学期开学，一个外地来的学子背着大包小包走进校园，实在太累了，就把包放在路边。这时正好一位老人走来，年轻学子就拜托老人替自己看一下包，自己则轻装上阵去办理手续。老人爽快地答应了。近一个小时过去，学子归来，老人还在尽职尽责地看守着。年轻人大为感动，深深谢过。几日后北大举行开学典礼，当主持人一一介绍在主席台就座的校领导时，这位年轻的学子惊讶地发现，主席台上就座的北大副校长季羡林先生，正是那一天替自己看护行李的老人！听完故事，在强烈的震撼中白岩松说出了这样一句话：人格，才是最高的学府！可见，教师人格魅力的感召力胜过千万句豪言壮语，它是无形的旗帜，引导学生走向智慧的彼岸；它是无声的号角，激励学生攀登自我完善的巅峰。教师的人格魅力可以给学生以撼人心魄的冲击和辐射，甚至影响学生的一生。

让我们从心底去爱学生，让"爱"成为温暖学生心灵的力量。

参考文献：

［1］席敦芹. 浅论高校教学管理人员的素质提高［J］. 潍坊高等职业教育，2006.

［2］汪琴. 高校管理人员能力与素质研究［J］. 科教文汇，2007.

［3］彭锦，郭玉辉. 提高教学人员管理素质，强化试点项目综合管理［J］. 青海教育，2007.

应用型高校二级学院科研管理现状分析及对策

付　彬

摘　要：本文首先介绍了关于科研管理的相关理论，以某应用型大学二级学院为研究基础，阐述了该学院目前的科研管理现状，深入地剖析了科研管理存在的问题，提出了学院科研管理体系的改进对策。

关键词：应用型高校　科研管理　现状分析　对策

应用型高校科研管理包含项目管理、成果管理、实验室管理和学科管理等。随着国家科研创新的迅速发展，高校的科研管理也面临着新内容。通过提高科研执行力和改革科研管理机制，降低科研成本，加快科研进度，高效产业化科研成果，是高校科研管理工作的主要目标。

一、学院科研管理存在的问题

（一）科研管理机制缺乏科学性

第一，科研管理权限划分不明。权力过度集中，缺乏必要的管理权限，影响教师团队的科研自主性和创造性。

第二，制度僵化，缺少灵活性。现有的科研管理模式难以让科研人员的研究水平得到真正的发挥，阻碍了科研事业的发展。

第三，科研管理机制的创新能力与时代脚步差别大。

（二）科研管理信息化程度不高

科研管理部门有很多工作要做而且科研信息量非常大，所以要想合理组织、调控各项工作，使科研管理工作具有及时性和高效性，就需要相应的资源配置跟上科研工作的发展。目前使用的仅有科研管理系统，各学院之间、各部门之间无法共享数据，难以在更高的层次上进行信息处理，以致影响管理决策，造成管理决策的片面性和盲目性。

（三）用人评价和科研评价机制存在不科学因素

目前，学院在职称评聘制度、科研工作量考核、科研奖励机制等方面往往只认第一负责人或第一作者，这在很大程度上影响了科研人员在项目申报、论文发表、成果报奖等方面的积极性，导致团队意识薄弱。虽然学院拥有较强的学科优势和人才优势，但这种评价机制以及科研资源分配机制，使许多教师习惯于单打独斗，缺少固定的科研团队，申报项目数量虽多但规模较小，研究方向也是纷繁杂乱，这无疑使团队的跨学科联合科研攻关受限，制约了科研项目的增大增强，很难真正实现科研创新、学科优势互补和交叉集成效应，更难以产生标志性的重大科研成果和核心技术竞争力。如果能将分散的科研力量有效整合，则可以增强科研竞争力，提高项目获批几率。

（四）科研管理队伍力量薄弱

学院的科研管理者不仅是各项政策、信息、计划的传播者，还是普通高校科研计划的制订者，更是各项科研活动的组织者和执行者。所以，科研管理者应当具备非常强的综合能力，不但要熟悉各种科研管理规章制度，而且也需要熟悉科研活动的基本程序。因此，从事科研管理工作的管理者，不仅需要对当今科研发展方向进行了解，而且要熟练掌握本院的科研工作发展趋势。身为一名科研管理者，平时要多学习与工作有联系的管理知识，这样才能与社会经济发展同行，对信息的处理才能更快捷、准确；同时也需要有很好的组织与协调能力，最好能够融入科研队伍之中，结合本职工作，在工作中定期总结经验，不断提高自己的管理水平。

（五）缺少负面激励，只奖不罚，缺少精神激励

在近来人性化管理大行其道的影响下，学院在制定奖励制度的时候往往只重视运用奖励制度，却忽略了惩罚制度。具体表现在相对于奖励制度，惩罚制度的数量、方式和力度几乎不存在，在科研人员心中根本没有那种完不成科研工作会被惩罚的意识。学院这种主动放弃惩罚的做法在日积月累后，危害不容小觑。奖励是一种激励性力量，惩罚是一种约束性力量，惩罚措施作为一种约束性力量已经在无形中失效了。而且，这种影响

作为一种强烈的信号将会在很长一段时间内对学院的科研工作及其他工作都产生负面影响。事实上，奖励不是惩罚的对立面。奖励的反义词不是惩罚，而是不奖励。同样，惩罚的反义词是不惩罚。奖励和惩罚都是相对的，该奖励时不奖励，就相当于隐性惩罚，而该惩罚时不惩罚就相当于隐性奖励。学院不能只看到显性的奖励和惩罚，却看不到隐性的奖励和惩罚，不应该以减少或弱化使用约束性的惩罚手段为前提。这两个方面并不矛盾，而是相辅相成的。

二、二级学院科研管理体系的改进对策

二级学院的科研管理机构肩负着对整个学院科研发展规划和科技管理政策的制定、实施，以及对科研项目、科研组织、科研效果等方面进行评估和管理的重任，对学院的科研工作乃至整个学院的发展都具有十分重要的作用。面对国际竞争的挑战，学院现行的科研管理模式在观念和手段上都必须引入创新机制，遵循科学研究规律，从管理理念、管理模式、管理制度上进行改革创新，实现学院科研事业的跨越式发展。

（一）重视基础研究，加强应用研发，继承创新，促进成果转化

不盲目追求科研政绩，不片面追求短期效应，鼓励科研工作者协同创新。培育创新团队，拓展合作视野，支持科研工作者参与区域或国际合作研究，大力发展产学研合作，形成资源共享、联合攻关的良性局面。学校通过政策制度、学会组织及行政手段共同促进实现上述目标，比如建设联合实验室、跨学科的科研基地、工程中心等，以重大科研项目或良好的科研人才待遇优惠政策建立长期合作的研究团队，通过学术交流的平台推动科研工作者之间的学术沟通等。

（二）加强科研机制与体制的管理

1. 加强科研管理制度创新

学院应根据自己院系的实际情况，建立合理健全的基层科研管理制度。教育部部长袁贵仁曾说过，科研管理最根本的任务就是尽量地对科研人员的积极性、创造性进行激发，为使研究人员能够付出自己最大的努力及态度、以最佳状态从事科研管理活动并实现目标创造最有利的条件及服务。要想达到这个目标，确保科研工作的顺利实施，就需要建立一个规

范、合理的基层科研制度。所要建设的科研制度应具备以下几个主要特征：

（1）根据各个院系的实际情况和院系科研发展需要来建设；

（2）听取基层人员和院系教师的意见是必不可少的；

（3）建立适当的奖惩制度，满足教师在科研方面的利益。

建立一个具有上述特征的科研制度，能够充分调动基层管理人员的意愿和能动性，充分地激发科研教师的工作热情，促进院系科研工作的有序开展和质量的稳步提高。

2.　激励机制

高校科研的激励机制是中国大学的薄弱环节。学院如何处理科研的质与量，以及短期成果与长期成果的关系，是一项亟须解决的问题。

（1）高效科研激励机制的形式不能简单地局限于正面激励，而少有或没有负面激励

虽然正面的激励对科研人员有导向作用，但是从理论上说，如果只采用单一的正面激励或负面激励，都是不适合的。应当是根据情况不同而适时激励。对高校教师和从事科研的人员具体要求其工作上的量和质，是形成一个有效的科研约束机制的前进方向。学院的科研激励机制不健全，只重视教师的教学工作量，而忽视了对教师科研工作的要求，这样的科研激励机制易把教师引入误区，即只关心教学工作而忽视科研工作。如果学院缺少行之有效的约束机制，无法调动教师对科研工作的兴趣，势必会对科研工作的顺利开展造成严重的影响。因此，学院必须建立一个全面、高效、易执行的约束机制以及激励机制，二者齐头并进，奖罚清晰，能够及时地正负强化，这样才能为教师进行科研攻关提供有利的条件。

（2）科研激励机制的方式过于单一，往往看重物质奖励，而轻视精神奖励

虽然物质奖励对于科研人员来说是必需的也是基础，但是他们更加注重学院对自己的精神层面的奖励及激励。科研工作本身就是一项具有挑战性的工作，要求科研人员具有创新精神，知识分子通过从事科研工作能够产生很大的成就感，从而实现自身的价值。物质奖励的奖金以及精神层面的荣誉都是对科研人员的奖励和肯定，学院管理者应该制定合适的奖惩机制，激励各个方面的科研工作者。例如根据员工自身的特点制订其职业目

标，将他放到能够最大限度地体现其能力的岗位上，尽学院全力为他们提供最便利的条件和服务。目前，学院科研改革的主要方向是以推行项目竞争的形式来支持科学研究。然而这种竞争的方式并不适合全部的项目，如一部分要求原创性和基础性的项目就不能用这种方式。更好的做法应该是为科研实力强的团体拿出一部分研究经费，让其自主支配使用。这部分经费的支出不是资助给个人而是项目，相当于不在项目前问带头人干什么，而是在结项后看他做出了哪些内容。这同样也是一种激励的方式。

（3）学院需要加大激励力度

做好科研管理工作不是一蹴而就的，这是一个长期的工作，需要学院及工作人员付出大量的精力和大量的时间来保持科研的创新性。相比之下，学院奖励力度往往和花费的时间、精力不成比例。如果想对这种不成比例的局面进行改进，改变管理和激励观念就要放在一切工作的首位。在经济快速发展的时代，一个民族的创新性是其生存和发展的重要动力，因此，要根据知识创新能力来评价教师和科研人员的水平。而学术研究就是一个体现创新能力的过程，换句话说，学术研究的本质其实就是根据科研成果而出现的质量

（三）加强对科研项目实施的全程管理监督

课题立项后，科研工作者要合理安排课题进度。根据立项经费情况确立课题计划合同书，同时科研管理部门对课题项目的实施要加强过程环节的管理，分阶段进行质量评估，重点了解其研究的工作进度，阶段性成果，经费开支是否合理的问题，确保课题组有足够人力和充裕时间去完成研究项目。最后，在项目结题验收时严格把关完成质量，提醒课题负责人对完成的工作进行统计分析，及时完成成果鉴定。科研成果是科研项目效益的最终体现，也是衡量科研管理工作质量的重要标志。

总之，在进行科研管理的过程中，不断完善经费管理的规章制度，营造良好的学术道德规范的氛围。通过建设重点实验室、重点学科作为科学研究的平台，凝聚优秀人才、培育创新团队，从而实现高校在人才培养、学风建设、科研创新等多方面的科研资源的优化配置，这既是高校有效实现科研管理工作标准化、规范化、系统化的根本措施，也是提高学校科研整体水平的重要手段。

参考文献：

［1］邹良玉. 高校科技管理理论与现状分析［J］. 边疆经济与文化，2004.

［2］刘一飞. 新时期高校科技管理创新研究［J］. 科技资讯，2007.

［3］胡宪君. 适应创新要求的高校科研管理组织结构研究［J］. 重庆大学，2006.

［4］赵菊扬. 我国研究型大学基层科研体制的重构［J］. 高等农业教育，2004.

［5］丁于薇. A 大学 B 学院科研管理现状及对策研究［D］. 吉林大学硕士论文，2013.

［6］王平平. 新建地方性本科高校科研管理现状及对策［J］. 宁德师专学报，2010
（4）.

［7］朱勤. 高职院校科研管理现状分析及对策研究［J］. 职业教育研究，2012.

第五部分

学生管理与教师队伍建设

高校教师的职业素质之养成

陈 浩

　　摘 要： 本文结合笔者从事高等教育多年总结的教育管理的体会，从两个方面着重探讨了作为一名高校教师应该具备的职业素质，即职业精神与职业能力。职业精神反映高校教师对自身工作岗位特征及其规律的认识，并以此为基础形成的职业理念；而职业能力则是胜任自己职业岗位的必要条件。合格的大学教师应该具备较强的授课能力、学习和研究能力及与同事合作共事的能力。

　　关键词： 高校教师　职业素质　职业精神　职业能力

　　高校教师具有特殊的职业地位。无论在国内还是在国外，高校教师都是一种值得人们尊敬的职业。但是，作为一名高校教师，必须清醒地看到，自己的职业需要承受远比其他社会职业更大的挑战。这就要求高校教师具备较高的职业素质，即具有相应的职业精神和职业能力，以从容面对这些挑战。

一、高校教师的职业精神

　　职业精神反映我们对自身工作岗位特征及其规律的认识，并以此为基础形成的职业理念。高校教师的职业精神非常重要地体现在师德意识、责任意识和严谨意识三个方面。

　　（一）高校教师的师德意识

　　所谓师德意识，就是能够从高校教师的工作状态、言行举止乃至生活中的一点一滴为学生做一个好的表率。大学生虽然已经是成年人，但是他们的世界观、价值观仍然处在塑造过程之中。一个合格的高校教师，需要在学生面前表现出高尚的敬业品德。一个好的教师形象和人品，能够使学生真正感受到大学校园里应有的道德文明，激励他们形成健全的人格和勤奋刻苦的求学精神。设想一下，一位教师在课堂上要求学生追求真理，讲求诚信，而在课下为追求私利抄袭剽窃他人论文，或者在课堂上漫不经心、不顾课程质量，把大部分心思放在校外赚钱上，他怎么能够得到学生的信任，培养出具有良好诚信意识的学生？也很难想象，在学生面前牢骚满腹，只会抱怨他人，而从不检讨自己的教师，怎么能够让学生形成正确的世界观，使学生学会处理与同学及以后与同事之间的关系？

尊重学生是教师进行教育和管理的一个基本前提，只有充分尊重学生，才能为学生的健康成长创造一个较好的氛围，才能有利于教育过程中学生主体地位的实现。尽管高校强调教师对教学和学生应当具有责任心，但并不要求教师对学生的一切学习行为全面负责，而是要求老师注重培养学生的独立性。从某种角度而言，对学生提供细心周到的帮助的教师，并不一定是个好教师，相反，这种帮助还可能会毁掉一个学生。教师不仅需要对一定的组织负责，受相应的角色制约，更重要的是对真理的追求，因为这不仅体现出一个教师的崇高师德，而且能促使学生理解真理的内涵并培养学生勇于追求真理的精神。

具有高尚师德的教师有利于引导学生培养健全的人格。人格是一个人的人生追求和道德修养的外在表现，并通过这种表现形成对他人的影响力和感染力。具有良好职业精神的教师，通过高尚的师德精神释放出强烈的人格魅力，并对学生形成强大的影响力和感召力，有利于培养学生形成朝气蓬勃、胸怀大志、情操高尚、宽容大量和团结协作的健全人格。

（二）高校教师的责任意识

高校教师的职业要求教师明确自己工作对象的特殊性和工作岗位的特殊性。要把工作当成信仰，视工作为天职的信念能使教师产生强烈的神圣感和使命感，使教师不会产生虚无的崇拜而会产生务实的敬业精神。我们面对的是已经具有独立思考能力的大学生。他们来到大学，一方面要接受社会文明的熏陶，另一方面要为自己的就业做准备。学到有用的知识和技能，力争在将来的就业竞争中获得自身的优势，是他们最基本的要求。

作为教师，为学生提供他们所需要的有用的知识，这是社会分工赋予这个职业最基本的任务，也是我们最基本的职责。我们应该清楚，如果把高校教师的教学活动放到整个社会系统去看待，我们实际上是以自己的劳动为社会公众特别是为受益学生及其家庭提供了教育服务产品。进一步说，就是我们通过大学这个平台与社会各种劳动进行了相互交换。在高等教育改革发展中，大部分学生已经没有完全免费读书的机会，他们为了读书需要交纳一定的费用。从这个意义上说，高校教师的责任不仅在于用出色的工作状态和工作业绩为提升学校的荣誉和社会信任做出自己的努力，而且要对得起学生交来的学费，对得起纳税人为我们提供的支持。学校的发展、学生和社会的信任与教师本身的发展是息息相关的。对学生的负责，就是对自己职业前途的负责。高校教师的地位和声誉不是别人恩赐的，它需要我们每个从事这个职业的人尽心竭力，通过高质量的教学成果去争取。

（三）高校教师的严谨意识

高校教师的职业往往被很多人误解为随意性很大的职业。特别是社会科学的知识，由于很多问题本身并没有一致性的公认标准，包括对概念的理解、制度的设计、政策的评价、社会现象的解剖，都留给教师比较大的讲授空间。尽管教师讲课的空间大，但是绝不代表随意性强。一个负责任的教师，需要做的是对每一节课、每一个教学环节都有精心的设计。课程内容如何能够让学生听起来不是空洞无物、信口开河？基本理论如何更能通俗易懂，而不是故弄玄虚？案例选择如何更能够给学生留下思考的余地，而不是在课堂上自拉自唱？讨论课如何引导学生发言，甚至与学生面对面阐述自己的观点，进行理性辩论，又不失去对课堂的控制？学生提交的作业如何审读，如何给出让他们信服的评论？所有这些，都对高校教师的工作状态和成果，进而对学生培养的质量产生不同的影响。教学实践表明，教学过程、教学内容和教学方法总会存在不同层面的改进余地。追求完美，精益求精，正是严谨意识对我们提出的要求。

教师严谨的作风，有利于鼓励学生积累丰富的知识。教师是学生学习的促进者，具有良好职业精神的教师，应为学生创设开放的学习环境，帮助学生了解现实，在教育教学过程中大量引进新信息，有意识地介绍最新的科技成果和动态，引导学生敏于发现、善于选择、勇于批判、精于吸收。

二、高校教师的职业能力

在具备良好职业精神的基础上，要胜任自己的职业岗位，高校教师还需要有较强的职业能力。

（一）教师的授课能力

授课能力毫无疑问是高校教师职业第一位的能力，也是评价教师这个职业是否合格的最基本标准。教师站在讲台上，不管是面对人数较多的本科生，还是人数较少的研究生，能够思路清晰、逻辑严密地讲好自己的课程，对任何人来讲都是一个很大的考验。

首先，教师要跨越心理障碍关。讲课不同于公开讨论，当教师走上讲台的时候，面对学生一双双的眼睛，心里不免会觉得比较慌乱。由于讲课不是读教材或者读讲稿，讲稿和教材只不过是讲课的依据，我们要做的是把写在教材和讲稿上的东西，讲给学生听。这里面有很多内容需要我们熟练地把相关的知识点连接起来，需要注意学生对每一个节点的反应，并及时对难点、重点加以强调甚至反复。客观地说，授课能力有一个逐步锻炼成长的过程。从读到讲的飞跃实际上反映了我们哲学中从量变到质变的道理，是我们讲课经验不断积累、讲课能力逐步成熟的重要标志。

其次，在现代化教学条件下，讲课过程还必须处理好如何利用信息技术手段的问题。多媒体技术的发展给教师提供了很大的便利，但是有的教师过分依赖多媒体技术，没有正确处理好讲课与多媒体技术应用的关系问题。个别教师事先把自己的讲稿大段地搬到PPT上，讲课时主要依赖PPT，好像是从原来的照本宣科改为照屏幕宣科，先进技术手段此时对讲课效果产生了负面作用。而使用多媒体技术一定要在吃透教材、选好素材的基础上精心设计、静动结合、画龙点睛、突出重点，仍然要在讲的方面下足功夫，才会收到好的效果。

再次，教学能力实际上也可以反映为教学艺术。在这个层面，要求教师在课堂的组织上能够尽可能做到严谨、严肃，同时不失轻松、流畅的风格。我们的目的在于让学生听得进、消化得了，因此，保持课堂的严谨、严肃，让学生的注意力始终跟着教师的节拍走，对于提高学生的学习效果是非常必要的。然而，大学的课堂不是教师一个人的天下，保持师生之间及时、轻松的互动，会更好地引导学生对重点问题的思考和理解，并给课堂增添和谐的气氛，需要注意的是靠哗众取宠的方式换不来学生对教师好的评价。

（二）教师的学习和研究能力

对学术的追求是教师敬业的一种体现。在高等学校里，追求真理和学术自由应成为教育工作者的职业信仰，并成为学校的校风。为维护先进知识的尊严，教师应对其特殊职责有所认识。就其专业而言，教师的基本责任是探索和阐明所发现的问题，应奉献全部精力来发展和提高自己的学术能力，在知识的运用、扩展和传播中不断地锻炼其判断能力，遵守知识分子诚实的品质，绝不能让其他利益来妨碍对知识探究的自由。高校应强调追求学术的自由，重视学术上的求新求异，这正是不断发展教师学术和培养学生创造性思维的必要条件。

学习和研究能力是教师上层次、上水平的重要途径，把握好这种能力，可以让教师在教学中的思路更加开阔，分析问题更加深刻，内容更加充实，让学生感受到教师特有的思想熏陶。我们所面对的大学生，获取知识的途径已经非常广泛。而且，社会信息量的爆炸式增长，使他们接触知识可能比老师更加便捷，这对老师来说的确是一个巨大的压力。同时，处在这个社会大变革的时代，我们所有的科学也都日渐完善，不断创新，新思想、新方法、新模式层出不穷，因此，作为教师，唯有自觉增强学习和研究能力，才有可能在自己的教学中占据制高点。

从研究的能力方面，做一名称职的高校教师，必须有强烈而主动的研究意识。这里的研究起码包括教学研究和学术研究两大方面。

教学研究范围很广，大到国家教育体制，小到讲课的具体环节，甚至是教材中的某个细节，都有不断深入研究的必要。高校教师对于学校教育中的许多问题都有自己的切身体会，完全有条件通过自己的观察，提出解决问题的有效办法，以促进教学质量和人才培养质量的提高。广大从事专业课教学的教师不同于专业的教育研究工作者，为了提高教学研究的效果，不能把研究对象范围扩展得太大，而应该把自己的研究重点放在与提高自身课程质量和专业建设相关的问题上，如教材的编写、教材内容的更新、课程的讲授方法、课程案例的编写、教材的重点分析、多媒体课件的制作和学生成绩的评定方法等。

学术研究不同于教学研究，它是对自己所从事学科领域内理论和实践问题的深度探索，研究成果总是要直接或间接服务于自己的教学工作。教学实践证明，学术研究能力强的教师，其教学效果不一定有多么精彩。但是，那些讲课效果好的教师，一定也是一位长于学术研究的教师。研究能力强的教师应及时将自己的研究成果贯穿于课堂的讲授中，和学生们一起分享。

但是，当前很多高校存在热衷纯学术研究而排斥教学研究的倾向，好像只有纯学术研究才代表了教师的水平，教学研究却没有什么研究价值。事实上，高校教师的学术研究和教学研究具有不可分割的内在联系。如果说高校教师的职业主体是通过教学培养学生，那么学术研究和教学研究则是支撑这个主体的两翼，不可偏废。从某种意义上说，一个从没有进行过教学研究的高校教师，即使发表过很高水准的学术论文，也不能成为优秀的教师。教学研究出成果，可能比纯学术研究困难得多，花费的时间也更多。

（三）教师与同事合作共事的能力

高校教师的职业特征之一是具有很强的独立性，特别是在自由支配时间和单独活动时间方面有很大的弹性，造成了教师在主观上排斥参加集体性的活动，这是一种对教师个人发展非常不利的观念。事实上，高校教师的团队合作精神极为重要。我们生活在一个以学科、专业为纽带的集体里，这个集体里的任何成员要想在自己的职业发展上取得成功，单凭一个人的单打独斗不可能有多大的作为。以教学改革为例，不要说专业发展的整体性改革，即使是其中某一个课程改革的项目，也很难获得理想的效果。

团队合作的重要性在高校科研领域更加不容忽视。目前，在国家社会科学基金和自然科学基金研究的立项方面，对于一个能力突出、梯队构成合理的研究队伍有着非常明确的要求。特别是某些涉及学科领域带有交叉性的大型研究课题，只有一个人的独立研究根本不可能满足课题所要求的全部知识和技术方法，也无法保证研究所需要的时间。

和谐合作是体现教师职业能力的重要指标。当前的高校师资队伍建设存在一定的误区，其表现之一是重视教师个人道德规范的建设，而忽视教师团队合作精神的培养。在现实当中，一个教师可能本身学问做得很好，上课上得也很好，很受学生的爱戴和尊敬，是学生眼中的好老师，但是并不具备和谐合作的精神，在整个教师队伍中无法得到其他教师的理解、信任和尊重，这样的教师也是缺乏人格魅力的。因此，教师应该正确认识并处理自身与学生、自身与其他教师之间的关系，对待学生要言传身教、关心爱护，对待同事应精诚合作、宽容大度，对待自身应洁身自好、严于律己。

综上所述，高校教师的职业素质不仅存在于精神层面，也存在于胜任职业岗位的能力方面。要做一名合格的高校教师，就需要爱岗敬业，勇于担当，努力向着更高的目标不断地进行实践探索。

从理论到实践：德育概念辨析

罗　慧

德育作为教育理论和实践中存在的一种教育形态，长期以来，理论界对其概念认识不一，其概念的内涵和外延一直以来都是学术界反复讨论的一个基本问题。概念是研究理论的前提，因此，本文将遵循历史与逻辑相统一、理论和实践相统一的原则，对"德育"这一概念进行回顾和辨析，对概念的源起、发展作一梳理，以澄清人们思想的困惑。

一、推本溯源：德育概念由来

（一）中国古代德育概念——从词源学角度看德育的基本含义

我国古代没有完整的德育概念，"德""育"二字是分开的。"德"字最早见于甲骨文，在殷商时期的《卜辞》中为"惪"。从字的结构可以分析出"惪"即为"直"和"心"。汉代许慎在《说文解字》中释"德"为"外得于人，内得于己"。所谓"外得于人"，是指以善德施之他人，使众人各得其益；所谓"内得于己"，是指善念存诸心中，使身心互得其益（《大学》有"心宽体胖"之说）。用今天的话讲，"德"就是内在的认识与外在的行为的统一。同时，古人认为"德"的依据是"道"。在先秦思想史上，"道"指事物运动变化的规律和规则。"道"与"德"合用而成为合成词，则始于春秋战国时的诸子之说，如荀子言："道德纯备，智慧甚明"（《正论》），"故学至呼礼而止矣，夫是之谓道德之极"（《劝学》）。不仅将"道"和"德"连用，而且赋予了它明确的意义，即指人们在各种伦常关系中显出的道德境界和道德品质，以及调节这些关系的原则和规范。

"育"在《说文解字》中的解释为："育，养子使作善也。"段玉裁的《说文解字注》对这一点解释得相当明白："不从子而从倒子，正谓不善者可使做善也。"由此看来，"育"的含义几近于我们今天所说的"教育""德育"之义，其宗旨是使人弃恶从善，涵养品性，具有善心善行。通过词源考察辨析，古时德育即为道德教育，是培养学生德行的教育。

（二）西方德育概念——从英语"德育"的语义进行分析

在西方教育史上，与我国相仿，在相当长的时间里是将"德育"与"教育"混用的。直至17世纪的七八十年代，康德把遵从道德法则、培养自由人的教育称为"道德教育"，这是近代以来西方世界出现最早的"德育"（道德教育）一词。1860年，英国学者斯宾塞在其《教育论》一书中，把教育明确划分为"智育""德育""体育"，从此，"德育"逐渐成为教育界一个基本概念。

"德育"一词是从英语"moral education"译用而来的。由于"moral"的词义是"道德"，源于拉丁语中的mos、mores、moralis，起初意味着传统的习俗、风尚，后又演变为"品质""性格"等意义。以美国著名哲学家、伦理学家、教育家杜威为代表的实用主义德育理论，依据杜威的"教育即生活""学校即社会"为道德教育的哲学思想，强调道德教育的内容应源于生活，主张学校道德教育的三位一体，即学校、教材和教学方法的有机统一，指出"一切教育的最终目的是形成人格"。近代西方经历了一个意识形态和科学研究的分化历程，道德与政治、法律、宗教等逐渐区分开来，因此，当代西方的德育概念多为道德教育。

（三）马克思主义理论对德育的阐述

马克思、恩格斯虽然没有明确提出德育的概念，但在其伟大的革命实践中，提出了一系列相关的理论原则和目标。他们在《共产党宣言》中提出："思想的历史除了证明精神生产随着物质生产的创造而改造，还证明了什么呢？任何一个时代的统治思想都不过是统治阶级的思想。""人类要实现共产主义就必须使人的素质得到全面发展"，他们还指出："人们的观念、观点和概念，一句话，人们的意识，随着人们的生活条件人们的社会关系、人们的社会存在的改变而改变。"这些论述为我们正确认识理解德育概念提供了科学依据。

二、追根溯源：德育概念演进的历史进程

（一）德育最初仅指道德教育

在古代的宗法制社会，人们对于伦理道德规范的要求远比现代人严格，尽管如此，古代却没有"德育"或"道德教育"的概念，也从未使用过这一名称。一般认为，该词于 20 世纪初通过译著传入我国。1902 年《钦定京师大学堂章程》中最早使用"德育"这一专门术语。1906 年，王国维著《论德育之宗旨》正式使用"德育"这一术语，他说："外国学堂于知育体育之外，尤重德育。"这里所说的"德育"系指道德教育。至 1912 年，中国国民政府颁布教育宗旨"注重道德教育，以实利主义教育、国民教育辅之，更以美感教育完成其道德"。这标志着"德育"一词成为我国教育界通用的名称。

从以上材料可以看出：在"德育"这一概念使用之初，德育仅仅是道德教育的同义词或简称，二者没有实质上的差异。

（二）德育概念的变化发展

新中国成立以来，"德育"概念的内涵与外延都发生了极大变迁。归纳起来，这种变迁包括以下几个阶段。

第一阶段：从"德育即政治教育"到"德育即思想政治教育"。受当时特殊的政治气候和政治斗争的影响，德育在新中国成立后长期被视为单纯的政治教育，甚至连"德育"概念也被"政治教育"所替代。"文革"结束后，人们逐渐认识到了政治教育和德育是有很大差异的，尤其是思想教育和政治教育有着不同的教育方法、原则和途径，仅以政治教育的方式来解决人们的思想问题，并不完全有效。这时便经历了一个从"德育即政治教育"到"德育即思想政治教育"的转变。作为世界观、人生观的思想教育也就从政治教育中分化出来，成为德育的一个相对独立的组成部分。

第二阶段：从"德育即思想品德和政治教育"到"德育即思想、政治和品德教育"。1988—1995 年，关于"德育"概念的界定又有了新变化。《中共中央关于改革和加强中小学德育工作的通知》（1988 年 12 月 25 日）指出："德育即思想品德和政治教育"，《中国教育改革和发展纲要》（1993年 2 月）则宣称："德育即思想政治和品德教育"，《中国普通高等学校德

育大纲（试行）》（1995 年 11 月）更加清晰地将德育划分成三大部分，认为"德育即思想、政治和品德教育"。因此，品德教育（道德教育）地位不断提高，它从思想教育中逐渐分离出来，成为德育又一相对独立的组成部分。

第三阶段：从"德育即思想、政治和品德教育"到德育概念外延的不断扩大。由于实际工作的各种需要，德育越发展，就越觉得自己的概念不够宽大，以至逐渐从政治、思想和道德教育三大板块扩展至个体实现社会化的方方面面的教育，其中包括行为养成、社会实践、纪律法制、理想情操、环境保护、劳动、国防、理想和审美等。这时的德育实际上可以被称为"社会意识教育"。1995 年以来，《中学德育大纲》（1995 年 2 月 27 日）指出："德育即对学生进行思想、政治、道德和心理品质的教育"，《中小学德育工作规程》（1998 年 3 月）规定："德育即对学生进行政治、思想、道德和心理品质的教育。"随着社会的发展，尤其是素质教育的提出，教育者发现了法制纪律、环境保护、理想信念、国防、心理等教育的重要性。在以往的德智体美劳等诸种教育中，上述教育都无一席之地，因此在教育界尤其是教育实践界，为了便于工作的开展便将上述教育工作划归于"德育"的名下，使得德育的概念变得泛化。

三、正本清源：当代中国德育概念辨析

（一）从内涵外延来看德育概念

何谓"德育"，目前国内理论界仍无统一定论。明确一个概念需考察其内涵与外延两个方面。从内涵上看，我国学术界下的定义有很多，其中有代表性的有这样几种：第一种认为，"德育是培养人的德性的教育，亦即通过培养道德情感、道德判断力、道德实践动机与态度，提高道德实践的能力与素质的教育，谓之德育，一般与道德教育同义"。（钟启泉，黄志诚. 西方德育理论［M］. 西安：山西人民教育出版社，1998.）第二种认为，"德育的实质归根结底就是把一定社会的思想观点、政治立场和态度以及道德规范转化为受教育者个体的品德"。（赵翰章. 德育论［M］. 长春：吉林教育出版社，1987：3.）第三种观点认为，"德育即是将一定社会或阶级的思想观点、政治准则、道德规范转化为个体思想品德的教育活

动"。（胡守棻. 德育原理［M］. 北京：北京师范大学出版社，1989：20.）第四种观点认为，德育是"教育者按照一定社会或阶级的要求，有目的、有计划、有组织地对受教育者施加系统的影响，把一定的社会思想和道德转化为个体思想意识和道德品质的教育"。（中国大百科全书总编辑委员会《教育》编辑委员会，中国大百科全书出版社编辑部. 中国大百科全书·教育［K］. 北京：中国大百科全书出版社，1985：59.）第五种观点认为，"德育是教育者按照一定社会或阶级的要求，有目的、有计划、系统地对受教育者施加思想、政治、道德影响，通过受教育者积极的认识、体验、身体力行，以形成他们的品德和自我修养能力的教育活动"。（王道俊，王汉澜. 教育学［M］. 第 3 版. 北京：人民教育出版社，1999：330.）第六种观点认为，"德育是教育者根据一定社会和受教育者的需要，遵循品德形成规律，采用言教、身教等有效手段，通过内化和外化，发展受教育者的思想、政治、法制和道德几方面素质的系统活动过程"。（鲁洁，王逢贤. 德育新论［M］. 南京：江苏教育出版社，1994：89－90.）第七种观点认为，"德育是教育工作者组织适合德育对象品德成长的价值环境，促进他们在道德认知、情感和实践能力等方面不断建构和提升的教育活动。简言之，德育是促进个体道德自主建构的价值引导活动"。（檀传宝. 德育原理［M］. 第 2 版. 北京：北京师范大学出版社，2007.）从上述定义可以看出，大家基本认同"德育是一种有目的的教育活动"，"'德'是要把外在的一定社会的要求转化为个体内在的品质"，而"把哪些社会要求转化为个体的内在品质"出现了不同说法，并指出，德育中的"德"指的是一定社会的要求内化后的个体的心理品质（德性），心理品质的内容和特征外显于个体的行为（德行）。

从外延上看，德育有广义与狭义之争，目前的著述关于"德育"概念的定位主要有两种观点：一种是主张把德育仍看作道德教育的简称或同义词，即培养学生品德的教育，也即德育的狭义概念，而以另一概念取代德育的广义概念，即"大德育"的概念，例如，陈桂生建议叫做"社会教育"（陈桂生. "教育学视界"辨析［M］. 上海：华东师大出版社，1997.）；檀传宝主张叫做"社会性教育"（檀传宝. 学校道德教育原理［M］. 北京：教育科学出版社，2000.）；而黄向阳称之为"社会意识教育"（黄向阳. 德育原理［M］. 上海：华东师大出版社，2000.）。另一种仍主张把德育看作广义的概念，例如，鲁洁认为，"把德育看做思想教育、政治教育、法制教育、道德教育的总称，外延宽广，涵盖齐全，界限明确严整，可以减少歧义"。（鲁洁，王逢贤. 德育新论［M］. 南京：江苏教育出版社，2000.）广义德育都应包括哪些内容，理论界又有不同的见解，比较有代表性的有"三要素"说，即德育包括政治教育、思想教育、道德教育三方面内容；"四要素"说，即德育包括思想教育、政治教育、法制教育（或心理品质教育）、道德教育；"五要素"说，即德育包括政治教育、思想教育、道德教育、法纪教育、心理教育。应该说，从学科规范的角度看，无论狭义的"德育"概念还是广义的"德育"概念，都不能脱离概念自身演进的历史和人们的接受习惯。

（二）德育概念与思想政治教育概念的比较

从德育概念的发展变化来看，认识德育概念离不开"政治工作""思想工作""思想政治工作""政治思想教育"和"思想政治教育"等概念，其中尤以与思想政治教育概念的界定分不开。这两个有着密切联系的概念，在理论和实践中往往被混同使用。下面笔者对德育概念与思想政治教育概念进行比较分析。

1. 德育与思想政治教育的共同点

从学界对思想政治教育概念的定义来看，"思想政治教育是指一个阶级或集团为了建立或巩固其政治统治而进行的符合本阶级或集团的根本利益的，包括一定的政治、法律、哲学、道德、艺术和宗教思想的意识形态理论的教育"；"思想政治教育是指一定的阶级、政治集团为了实现其根本政治目的和经济利益，而对人们进行有意识、有目的、有计划地施加本阶级、本集团思想政治的意识形态方面影响的社会活动"；"思想政治教育是指社会或社会群体用一定的思想观念、政治观念、道德规范，对其成员施加有目的、有计划、有组织的影响，使他们形成符合一定社会要求的思想品德的社会实践活动"。与德育概念的内涵相比较，有以下共同点：首先，两者都是一部分人对另一部分人有意识施加影响的活动；其次，两者对对象的影响是代表一定社会和集团利益的。

2. 德育与思想政治教育的不同点

第一，分析两者的狭义概念，德育最初的概念不论在古代中国还是在西方，仅指"道德教育"，而思想政治教育最初的概念，是思想教育与政治教育的综合，既是指受政治制约的思想教育，又是侧重于思想理论方面的政治教育。第二，从两者产生的时间来看，德育是伴随着人类社会而存在的。人类社会存在，就要有维系社会成员之间关系的规范，就要求道德规范的存在。思想政治教育起源于阶级斗争的需要，是随着阶级的产生而在奴隶社会产生的。第三，从两者的研究对象来看，德育的对象是小、中、大学等学校范围内的在校学生，思想政治教育的对象则是在社会上各行各业的成年人。第四，从学科归属来看，德育是教育学学科门类教育学一级学科下的一门独立学科，受教育者一般被授予教育学学位，思想政治教育在法学门类政治学一级学科下设"马克思主义理论与思想政治教育"二级学科，受教育者一般被授予法学学位。第五，从价值取向上来看，德育和思想政治教育都具有社会价值和个体价值，但是，价值的侧重点有差异。德育是满足个体道德人格完善的需求，使个体获得自我人格的提升，更注重个体性价值。而思想政治教育作为阶级社会的产物，其任务在于通过统一思想、提高认识、凝聚人心，充分调动人的积极性，激发人的创造性，更注重社会性价值。

（三）德育概念的结论

综上所述，可以得出德育概念的特点是历史的、具体的，也是发展的。德育概念的不断演进，不但有我国社会长期存在政治与道德不分的传统，更是新中国成立后60多年当中世界、国家不断变化的需要。因此，笔者根据亚里士多德研究制定的定义语言表达公式："被定义项＝种差＋邻近的属"，可以看出在众多德育概念中，三个基本要素是必不可少的，一是德育工作者（教育者），二是德育内容（培养人的德性的教育），三是德育的活动对象（受教育者）。德育实际上主要就是这三者通过矛盾运动所产生的内在联系。在此，鉴于德育概念的发展性，笔者不对德育下定义，但认同这一分析，认为德育内涵至少应具备三点：德育是一种教育，属于教育学范畴；德育是有目的的教育活动，有很强的政治性但不是政治活动；德育的目的是把一定的社会要求转化为受教育者的"德性"和"德行"。

在明确了德育概念内涵（本质）的基础上，再来分析德育的外延。根据德育内容的不同来划分，这也是学界常见的外延划分标准，此种外延的概念与思想政治教育的外延概念基本相同，即前文所提到的三要素说（思想教育、政治教育、道德教育）、四要素说（思想教育、政治教育、法制教育、道德教育）、五要素说（思想教育、政治教育、道德教育、法纪教育、心理教育）等。笔者认为，要综合考虑教育规律、德育实践和中央要求。中共中央、国务院《关于进一步加强和改进大学生思想政治教育的意见》（中发［2004］16号）对大学生思想政治教育任务的概括明确了德育的外延：以理想信念教育为核心，深入进行树立正确的世界观、人生观和价值观教育；以爱国主义教育为重点，深入进行弘扬和培育民族精神教育；以基本道德规范为基础，深入进行公民道德教育；以大学生全面发展为目标，深入进行素质教育。

四、结语

实际上，德育之争在于以思想政治教育为重心，还是以道德教育为重心。笔者认为这类概念的含义应该根据具体的交流背景或特定的语境来确定，如果人为地非广义界定德育即狭义界定德育，不仅有违人们使用概念的习惯和规律，而且会直接带来语言表达的迷惑或困难。因此，面对今天的这种现实，在保持德育基本内涵的基础上适时进行德育内容的充实调整，这才是解决德育概念有效性的关键所在。同时，鉴于德育概念与思想政治教育概念在实践中的泛化，笔者呼吁，在高等院校，应该使用教育学的德育概念，从形式上淡化意识形态，在内容上强化意识形态，尊重个人的成长规律，通过实现个体人的价值进而实现社会的整体价值。

参考文献：

[1] 冯文全. 现代德育理论与实践研究［M］. 四川：四川人民出版社，2005.
[2] 王世凤. "德育"概念源流析［J］. 西南民族大学学报：人文社科版，2003（11）.
[3] 王柏棣. 略论思想政治教育与德育的区别和联系［J］. 长春工业大学学报：社会科学版，2009（9）.

北京高校本地生源毕业生就业难
的原因及对策研究

田小兵

摘　要：大学生就业难的问题是伴随着高校扩招而来的，有关大学毕业生就业问题的研究和讨论也是在 1999 年后才逐渐多起来。随着我国就业制度的变革以及高校扩招，高校毕业生就业形势发生了巨大的变化。就业难不仅困扰着大学生们，同时也困扰着学校和社会。如果不能正确分析和认识造成就业难的原因，不能采取有效的解决措施，必然影响大学生就业工作的开展和进行。本文通过对大学生就业难原因进行剖析，旨在了解大学生就业难的原因并对此提出相应的应对措施，力求在对各种关键因素进行科学、全面、客观的研究分析的基础上，为大学生就业工作提出合理并有建设性的对策建议。

关键词：北京高校　本地生源毕业生　就业难　原因　对策

一、大学生就业的现状分析

（一）对大学生就业问题的分析

自各高校招生的不断扩大，我国高等教育迈入了空前的跨越式发展阶段。高等教育产业化已成为不争的事实。大学生毕业后能否顺利进入社会找到适合自己的位置，即毕业生就业问题逐渐引起人们的广泛关注，每年特定时间都会成为各大媒体的焦点。大学毕业生就业不仅关系到每个学生的前途，还直接影响到高校的可持续发展，更是关系到我国社会人力资源和经济发展状况的一件大事。

（二）对大学生就业特点的分析

一方面，随着高新科学技术的发展和国家基础建设投资的加大，在计算机、电子通信、土木建设、机械自动化等专业的毕业生需求量也随之增大，但法学、经济学、社会学、环保、农林工程等专业的社会需求量较少；另一方面，社会对毕业生的要求进一步提升，在目前毕业生就业竞争日益激烈的情况下，用人单位对毕业生需求的标准越来越高。各企业单位不仅注重毕业生综合素质，更着重挑选其学校和学历层次。复合型、外向型、开拓型及具有创新意识的学生更容易让用人单位产生好感。

（三）对大学生就业数据文本的分析

表 1　近 8 年大学毕业生人数统计表

年份	毕业生人数（万人）
2006	413
2007	495
2008	556
2009	611
2010	630
2011	660
2012	680
2013	690

据统计，2009 年全国应届大学毕业生实现就业人数 420 万人，2010 年实现就业人数 470 万人，虽然 2011 年全国高校应届毕业生就业率提高到了89.6%，但到了 2012 年全国需要就业的大学毕业生总数达 750 万人，其中即包括 2012 年 680 万大学毕业生以及 2011 年毕业后未就业的近 70 万人。当前，国内经济趋稳的基础还不够稳固，全社会宏观就业压力增大。2013年，全国普通高校毕业生规模达到 690 万人，比 2012 年增加 10 万人，高校毕业生就业形势更加复杂严峻（见表 1）。

高校毕业生人数一年年地不断升高，然而就业率却并没有与毕业生人数呈线性相关的增长。

二、大学生就业过程中出现的问题

大学生在求职就业的过程中最常出现的问题即受挫，产生挫败感，归根结底即由理想与现实的不匹配所致，具体情况包括以下几个方面。

（一）自我预期与自身能力的偏差

大学生在经过四年高等教育后，对自身的认识和评价普遍偏高，又正值青年，难免心高气傲。但这种情况下，自身预期和评价往往与个人的能力不成正比。当大学生在求职过程中发现落差时，诱发的自我怀疑往往使大学生产生消极的想法和负面情绪。

（二）个人职业规划与用人单位现实条件的矛盾

职业生涯规划作为启发大学生职业生涯意识的重要工具，虽然具备科学性和理论性，但其固有的实践性不强的缺点，致使纯粹的职业生涯规划无法摆脱主观性的局限。大学生在就业过程中，进入真实的社会，在面对用人单位种种限制条件，甚至整个社会的就业大环境的严苛要求时，难免感觉迷茫无助。

（三）能力的评价标准发生改变

在经历了 16 年左右的学校教育后，大学生进入社会就像一个走出象牙塔的孩子。在学校，每个人的任务和目标都是学习书本知识，这一意识已经在大学生的脑海中形成固定的模式，但进入社会，这一思维被彻底颠覆，评判每个人高低的标准不再是一份纸面考卷上的分数。如何在与人打交道的生存法则中找到自己的路径并形成特有的风格和模式，也使许多大学生在求职过程中感到困惑和不适应。

（四）个体性格与社会群体的融合问题

学生身处校园这一较为简单纯粹的环境中时，可谓无忧无虑，但社会相比校园，有太多的不确定性和利害关系的权衡。这也是大学生在就业时最易产生落差、畏难情绪和挫败感的原因。当大学生以一个新人的身份进入某一群体时，他的感觉像是被山挡住去路的人，看不到前景。

对于大学生就业受挫和出现上述现象，需要以客观和辨证的角度来看待。

对于刚刚告别学校、初入社会的大学生来说，在职场上因求职就业而受挫在所难免，一分挫折经历能够更直接更深刻地让个人重新衡量自身价值并正确界定自己和社会之间的关系。

虽然普遍认为大学生受挫是一件好事，它能够极大地帮助大学生认清现实、调整心态，但在当今社会，大学生因求职受挫做出过激行为甚至扰乱社会秩序、触犯法律底线的例子已屡见不鲜。界定大学生求职受挫的利弊，需要引入大学生的受挫能力以及大学生对自己和对社会的定位这两个权变因素。不同的人能够承受的挫折程度不同，对自己和社会有不同认知的人，在面对同一挫折时，其所表现出来的情绪反应也大相径庭。因此，对于一个受挫能力相对较差，并没有客观理性地定位自己和社会的大学生来说，求职受挫更大程度上带来的是影响一生的负面效果。

三、当前制约大学毕业生就业的因素分析

（一）社会因素

就业与经济增长密切相关，经济增长速度对就业具有根本性的影响。经济增长快，社会提供的岗位数就多，市场的就业率就高。近年来，我国受经济发展的制约，影响了社会可提供的就业岗位数量，大学毕业生就业机会也会随之受到影响。

就业结构与产业结构不协调也是影响大学生就业率的一个方面。首先，就业制度改革带来了就业结构的调整，就业机制由"统包统分"转向"市场导向、政府调控、学生和用人单位双向选择"的就业模式。国有事业单位精简机构、压缩编制、国企减员增效和下岗分流等，这些都增加了就业压力，加剧了大学毕业生就业难的程度。其次，产业结构调整带来了就业结构调整。过去大量的劳动密集型企业，由于加工方法的自动化，精简人员，相同行业的企业因为竞争失去了市场，导致破产企业职工下岗。这些都对大学毕业生就业带来了一定的影响。

大学生就业市场的总量每年都在增加，而人才市场的服务手段、服务方式以及社会各中介服务机构为大学生就业的服务还处于初级阶段，与日趋增长的总量配置需求和个性化服务需要还有一定差距。就高校而言，各校就业政策不尽一致；就地方政府而言，有的专业实行国家宏观调控下的

自主择业，有的还在计划就业；就人才交流及就业服体称我国明年经济指标确定新增就业岗位减少务机构而言，有的是行使管理职能，有的是服务机构实行成本服务，还有的是把为毕业生服务变成了一种谋利手段。这种市场不完善的配制手段延长了用人机构的转换过程，妨碍了高校毕业生就业难问题的解决。

（二）学校因素

大学生就业问题部分是同高等教育本身学科专业设置与社会需求不完全适应相联系的。高等教育的学科结构和专业设置是高等学校教学的核心。但是我国由于缺乏科学的人才需求预测和规划，高等教育专业设置及课程设置都具有较大的盲目性，仍保留有计划经济时代的缩影。首先，在市场经济初期，由于微观主体的不成熟，一些高校专业设置盲目追求职业变化趋势，追逐热门专业，致使专业趋同现象十分严重，先后出现了"国际贸易热"、"金融热"、"保险热"和"会计热"，一直热到专业人才的产出与岗位需求不成比例，供给严重大于需求。其次，随着经济全球化、国际化步伐的加快，我国需要大量的金融、信息技术等方面的专门人才，许多高校瞄准这一市场，纷纷进行专业改造、增设新的专业，以满足市场的需求，由于大家一哄而上，导致这类专业供过于求。专业结构设置如此不合理必然导致大学生就业时供需矛盾的突出，从而无法确保大学生顺利就业。

我国高等教育在 20 世纪下半叶取得了辉煌的成就。高等教育学生数从 1949 年的 0.7 万人扩展至 1999 年的 953 万人，成为世界高等教育规模排名第二的超级大国。据统计，1991 年全国高校在校生万刚. 大学专业设置与大学生就业相协调的国际经验及启示. 理工高教研究，2005 年全国高校在校生人数达 405.9 万人，至 2000 年全国高校在校生人数增加到 839.56 万。其中普通高校的发展速度更快，如 2000 年与 1999 年相比，普通高校招生规模增长了 42.9%。这样的发展速度在中国高等教育历史上是前所未有的，在世界高等教育史上也是罕见的，并且这种发展趋势持续了将近十年。在短短五六年中，大学招生规模扩大了近三倍，"大众化教育"取代了"精英教育"。高校扩招使许多人有机会接受高等教育，提高了整体国民素质。

但是就人才培养来说，我们培养的学生与社会的需求还有差距，存在一些质量问题，影响了他们的就业能力。这表现在以下几个方面。

第一，学生基础参差不齐。大规模扩招之后，入学分数降低，更多的高中毕业生可以进入高等院校进一步深造。但是，随着高等教育入学率的提高，大学的录取分数线下调，使得高等学府的门槛降低，这实质上导致了入学标准的下降，一批本没有希望考上大学的学生进入了大学。生源的整体素质下降，给高等教育质量带来一系列的隐患。高等学校教学质量观稍有松懈，就会形成"滥竽充数"的局面，培养人才的质量难以得到保证。

第二，办学条件得不到保障。随着教育规模的扩大，教育经费投入不足的问题也日益暴露出来。在近几年的连续扩招形势下，许多高校办学经费显得捉襟见肘，难以为继，办学基本条件得不到应有的改善。学生宿舍、教室、图书馆、实验室等基础设施远远不能满足需要。

第三，教师水平发挥有限。应该说，目前高校教师整体素质在提高，但教师投入科研的力量指数不高。高校扩招需要大量师资，许多本科生刚出校门就走上了大学讲台，没有任何让他们熟悉教学的过渡机会。即使是原来有经验的大学教师，因为教学任务重，有的甚至周课时超过20节，完全成了一台讲课的机器，没有时间去搞科研。

第四，对大学生综合素质的提高抓得不紧。因规模急剧扩大，原本办学就很艰难的高校则更显得力不从心。现在为什么一些学生不能融入企业文化？因为他们眼高手低，严重的短期行为导致了信用危机，最终因敬业心、责任感和职业道德修养的欠缺而贬值。现实就是这样，一方面培养出来的人才质量参差不齐很难融入市场；另一方面社会需要的德才兼备的人才还十分短缺，人才积压与人才匮乏形成了一种无可奈何的尴尬。造成这样局面的原因固然是复杂的，但一个重要原因就是近年来高等教育盲目追求量的扩大的趋向，而忽视了教学质量的同步提升。

高校就业指导工作形式固定，难以满足学生的求职需要。主要表现在，对大学毕业生就业指导的内容不切实际，工作形式单调，针对性不强。在高校，大学毕业生就业指导工作通常以讲座的形式开展，而许多大学生觉得这类讲座缺乏新意，听不听效果不大，失去了就业指导工作的真正意义。还有些高校就业指导工作人员自身素质较低、知识狭窄，缺乏实际工作经验的积累，不能做出令毕业生满意的答复。除此之外，一些高校就业指导部门组织的校园招聘会规模太小、参与单位太少且没有知名度、举办次数太少、举办时间晚等都制约了校园招聘会的作用。

（三）家庭因素

现实生活中，对个体影响最深的场所莫过于家庭。家庭文化、家庭成员以及家庭环境等，对个体的发展至关重要。大学毕业生在找工作之前，都会或多或少地听取家庭的意见。就业既是大学毕业生在自己人生中的一大转折，也是其家庭生活中的一件大事，家庭成员从家庭实际出发发表一些意见，提供一些支持是非常正常的事情。然而，家庭过多或不当参与，会对毕业生的就业心理带来不良的影响。

（四）个人因素

随着知识经济时代的来临，社会对人才的素质和能力提出了更高的要求。但是，由于教育体制和大学生自身的原因，当代大学生的能力和素质不能很好地适应市场的需要，主要表现在以下几方面。首先，部分大学生的能力结构不完善，运用知识的能力欠缺，只注重书本知识，故他们在踏入社会后，给人的印象是书生气十足，一味套用理论，对知识的运用能力较差，解决不了实际问题。其次，就业需要的不仅仅是本专业的知识，还需要一些其他的基本技能。如近几年一些招聘单位要求招收经济类专业的学生，但附加要求应聘者要会操作几种不同的办公软件，还有对英语水平的要求等。再次，求职技能也很重要。如一些同学学习成绩不错，专业基础扎实，各种各样的等级证书拿了不少，但与人交际、沟通能力较差，在求职的过程中不能很好地推销自己。有一些心理素质较差的毕业生主动竞争的意识不强，在求职过程中怯于出手，羞于表现自己，从而失去难得的机会。

尽管高等教育已经由精英化教育向大众化教育转变，大学生身上仍有明显的"精英情结"，更热衷于选择热门行业，希望留在东南沿海以及北京等大城市，期望薪酬普遍过高。尽管学校一再强调"先就业，后择业，再立业"，但多数毕业生仍将择业放在首位，希望找到一个无论是工作地点、工作报酬还是专业都很理想的工作。

当代大学生正处于社会变革的重要时期，社会的发展不仅为大学生择业带来了新的机遇，同时也带来了严峻的挑战。从对大学生的职业理想、择业观的状况分析看，当代大学毕业生中有不少人的择业观念存在一定的问题，这些同学的择业标准、职业价值观趋向功利化，重地位、重名誉、轻专业、轻奉献，不愿到偏远或艰苦行业工作，不愿到基层或乡镇企业工作。有些同学不考虑自己今后的长远发展，择业时先选地点，再选单位，在与用人单位洽谈时往往把薪水放在第一位去考虑。由于这些同学自身能力高不成、低不就，再加上用人单位对这些同学择业观的看法，从而导致不少同学难以找到合适的工作单位。西部这样的经济欠发达地区，无论是现实需求还是长远发展需求，都需要更多的高校毕业生去参与建设。可是，实际的就业情况却是经济欠发达地区毕业生出省就业的人数增加，追求到经济发达地区就业的趋势明显。

高校毕业生择业的价值取向和期望值与实际社会需求错位，因而不能将自我价值和社会价值统一起来。虽然在传统领域中，高校毕业生的就业空间不大，但从整个社会经济发展的趋势上分析，高校毕业生拥有广阔的就业前景，吸收毕业生的渠道仍然十分广阔。只是大学生自身有某种程度的"特权"思想，认为自己不同于或高于普通群体，坚守着"读大学，就要找个好工作"的信念，千军万马涌向好企业、高薪酬这个"独木桥"，"白领"意识过于强烈。

许多高校毕业生面对不可回避的职业选择存在严重的自卑心理，主要表现为在职业选择中信心不足，不敢与招聘单位代表洽谈，缺乏主动性。特别是在双向选择中，未被看中时情绪就一落千丈，悲观失望；或是经受几番择业的挫折后心灰意冷，埋怨家长没门路，埋怨所在学校，埋怨所学专业不抢手，责怪没赶上好机会等。有的毕业生虽然在校考试成绩一直名列前茅，然而寡言少语、不善交际，与用人单位洽谈时表现得不尽如人意，说话结巴，应变能力差，更不用说礼仪、礼节了，所以在"双选会"上也只能名落孙山。这些学生总是害怕在求职过程中遭到拒绝，于是扭扭捏捏，不能够豁达开朗。其中一些人由于缺乏择业技巧，在择业取向上往往把经济待遇高不高、是否在大城市或沿海发达地区工作作为择业的唯一或重要标准，这在一定程度上影响了他们的就业。

四、结论

在了解大学生就业现状和相关政策的基础上，对大学生就业过程中出现的问题进行分类和成因分析可以看出，形成大学生就业难的现状的原因存在于多个方面，无论是个人、家庭、学校还是社会，都因其固有的局限性而限制着大学生就业的发展格局。但通过分析和对比，我们也可以发现，从大学生个人到整个社会环境，都有其有待改善的方面和提升空间。如何在尽量避免其自身局限的同时最大限度地发挥优势，是改善大学生就业难现状的最好策略和措施。

大学生学习动力的受教育者因素研究及对策分析

——以北京联合大学 2009—2012 级学生为为例

徐　娟

摘　要：通过对北京联合大学 5 学院、31 个专业、4 个年级共 3650 名学生的问卷调查，研究影响大学生学习动力中的受教育者自身因素。通过文献综述法查找研究空白，即对地方型应用性大学学生学习动力的研究关注较少；通过问卷调查法得到影响大学生学习动力的因素的基础数据；通过 spss 软件进行数据分析，研究影响学习动力的因素，尤其是受教育者自身因素的影响，并进行对策分析。北京联合大学学生的学习动力以深层动力为主导，但男生的深层学习动力和自我效能感要低于女生；学生的学习成绩与学习时间、自我效能感和深层动力呈正相关，与表层动力呈负相关；大学生的理想与追求及所学专业的社会认可度是最能激发学生学习动力的两大因素；学习成绩不是影响学生未来成长和发展的唯一因素，应注重学生综合素质的培养和提升。加强大学生的理想信念教育，全面提升大学生的综合素质；高效规范的教育管理保护和激发大学生的学习动力；加强专业建设，提升专业的社会影响力，这些因素都能有效激发大学生的学习动力。

关键词：大学生　学习动力　受教育者

作为北京地区规模最大的高校之一，北京联合大学以培养适应国家特别是首都经济社会发展需要的高素质应用性人才为己任，以发展应用性教育、培养应用性人才、建设应用性大学为办学宗旨。提高北京联合大学学生学习动力，对于学校办学目标的实现，具有重要的理论意义和实践意义，本文拟探究学生自身因素对学习动力的影响并进行科学测评，有针对性地制订有效提升学习动力的机制，以期有效推动培养目标的实现。

学习动力是以学习动机为核心，由学习兴趣、学习态度等共同构成的一个动力系统，对学习起始动、定向、引导、维持、调节和强化的作用。学习动力是推动学生从事学习活动的力量，它由学生个体的人生价值观、各种非智力因素以及对其学习活动起促进作用的外部因素或情境等构成。教育心理学普遍认为，学习动力并不是某种单一的结构，而是包含多种成分。目前，学习动力理论中最常见的是将学习动力分为表层动力和深层动力。表层动力是一种外部动力，学生为应付教师和考试而学习，主要采用机械学习策略，用尽可能少的时间和精力去重复学习可能要考的内容和要点，所学到的也是零散的、孤立的、肤浅而无意义的知识材料。深层动力是一种内在动机，由好奇心产生，为满足兴趣、探究意义而自发、主动学习，主要采用建构主义的编码和有意义的学习策略，学到的是结构化的有意义的知识和内容。

学习动力的另一个重要成分是学习自我效能感，指个体对自己是否有能力为完成学习所进行的推测与判断。自我效能感与学生的学习行为密切相关，Zimmerman 和 Martinez-Pon（1990）研究表明，自我效能感与学生的组织、评价、计划、目标设置、控制等学习自我监控行为都呈现出显著正相关。这意味着自我效能感越高，学生的学习自我监控水平越高，国内的研究大多发现自我效能感与学习成绩之间呈显著的正相关。

本文将重点研究学习者自身因素对学习动力的影响，以期对大学生的学习进行指导，使大学生能够认识自我，自主有效地学习，也为教师和家长提供对学生正确引导的现实依据。

一、研究对象与方法

为了客观、正确、详细地评估北京联合大学学生的学习动力情况及其影响因素，该研究以该校 5 个学院（管理学院、信息学院、自动化学院、生化学院、师范学院）2009—2012 共四个年级的学生为对象进行问卷调查。本次调查共发放问卷 3700 份，回收有效问卷 3650 份，有效回收率 98.6%。样本组成情况为男生 1678 人，占 46%；女生 1968 人，占 54%。

本研究采用问卷调查法。参照 Biggs 的学习过程问卷和自我效能感问卷，编制了学习动力结构问卷，该问卷分为两个部分，第一部分为学习动力类型问卷，从表层学习动力和深层学习动力两个维度设问，第二部分为自我效能感问卷，量表均采用 5 点计分。

统计工具采用 SPSS13.0，以此对统计数据进行分析。

二、研究数据与结果

根据问卷设计，学生的学习动力分为表层动力和深层动力两个部分，表层动力是一种外部动力，深层动力是内在动机，而自我效能是个体对自己是否有能力完成学习的推测和判断。可见，深层动力和自我效能更加能够反映学习者自身因素对学习动力的影响。

（一）表层动力与深层动力的关系

表 1　样本表层动力与深层动力的关系

	Mean	N	Std
表层动力	15. 30	3650	3. 86
深层动力	16. 79	3650	3. 87

对表层动力和深层动力进行配对样本 T 检验，$t = 20.2$，$df = 3649$，$P = 0.000$，结果显示样本学习动机的深层动力显著强于表层动力（参见表 1）。

（二）学习动力与学习自我效能感的关系

分别将表层学习动力、深层学习动力和学习自我效能感作相关统计分析。自我效能感与表层学习动力呈负相关，$r = -0.184$，$P = 0.000$；自我效能感与深层学习动力呈显著正相关，$r = 0.378$，$p = 0.000$。这表明，学生的自我效能感越高，表层学习动力越低，而深层学习动力越高，这与之前其他研究的结果一致。

（三）学习动力的性别差异

表 2　样本学习动力的性别差异

		男生	女生	F	Df	Sig.
	人数	1678	1968			
自我效能感	平均数	16. 42	16. 76	11. 2	3645	0. 001＊＊
	标准差	3. 02	3. 02			

		男生	女生	F	Df	Sig.
表层动力	平均数	15.57	15.08	14.5	3645	0.000＊＊
	标准差	3.96	3.76			
深层动力	平均数	16.93	16.68	3.87	3645	0.049＊
	标准差	3.99	3.77			

统计结果表明，男女生在自我效能感、表层学习动力和深层学习动力上都有显著差异。男生的自我效能感显著低于女生（P＝0.01），表层学习动力显著高于女生（P＝0.00），深层学习动力边缘显著高于女生（P＝0.049＜0.05）（参见表2）。

（四）学习时间与自我效能感、表层学习动力和深层学习动力的关系

以学习时间为自变量，自我效能感、表层学习动力和深层学习动力为因变量，分别进行方差分析，结果表明，学习时间的效应均为显著，P＜0.001。

表3　学习时间与自我效能感、表层动力、深层动力的关系

	小于1h	1~2h	2~3h	3~4h	大于4h	F	Df	Sig.
人数	531	898	881	798	534			
自我效能感	15.92	16.60	16.69	16.71	16.97	9.23		0.000＊＊
标准差	2.96	3.03	2.93	2.96	3.21			
表层动力	15.13	14.97	15.28	15.40	15.92	5.57	3641	0.000＊＊
标准差	3.82	3.54	3.53	4.08	4.46			
深层动力	15.51	16.56	16.88	17.18	17.73	26.01		0.000＊＊
标准差	4.02	3.64	3.43	4.00	4.25			

从表3中可以看出，学习时间越多，自我效能感、表层学习动力和深层学习动力都越高，结果符合一般预期，即学习动机越强、自我效能感高的学生，在学习时间上的投入也更多。

（五）学习成绩自评与学习动力、自我效能感的关系

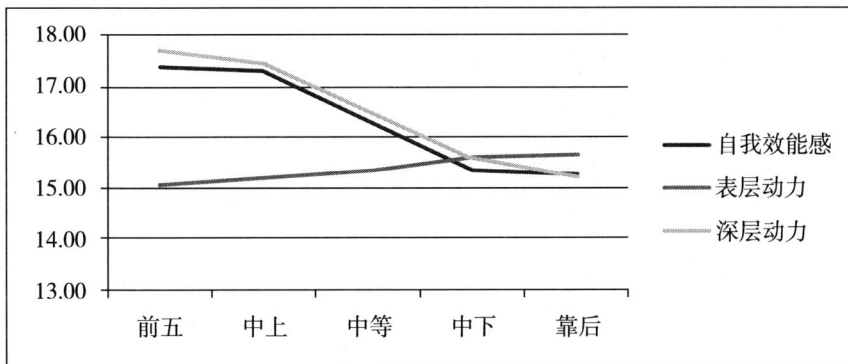

图1 学习成绩自评与学习动力、自我效能感的关系

由图1中可以看出，学生的自我效能感随着成绩的下降而下降，深层学习动力随着学习成绩的下降而下降，表层学习动力随着学习成绩的下降而显著上升。即：相比成绩好的学生，成绩靠后的学生自我效能感和深层动机更低，表层动机更高。

（六）学习时间和学习结果的相关分析

学生的学习行为表现之一就是在学习上投入的时间。将学习时间与学习结果看作5点量表数据，做 Pearson 相关分析，得到 $r = -0.333$，$P < 0.001$，即学习时间的数值越大，学习结果的数值就越小，且相关显著。由于学习时间的数值越大，代表投入的学习时间越多，而学习结果的数值越小，代表学习成绩越好。因此本项的统计结果表明，学生在学习上投入的时间多，学习成绩就越好，这符合一般的认知。

（七）与未来发展相关的因素对学习动力影响的强弱

表4 与未来发展相关的因素对学习动力影响的强弱

	人数	百分比
没答	561	15.4
专业的社会认可度	868	23.8
学长们的就业情况	476	13.0
自身的理想和追求	1390	38.1
家庭的社会资源	351	9.6
Total	3650	100.0

从表 4 可以看出，学生认为与未来发展的相关因素对其学习动力影响的而言，自身的理想和追求对学习动力的影响最强，其次是专业的社会认可度。

（八）对未来成长和发展起关键作用的因素

在关于对未来成长和发展起关键作用的因素调查中，作为一个多项选择的调查，从图 2 能够看出样本整体对各因素的判断以及不同年级学生对各因素判断的变化。

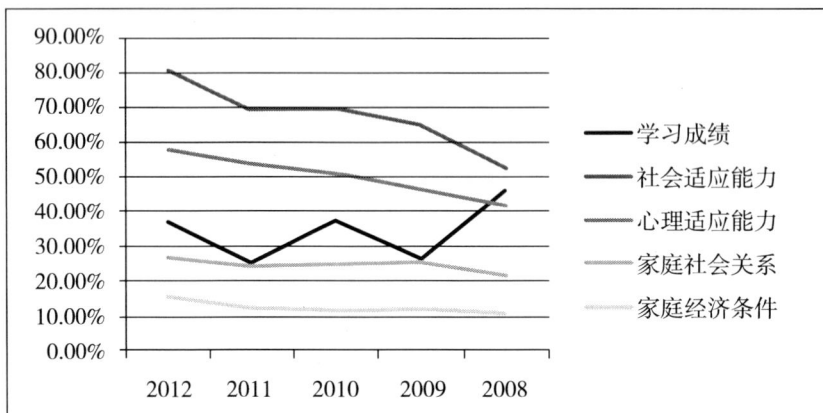

图 2　对未来成长和发展起关键作用的因素

从图 2 可以看出，学生认为对未来成长和发展起关键作用的因素按重要性排序依次为社会适应能力、心理适应能力及学习成绩。此外，随着年级的增高，学生对心理适应能力、社会能力的看重程度都有所下降，而对家庭社会关系、经济条件的看重程度一直都不高。对学习成绩的评价则出现比较大的波动，其中大一和大三学生认为学习成绩重要的人数较少，而大四学生认为学习成绩重要的人数明显增多。

三、结论与讨论

通过上述研究结果的统计与分析，笔者认为可以从四个方面总结受教育者自身的因素对大学生学习动力的影响。

（一）总体而言，北京联合大学学生的学习动力以深层动力为主导，呈积极、正面向上的态势，但男生的深层学习动力和自我效能感要低于女生，应予以关注

从二（一）的研究结果可以看出，北京联合大学学生的学习动力影响

中深层动力明显高于表层动力，说明当代大学生的学习更多的是以其内在驱动力、好奇心和学习兴趣而引发的探究式自发、主动学习为主；虽然调查中也有部分学生以应付教师和考试而进行零散、肤浅的学习，但不是主流，因此，学生的学习动力整体还是呈现积极向上的态势，以深层动力为主。

从二（三）性别对比研究来看，男生的自我效能感低于女生，深层动力边缘高于女生，表层动力高于女生。由此可以看出，整体而言，男生对自身学习能力的评价较低，学习中也会更多地以机械学习策略为主，更多关注学习可能要考的内容和要点，所学知识相对零散和孤立。分析原因，可能男生从整体而言较女生社会活动更活跃、学习的钻研程度会差一些，因此，不管是教师、班主任还是家长，应多关注同一集体中男生的学习状态，给予更加严格的要求。

（二）大学生的学习成绩与学习时间、自我效能感和深层动力呈正相关，与表层动力呈负相关

从二（六）的研究结果可以看出，大学生投入的学习时间与学习成绩呈正相关，而二（四）的研究结果表明：投入学习时间越多的人，其自我效能感、表层动力和深层动力均更高，进而也印证了二（五）的研究结果，即：学习成绩差的人，其表层动力强，自我效能感和深层动力差。综上所述，可以得出上述结论：大学生的学习成绩与学习时间、深层动力、自我效能感呈正相关，与表层动力呈负相关。

为提高大学生的学习成绩，可以从增加学生的学习时间，激发其深层学习动力，树立起学习的热情和信心着手，采取系列措施，帮助大学生更有效地学习，以期取得更好的成绩。

（三）大学生的理想与追求及所学专业的社会认可度是最能激发学生学习动力的两大因素

从二（七）的研究结果可以看出，对大学生的学习动力影响较大的两个因素依次为学生的理想与追求以及所学专业的社会认可度。因此，首先要加强大学生的理想信念教育，帮助其树立远大的目标与理想显得尤为重要；其次，大学应该不断加强专业建设，提升专业的社会认可度和美誉度，进而有利于对学生学习动力的激发和培养。

（四）学习成绩不是影响学生未来成长和发展的唯一因素，应注重学生综合素质的培养和提升

从二（八）的研究结果可以看出，大学生已经清醒地认识到，影响其

未来成长和发展的关键因素不仅仅是学习成绩，他们更看重自身社会适应能力和心理适应能力的塑造。对于学习成绩的关注度而言，大一和大三的学生关注程度要明显弱于大二和大四的学生。

研究结果也提示我们，作为教育者和教育机构的大学，在重视大学生学习动力的挖掘和激发的同时，应更加关注大学生的心理健康教育，培养学生的综合素质和能力，全面提升学生的社会适应能力。

针对大一、大三学生对学生成绩的关注度较弱的问题，分析其原因，可能是因为大一新生入学需要一个适应环境的过程，初踏入大学校门的大学生对周围各种事物存在较多的新鲜感，分散了其对学习的关注度，可以通过加强入学教育的形式，帮助学生更快、更早地适应大学生活，提升其对学习的重视度和投入程度。大三学生面临对未来发展的选择，就业、考研、出国等较多的选项迫使学生分散其精力去关注更多的内容，一旦学生的选择比较确定，其学习的目标和动力亦比较明确，则很容易进入深层学习动力阶段，有利于学习时间和精力的投入以及学习成绩的提高。

四、对策与建议

通过前面的讨论与分析，笔者认为，从受教育者自身的因素分析，激发大学生的学习动力可以从以下方面着手。

（一）加强大学生的理想信念教育，全面提升大学生的综合素质

大学生作为积极进取、努力向上的一代，有着比较强烈的追求发展的欲望，且大学生仍处于思想尚未定型期，对他们进行理念教育尤为重要。若大学生的个人价值观模糊，缺乏崇高远大的理想，没有及时确立目标和方向，没有相应的发展规划，会使得其在学习上处于一种迷茫的状态。因此，激发大学生自身发展、学习的热情，帮助大学生认清自己，进行职业生涯规划，强化理想信念教育是首先要解决的重大问题，只有先解决思想深层问题才能解决好学习动力的问题。

笔者建议可考虑在大一阶段重点开展博雅教育。博雅教育最先由亚里士多德提出，其核心概念是自由，其目的是培养个体自身发展的素质。博雅教育基于一种大知识观的教育理念，指导学生在专业教育与人文教育之间找到平衡点。因此，在大一新生中开展博雅教育，可以让同学们在课程学习上很好地树立起正确的兴趣取向，避免今后出现严重偏科或功利选课

的现象。另外，在一年级开展博雅教育的基础上，之后的职业生涯规划指导才能产生正面、积极的作用。

（二）高效规范的教育管理保护和激发大学生的学习动力

绝大多数大学生是怀着对大学的向往、对未来的憧憬和对知识的渴求而进入大学学习的，因此保护大一学生的学习热情显得尤为重要。研究结果表明，大一新生对学习成绩的关注度较弱，由前文的分析可知，由于大一阶段，学生对大学充满新鲜感，精力容易分散，因此，高效规范的入学教育显得尤为重要。通过入学教育，能够帮助大学生尽快地熟悉、了解、认识大学生活，明确自身的目标和定位，从而尽早激发大学生的深层学习动力。

在北京联合大学的不少学院仍然坚持大一学生上早晚自习的制度，并且由辅导员、班主任、班级助理共同协助完成，从而帮助绝大多数同学确保了在学习时间上的投入。学习时间的投入能够带动学习成绩的提高，进而帮助更多的同学挖掘深层学习动力，提升自我效能感，这几个因素之间是相互促进、共同提升的关系。

综上所述，高等学校合理、规范的教育管理制度能够有效地保护和激发大学生的学习动力，这是教育管理者应该给予重点关注的。

（三）加强专业建设，提升专业的社会影响力有利于激发大学生的学习动力

研究表明，调查对象认为专业的社会认可度是在所有与未来发展有关的因素中对其学习动力有重要影响的因素之一。因此，高校必须加强专业建设，不断提升专业建设的水平，将人才培养目标与社会需求紧密结合起来，提高专业的社会认可度，从而有利于激发大学生对专业学习的热情和积极性，挖掘其深层学习动力，提升学习效率。

参考文献：

[1] 李燕妮，张发. 地方高校大学生学习动力影响因素调查［J］. 合作经济与科技，2013（4）：118－119.

[2] 张磊. 论思政因素在激发大学生学习主动性方面的突破［J］. 克拉玛依学刊，2013（1）：47－51.

[3] 魏善春. 博雅教育视野下对大学教育改革的思考［J］. 教育探索，2009（9）：69－70.

诚以待人 信以立身——大学诚信教育浅析

张 莉

摘 要：针对目前社会上的诚信危机对大学生诚信意识的冲击，本文从诚信危机的形成原因、社会环境、具象体现、教育理念及方式等各个方面进行了分析与研究。针对大学生的特点以及目前社会现状，以助学贷款发放与回收环节中出现的问题为主要论述点，从外因解析到内因培养，提出了比较全面、切实可行的教育理念及方式，有助于高校诚信教育工作的开展。

关键词：诚信 教育 平台 环境

打开电视、翻阅报刊、浏览网页，有两个字出现的频率越来越高，那就是"诚信"。

何谓"诚信"？古人造字讲得很明白，人言可信，言出必成为诚。中国古代文化无处不投射出"信为立身之本"的观点。

"诚者，天之道也；思诚者，人之道也；人之所助者，信也；不宝金玉，而忠信以为宝。小信诚则大信立；人而无信，不知其可也。"这些名言警句是古代先贤留下的金玉良言，也证明中华民族一直是以诚实守信作为为人处世基础的。

时代发展到今天，经济建设的飞速增长给我们带来了高度发达的物质文明，同时也带来了道德与诚信的缺失。所幸的是，精神层面的思考已经重新回到主流地位，传统道德观念的价值也在逐渐回归，"诚信"问题重新得到社会的普遍重视。

大学生作为社会新技术、新思想的前沿群体和国家培养的高级专业人才，代表着最先进的流行文化，是推动社会进步的栋梁之才。因此，大学生的诚信与道德水准在一定程度上影响着社会精神文明体系的建设，增强大学生诚信教育显得尤为重要。而在大学校园内，最突出的诚信问题就是国家助学贷款的发放与收回。

国家助学贷款政策的实施进一步完善了高校的助学体系，更重要的是为家庭经济困难的学生创造了接受高等教育的条件，维护了社会稳定，体现了社会公平，该政策实施受到了社会、学校、学生的广泛欢迎。

然而，在助学贷款政策实施的这十余年以来，诚信问题一直未能得到有效解决。部分学生由于主观、客观等多种原因，未能按时归还贷款，在接触社会的初期就留下了透支信用的污点。银行因此不断提高贷款门槛，使得许多需要帮助的学生无法获得贷款。而获得贷款的学生在具体办理的流程中也被繁杂的手续搞得疲惫不堪。如此恶性循环，为申请贷款的学生、发放贷款的银行都带来很大压力，完全违背了助学贷款政策的初衷。

造成这样的局面，固然有银行贷款产品利率较高、还款时间过短、手续繁杂等客观原因，但究其根本原因，还是大学生诚信意识淡薄，没有意识到信用在未来工作、生活中的重要性。

一段时间以来，社会上屡见不鲜的各种骗局以及在经济市场上层出不穷的商业欺诈、坑蒙拐骗、假冒伪劣、偷税漏税、虚假骗贷和非法集资等不良现象，给社会带来不稳定因素的同时，对人们的信用意识也造成了一定的冲击。

大学生思想活跃，接受新鲜事物的能力很强，现在的资讯获取方式又非常迅速便捷，各种信息让学生的知识面和对社会的了解熟悉程度较之以往有大幅度提高。但是大学生的思想正处于逐渐成熟的阶段，许多家长出于疼爱保护孩子的心理，往往替孩子操办一切，导致学生不了解社会现象背后的本质，对是非的判断不够准确，容易受到外界影响。而目前许多媒体为了吸引关注，往往断章取义、混淆是非，在这样的环境中，大学生耳濡目染，不利于诚信观念的树立和培养。

针对这一现状，首先需要加强诚信教育的力度。我国长期以来的教育体制偏重于应试教育，而对学生的素质、能力、情操、公德教育偏少，学生在成长过程中也未能接受系统的诚信教育。学校对于学生的不诚信行为仅仅是在事后进行一定的行政处罚，而这种手段往往缺乏威信，根本达不到教育学生的目的。

大学是学生接受教育的主要平台，学校教育对于学生人生观的树立影响深远，往往能伴其一生。因此，加大诚信教育的力度，会使学生在潜意识里自觉培养起诚信观念。

大学生是一个特殊的群体，一方面日趋成熟，已经开始思考有关人生与未来的问题；另一方面心理发展尚未健全，处理问题片面甚至偶尔激进。因此，加强大学生诚信教育不能生搬硬套，而是需要从多方面多角度入手。

一、时事信息解读

定期请经济学、社会学等相关专业教师就社会近期热点事件展开深入解读，并鼓励学生参与探讨，发表自己的意见。引导学生从负面的新闻中吸取正面的信息，吸收正能量。

聘请金融、法律、媒体等专业资深人士，为学生讲解个人信用的各个组成部分，为学生厘清未来规划，深入讲解在职场上、在未来的生活中，如果能坚持待人以诚、律己守信将会有更宽广的舞台。如果忽视个人信用的建立，在求职、晋升、贷款、出国等多方面将受到限制。从而让学生对于社会失信成本有客观的认知。

二、从学生入学开始，从一点一滴抓起，为学生营造诚实守信、言行一致的宣传氛围

引导学生大到遵守校规校纪、小到生活琐事，在各个方面都注意诚信，让诚信观念潜移默化地建立在每个人的心中。

三、建立大学生在校信用档案

记录每年助学贷款情况、学费和奖学金情况、品行情况等诸多信息，并逐步扩展到与学生走入社会后的个人信用档案接轨。

四、试行校园信用卡，在一定额度之内，学生可以在校园透支消费，并按期还款

帮助学生从一开始就建立良好的消费习惯，注意保持个人良好信用记录。同时，对于未能按时还款的学生一定要有配套的惩罚措施，这样可以有效避免学生工作后的一些畸形消费、忽视个人信用维护等情况的发生。

五、充分宣传讲解国家助学贷款的政策，让学生理解这一政策的助学属性和商业属性

很多学生虽然归还了贷款本金，但是错误地理解了助学贷款的性质，未能按时归还利息，结果仍然上了失信名单。同时，向学生阐明，按时归还贷款是自己的义务，同时也是对他人的负责。如果违约，会影响其他同学贷款流程。

六、完善个人信用系统，营造社会诚信氛围

目前，个人信用系统已经基本建立完成，包括购房、买车、消费、信用卡、出国、升职等各个环节都与个人信用良好程度挂钩。但是推行仍然不够广泛，更是远远没有达到视信用为生命的氛围和环境。除了学校推行诚信教育之外，各个媒体同样身负推广诚信教育的责任，多向社会传递诚实守信的正能量以及违规失信的严重后果，尽量避免发表让人误解社会失信成本很低的各类报道。只有社会舆论、社会环境都做到以诚信为荣、以失信为耻，大学生诚信教育才会真正有说服力。

目前，大学生就业形势严峻，让学生特别是贫困生在毕业后三四年就还清贷款客观上是有一定困难的。让所有学生都能自觉自律遵守诚信准则除了方方面面的教育、潜移默化的影响之外，还需要有客观公正、可执行性强的政策。商业银行来推出助学贷款这一明显带有公益性质的贷款产品是不合适、不妥当的。

在美国，有专门的支持学生贷款的政策性金融机构，提供长时间、低利率的助学贷款。还款时限最长可达30年，而一旦失业、重病或暂时丧失劳动能力，还可以申请延期甚至减免。

在日本、英国、加拿大等国家，同样是由政府支持的服务性、政策性金融机构来推行助学贷款。而在我国，却是由商业银行来推出助学贷款这一带有公益性质的贷款产品，这明显是不合适、不妥当的。

因此，可以考虑借鉴这些国家的经验，推出教育辅助基金或教育银行来负责推行、审批国家助学贷款，不以营利为目的，降低利率、延长时间，同时增强审批力度，可以按照不同情况推出不同条件的贷款方式。真正实现助学贷款帮助教育公平的原始目的。

同时，还可以继续推行代偿资助形式，即毕业生到国家指定的地区或行业工作，满足条件的学生将由国家财政支付贷款本息。这样既减轻了学生的负担，促进人才的流动，又促进了城乡区域经济的协调发展。

总之，诚信教育是一个非常重要的课题，同时也是一个非常艰巨的难题。如何在大学生中树立信用观念、培养信用意识、推广信用工程将需要长期的努力，不可能一蹴而就。但是，随着社会的进步，公民素质不断提高，通过方方面面的教育和影响，以及相应的奖惩也约束，社会整体诚信氛围将逐渐形成，事实上，随着个人诚信档案的建立和推广，这一目标已逐渐实现。在这样一个利好的大环境下，更应该在大学进一步推动完善、科学的诚信教育，让所有学生带着诚信为本的准则走向社会，珍视自己的信用价值，为社会做出表率。

如何充分发挥公众资源帮扶家庭经济困难学生

王　顼

摘　要：教育公平是社会公平的重要基础，是国家基本教育政策。党中央、国务院高度重视家庭经济困难学生就学问题，将建立健全国家学生资助政策体系，保障所有家庭经济困难学生都有平等接受教育的机会，作为促进教育公平的重要举措和途径，通过国家资助切实减轻困难家庭供子女上学的经济负担。本文将从国家资助政策、贫困生申请资助所需条件、具体实施案例和笔者参与开展的特色帮扶活动几方面阐述如何充分发挥公众资源帮扶家庭经济困难学生顺利就学。

关键词：教育公平　家庭经济困难　资助政策　多种平台

教育公平的关键是机会公平。中国政府高度重视家庭经济困难学生就学问题。随着国家学生资助政策体系进一步完善，财政投入进一步加大，中国政府启动了高校新生入学资助项目，学生受资助水平进一步提高。

笔者工作单位北京联合大学管理学院，每年招收新生中，家庭经济困难学生比例逐年递增，截至 2013 年，困难生比例已达 1∶4，即每 5 名学生中就有一名家庭经济困难的学生。造成家庭经济困难的原因主要有以下几种：居住地处于我国贫困地区，家庭无主要劳动力或劳动力身患重病，家庭受灾，单亲或孤儿。但为保证每一名学生不因经济原因失学、辍学，国家、社会企事业单位和学校，多方面共同出资出力，以多种帮扶形式鼓励家庭困难学生顺利完成学业。资助形式多种多样，这就需要我们实际负责资助工作的人员，好好利用每一项资源，使每一项帮扶政策发挥最大功效，物尽其用，以帮助更多的家庭经济困难学生。

一、国家教育政策资助项目

高等教育阶段国家教育政策资助现有国家奖助学金、国家助学贷款、学费补偿贷款代偿、校内奖助学金、勤工助学、困难补助、伙食补贴、学费减免、"绿色通道"等多种方式并举，具体内容和要求如下。

（一）国家奖学金

本专科生国家奖学金，用于奖励特别优秀的全日制普通高校本专科在校生，每年奖励本专科学生 5 万名，每生每年 8000 元。

（二）国家励志奖学金

用于奖励资助品学兼优、家庭经济困难的全日制普通高校本专科在校生，资助面约为在校学生总数的 3%，每生每年 5000 元。

（三）国家助学金

用于资助家庭经济困难的全日制普通高校本专科学生，资助面约为在校学生总数的 20%，平均资助标准为每生每年 3000 元。

（四）国家助学贷款

国家助学贷款是由政府主导，金融机构向高校家庭经济困难学生提供的不需要担保或抵押的信用助学贷款，帮助学生解决在校期间的学费和住宿费用，每学年贷款金额原则上不超过 6000 元。贫困生申请国家助学贷款，有两种模式：一是校园地国家助学贷款，即通过就读学校向经办银行申请；二是生源地信用助学贷款，即通过户籍所在县（市、区）的学生资助管理机构提出申请。

（五）高等学校毕业生基层就业学费补偿、贷款代偿

对中央部门所属全日制普通高等学校应届毕业生，自愿到中西部地区和艰苦边远地区基层单位就业、服务期达到 3 年以上（含 3 年）的，实施学费补偿和国家助学贷款代偿。

（六）应征入伍服义务兵役学费补偿、贷款代偿及学费资助

对应征入伍服义务兵役的高等学校在校生及应届毕业生在校期间缴纳的学费或获得的国家助学贷款实施一次性补偿或代偿，对退役后复学的原高校在校生实行学费资助，补偿代偿金额每生每年均不高于 6000 元。

（七）师范生免费教育

免费教育师范生在校学习期间，免除学费，免缴住宿费，并补助生活费。地方师范院校师范生资助由各地自行实施。

（八）退役士兵教育资助

对退役一年以上、考入全日制普通高等学校的自主就业退役士兵，给予教育资助，学费资助标准为每学年最高不超过6000元，生活费及其他奖助学金资助标准，按国家现行高校学生资助政策的有关规定执行。

（九）勤工助学

学校设置校内勤工助学，并为学生提供校外勤工助学机会。学生参加勤工助学原则上每周不超过8小时，每月不超过40小时。

（十）校内资助

学校利用从事业收入中提取的资助资金以及社会团体、企事业单位和个人捐助资金等，设立校内奖学金、助学金、困难补助和伙食补贴等。

（十一）绿色通道

全日制普通高校建立"绿色通道"，对被录取入学、无法缴纳学费的家庭经济困难新生准予先办理入学手续，然后再根据学生实际情况，分别采取不同办法予以资助。

2013年，国家资助普通高校学生3842.7万人次，资助金额547.84亿元（见图1），比上年增加33.16亿元，增长6.44%，比2006年增长了2.27倍。

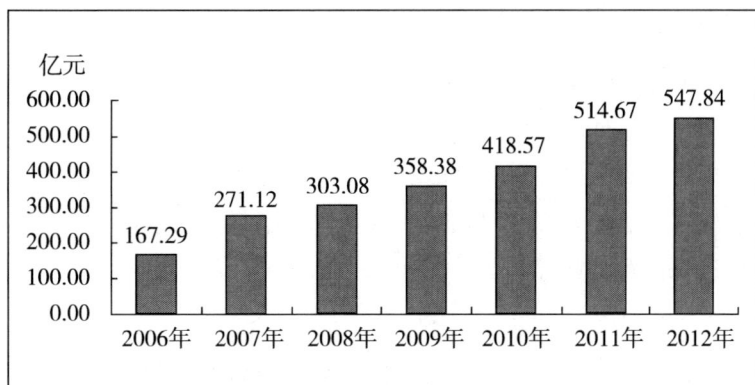

图1　2006—2012年全国普通高校学生资助金额

二、高校资助体系的建立及申请流程

2007 年 5 月,国务院出台《关于建立健全普通本科高校、高等职业学校和中等职业学校家庭经济困难学生资助政策体系的意见》(国发〔2007〕13 号),高等学校家庭经济困难学生资助政策体系得到了较大完善。2010 年《国家中长期教育改革和发展规划纲要(2010—2020 年)》颁布实施后,国家密集出台了一系列高校学生资助政策和措施,高等学校家庭经济困难学生资助政策体系得以进一步完善,在制度上保障了高校家庭经济困难学生顺利入学并完成学业。

(一)高校家庭经济困难学生资助政策体系主要内容

目前,国家在高等教育阶段建立起国家奖学金、国家励志奖学金、国家助学金、国家助学贷款、师范生免费教育、退役士兵教育资助、学费补偿助学贷款代偿、新生入学资助项目、勤工助学和学费减免等多种形式有机结合的高校家庭经济困难学生资助政策体系。家庭经济困难学生考入大学,首先可通过学校开设的"绿色通道"按时报到。入校后,学校对其家庭经济困难情况进行核实,采取不同措施给予资助。其中,解决学费、住宿费问题,以国家助学贷款为主,以国家励志奖学金等为辅;解决生活费问题,以国家助学金为主,以勤工助学等为辅。此外,国家还积极引导和鼓励社会团体、企业和个人面向高校设立奖学金、助学金,共同帮助高校家庭经济困难学生顺利入学并完成学业。

(二)高校家庭经济困难学生的申请及认定

家庭经济困难学生是指学生本人及其家庭所能筹集到的资金,难以支付其在校学习期间学习和生活基本费用的学生。学生需向学校申报家庭经济困难,由学校根据有关部门设置的标准和规定的程序,以民主评议方式认定。学生在申请家庭经济困难认定时,必须提交家庭所在地的乡(镇)或街道民政部门加盖公章予以确认的《高等学校学生及家庭情况调查表》,证明自己的家庭经济状况。

(三)高校资助政策实施范围

公办普通本科高校、高等职业学校和高等专科学校的全日制普通本专科在校学生,符合国家规定条件的,享受国家的资助政策。

三、高校资助体系的优势及特点

（一）多元混合资助，既帮困又奖优

新的资助政策体系建立后，高校将形成国家奖学金、国家励志奖学金、国家助学金、国家助学贷款、勤工助学、补助和学费减免等多种方式并举的资助政策体系。这个新资助政策为家庭经济困难学生提供了一个非常清晰的解决路径——解决家庭经济困难学生学费、住宿费问题，以国家助学贷款为主，以国家励志奖学金等为辅；解决生活费问题，以国家助学金为主，以勤工助学等为辅；此外，家庭经济困难的新生可以通过"绿色通道"入学。

（二）新资助政策引人注目之处

1. 既帮助困难学生，又鼓励优秀学生

2. 确立了合理的资金分担机制

国家奖学金所需资金由中央财政负担。国家励志奖学金和国家助学金所需资金，中央所属院校，由中央负担；地方所属院校，由中央和地方按比例分担，分担比例根据财力及生源状况等因素分省确定。

3. 新资助政策特别强调了政策导向作用

在国家奖助学金的安排上，不搞平均分配，考虑不同类别学校和不同专业的特点，引导学生学习国家最需要的专业，促进高校进一步优化学科专业结构。通过实施国家助学贷款代偿政策，引导高校毕业生到艰苦地区基层单位就业，促进人才资源分布更趋合理。既注重增加教育投入，又注重改善教育结构，成为新资助政策设计的一个重要思路。

（三）资助强度和覆盖面大幅度提高

新资助政策一大亮点就是资助强度和覆盖面均大幅度提高。

从资助范围看，中央财政设立的国家奖学金，每年奖励资助5万名高校品学兼优的家庭经济困难学生，约占在校生总数的0.3%；国家励志奖学金每年奖励资助约51万名学生，约占在校生总数的3%；国家助学金每年资助约340万名家庭经济困难学生，约占在校生总数的20%。

从资助强度看，国家奖学金每生每年8000元，国家励志奖学金每生每年5000元，国家助学金由过去生均1500元，增加到生均2000元。

有人做过一个测算，一个家庭经济困难学生，可以先申请国家助学贷款，如果成绩优秀，还可以同时获得国家奖、助学金。国家助学贷款每年最高可贷款 6000 元，国家奖学金每生每年 8000 元，国家励志奖学金每生每年 5000 元，国家助学金每生每年 2000 元（国家奖学金和国家励志奖学金不可同时获得），那么，这个学生每年有望获得资助 13000～15000 元，完全可以解决上学的学费、住宿费和生活费问题。

四、其他社会类资助及身边实例解析

每年各个高校都会得到很多社会企业或个人的捐助，成立各种奖、助学金项目，用以帮扶和奖励家庭经济困难且品学兼优的学生。只要符合相应评选条件（通常为品德、学习成绩标准及家庭困难程度的认定标准）的学生都可以申请。

各个高校能给予贫困生的并不仅限于经济资助帮扶，还可以从学习、生活、精神上开展多方面的帮扶。

接下来举例说说北京联合大学的一些特色帮扶内容，每年联合大学校学生处都会组织各学院在贫困生中开展"暖心工程"系列活动。

（一）定期召开贫困生座谈会

每学期院系都会组织贫困生代表召开座谈会，形式轻松活跃，旨在让参会学生敞开心扉，畅所欲言，说出在学校生活学习上的困难，在得到资助后对于自己生活的帮助和改善，互相交流学习心得，鼓励学生学会面对困难，用勤奋去改变命运，未来可以美好，前途亦能光明。学院亦会承诺同学们：按方针给大家争取经济方面的帮助；老师们会给予大家更多的关心与帮助；将贫困生的各项工作放在"阳光"下，面对所有同学。贫困生也纷纷表示要树立自强自立的意识和战胜困难的勇气，为自己的大学生活以及人生旅程点亮导航灯。

（二）走访困难生家庭

各院系领导会在假期亲自带队，走访部分困难生家庭。老师与学生及家长详细交谈，了解学生的家庭情况和实际生活困难，在精神上给予学生极大的鼓舞，鼓励学生克服困难，努力学习，自强自立。同时，也可让家长更为详尽地了解相关的资助、帮扶政策，不再为孩子上学殚精竭虑。每逢过年前夕，学校领导和辅导员还会为他们送上春节慰问品，给他们带去节日的问候。

（三）在贫困生中开展学习帮扶及心理帮扶

在学习帮扶方面，学校针对贫困生中学习落后的同学，采取多种形式的学习帮扶。专业教师有针对性地对贫困生进行学习帮扶，建立贫困生学习支持制度，动员专业教师进行智力资助，对基础差的贫困生有针对性地补课和指导上机训练；同时充分发挥学生群体的优势，采取结对子、互助小组等形式，实行一帮一的帮扶措施，帮助贫困生提高学习成绩。多种形式的学习帮扶密切了师生关系，使受助的贫困生对学习和生活都充满信心，并有志于在学业上取得较大突破和进一步的提高。

在心理帮扶方面，学校组织户外竞技活动，使同学们在比赛、娱乐中进一步意识到遇到困难不气馁，学会在集体中汲取力量是一笔宝贵的财富，鼓励同学们变得更加坚强和成熟。学生辅导员也会与贫困生结成帮扶对子，帮助他们解决学习、生活等方面的困难。

（四）开展为贫困学生捐助生活物品和学习用品活动，并在活动中对学生进行思想教育工作

学院教职员工积极进行捐助，捐助物品包括计算机、U盘、复读机、专业书籍、笔记本、书包和衣物、被褥等，贫困生可根据个人需求到院系教师处登记领取。

国家、社会及高校构成了多种形式的资助平台，同时搭建了与贫困生面对面交流的桥梁，使我们从工作层面了解贫困生相关动态的同时，也明确了今后对贫困生资助工作的方向，最重要的是解决了贫困生心中的疑问，将各类公众资源的功效发挥到极致，帮助家庭经济困难学生更明确学习、生活目标，免除后顾之忧，积极顺利地完成学业。

通过国家资助让每一个家庭经济困难学生都能成为有用之才，帮助家庭经济困难学生消除贫困代际传递，通过国家资助保障每个公民的受教育权利，进一步提升高等教育大众化水平具有重要作用，这是我国教育事业科学发展、建设人力资源强国的迫切需要。

参考文献：

［1］中华人民共和国教育部. 中国教育报，2013，11.

［2］中华人民共和国教育部财务司，全国学生资助管理中心. 高等学校学生资助政策简介.

"专升本"学生教学与管理中的一些体会

胡艳君

摘　要：本文从一名专业课教师和班主任的视角，从学生、专业课教师、班主任和家长几个角度分析了"专升本"学生教学和管理中的一些体会，并提出了如何扮演好各自角色、共同合作为学生创造健康成长环境的一些建议。

关键词：专升本　教学　管理

2013—2014 年秋季学期，笔者承担了管理工商 1304S 班主任的工作，同时承担了工商 1301S、1302S、1303S、1304S 这 4 个班经济学课程的授课任务。通过一个学期的教学和班主任工作，笔者有一些体会与大家分享。

一、我眼中的学生、教师、班主任、家长

（一）学生：优秀而矛盾的"90 后"

从报到、第一次班会接触下来，我并没有发现太多"90 后"孩子的依赖、自我、脆弱、没有目标等缺点。相反，报到当天，我看到的是他们的独立；第一次班会上，在自我介绍环节，我看到的是他们每个人都有明确的目标：过英语四级、练好口语、考研、注册会计师等；班级负责人竞选环节，我看到的是他们的责任感、敢于担当以及坦然面对失败的勇气；填写表格环节，我看到的是他们的细致、认真和互相帮助。

经济学课堂上，他们的表现和我所了解的以往大学课堂学生的表现有很大不同，在我讲课的时候，他们会非常认真听讲，课堂上的安静经常让我非常享受讲课的过程；而在提问的时候，他们又会积极回答，有的时候甚至是许多同学齐声回答，每当这个时候我都会有一丝的成就感；课后经

常会有同学来和我探讨一些经济学的问题，他们对知识的渴求和钻研的劲头常常让我觉得欣慰。

开学之初，我给大家布置了要完成与经济学相关的一篇课程报告，选题与经济学有关，需要组成 3~5 人的小组分工合作完成，期末的时候每组汇报各自的研究成果。期末时，大部分小组非常用心地完成了任务。环保问题、大学生就业问题、产业结构调整问题、GDP 与幸福感的关系问题、地区经济差异问题和三农问题等，他们的选题表现出"90 后"大学生对社会热点问题的关注，在小组汇报环节，他们的精彩表现让我再次感受到他们的能力和自信。

管理工商 1304S 班有不少同学来自农村，家庭经济状况不太好，有些同学勤工俭学，甚至在春节的时候有 6 名同学没有回家，在外打工赚取生活费，他们的自立自强让我很感动。还有一名同学是农民工二代，从小在北京长大，但是对这座城市一直没有归属感。在我们聊天中，他告诉我，他对这个群体有比较深入的了解，虽然很多家庭经济情况很好，但他们这些孩子还是很难真正融入这个城市，存在很多问题。因此，他以这个选题申报了学校组织的 2014 年"启明星"大学生科技创新项目，并获得了校级资助。

尽管我在他们身上发现了很多闪光点，但也发现了一些问题。如很多同学表现出学习目的功利化，考研必考科目认真学习而其他课程只求通过，对基础理论性的知识兴趣不高等。还有少数同学基础较差，学习上遇到困难就产生了厌学情绪，不时会逃课，有的会挂科，然后更加厌学，恶性循环。不少专升本学生存在对自身身份的自卑心理，感觉学校对他们关注程度较低，因此对集体活动参与不积极。

（二）教师：想教给学生更多

作为专业课教师，最基本的任务应该是交给学生课程大纲的内容。除此之外，从教学效果来看，我觉得还有更多更重要的需要通过我们传授给他们。首先，正确的人生观、价值观、择业观。在讲授经济学的过程中，我会经常把一些健康的观念传递给他们。如讲授资源配置时会讲到人的欲望、需求是无限的，就会和同学讨论如何做到知足常乐；在讲授劳动力工资的决定时，会和同学一起探讨择业的问题，如何处理好薪资和兴趣的问题，如何树立正确的择业观；在讲授利润决定时，会讲到世界知名企业老总"一美元年薪"的现象，如何正确看待金钱，应该有怎样的社会责任感。其次，分析问题、解决问题的能力。在课堂上教给学生理论知识的同时，更多的是教给他们分析问题的方法、思路，培养他们解决实际问题的能力。而这个恰恰是我们在教学中的弱项，也是专升本学生的弱项，平时的课堂讨论和考试结果也反映出这一点。第三，更多亲自参与、亲自实践的机会。学生不管是否考研，最终都会走向社会，参与到实际工作中，因此，如果在学校期间就可以给他们更多亲自实践的机会，对他们今后走出校园，更快地适应社会应该会有很大的帮助。上个学期系里组织各班同学到三元、可口可乐等公司参观学习，在学生中产生了很好的反响。总的来讲，在教学过程中一个比较深刻的体会是，想教给学生更多，要做到这点，不断提升自己各方面的能力非常重要。

（三）班主任：更应该像朋友

在担任班主任之前，有同事告诉我，新生班主任是一个比较累的工作，不管多小的事学生都有可能找你，随时都有可能给你打电话，因此，我已经做好了给他们解决问题的心理准备。但事实却和我预想的大相径庭，整个学期来找我、给我打电话的学生不多，怎么会这样？当班主任真的这么轻松吗？仔细分析一下原因，主要在于专升本学生在升入本科之前，已经经历过三年的高等教育，对大学的生活和学习环境已经熟悉，甚至有一部分学生是工作了一段时间后再来上学的，因此他们自主生活的能力很强。同时，他们通常会为自己制订明确的学习方向，目的性强，努力要求进步。这些其实是优点，但有时想想又不一定是，因为他们对一些问题的看法、观点以及处世方式已基本定型，可塑性不强。因此，做好专升本学生工作、协助他们度过充实而有意义的两年，使他们健康成长成才，并不是一件容易的事。自己的体会是，应该做他们的朋友，走进他们的内心，了解他们真正的需求和想法，这也是我下一步的主要工作。

（四）家长：应该正确干预

家长是学生成长中非常重要的一个环节，也许有人会说，十八岁就是成年人了，家长应该放手了，但我觉得，还是应该有的放矢。学生的成长尤其是心理的健康离不开与家长的良好沟通。在担任班主任的半年时间里，与学生家长的沟通不多，仅有的几次倒让我有点担心一些家长的教育方式、与孩子的沟通方式。一个女生，有什么问题不直接问我，总是先打电话告诉家长，家长再打电话问我。我告诉他的家长，孩子已经长大了，有什么问题应该自己努力去解决，而不应该总是依赖父母，更何况都是些生活、学习中的小事，一定要逐渐培养学生独立生活的能力。后来有什么事学生会直接来向我咨询。还有一个女同学，她的妈妈总是因为不信任她给我打电话，她总觉得孩子在骗她，她要对孩子每分钟在干什么都掌握得清清楚楚（这个学生是走读的），否则害怕她上当受骗。但是这个同学并没有因为家里管理严格而在学校有好的表现，她经常会迟到或逃课，开学没多久就辞掉了宣传委员工作，考试成绩也很差。尽管与学生家长的沟通不多，但我觉得家长和孩子的沟通方式对孩子的健康成长非常重要，需要寻求正确的沟通方式，进行有效的交流。

二、如果扮演好各自角色

（一）学生：合理定位，提升竞争力

作为学生，最重要的是要正确地认识自己，明确自己发展的方向。合理的自我定位，调整自己的期望值，才能有效地应对压力。首先，要主动走出去，学人所长。主动与普通四年制本科同专业的同学加强交流学习，明确学习目标，端正学习态度。其次，要秉持"笨鸟先飞"的精神，强化自身专业基础理论的学习，同时充分发挥自身实践能力较强的优势，积极参加各类学科竞赛，提升就业竞争力。

（二）教师：真正成为学生的导师

专升本教育的定位是为社会培养紧缺的，既有一定基础理论知识又有较强实践技能的生产、管理、建设和服务第一线迫切需要的高等技术应用型人才。因此，作为专业课教师，除了给予学生正确的人生观、价值观的指引外，更应该围绕专升本教育的定位，做好课程目标、课程内容等的合理设置，为学生提供尽可能多的参与实践的机会，培养他们分析问题、解决问题以及实际动手的能力，提升其未来走向社会的就业竞争力。

（三）班主任：做学生真心的朋友

作为班主任，主要应该做到并做好以下几点：第一，真正关心学生，及时掌握学生的思想动态。在和学生聊天中，不仅要做到"知无不言，言无不尽"，还要做到"谨言慎行"。在闲谈中适时适当地引导学生的思想，使学生安心学习，和谐发展。第二，要强调班委的作用。作为班主任应尽量少干预，以免影响班委工作的积极性和能动性。对于班委的工作多鼓励多指导，而不是过度干涉和禁止。第三，鼓励学生积极参与学校和学院的一些集体活动，不为获奖，只为使大家在紧张的学习之余获得放松的机会，增强集体意识。

（四）家长：为学生创造健康的成长环境

作为专升本的学生，由于自身学习基础、社会就业歧视等原因，学习压力、就业压力都比较大，这些心理压力的缓释离不开家庭的积极配合。尤其对于一些家庭问题突出的学生，班主任应该积极利用电话、网络等方式，加强与父母的沟通，收集更为丰富的第一手资料。如由于不良亲子关系诱发的其他心理问题，可以尝试搭建亲子沟通平台，促进情感的正向沟通，从而创造积极的心理感受。努力营造有利于专升本学生健康成长的育人环境。

三、结语

学生的健康成长离不开教师、班主任、家长、学校和家庭等各相关方的关心和支持，只有各方默契配合，为学生提供健康成长、提升能力的环境和平台，加上他们自己的努力，才能为他们将来顺利地走向社会奠定良好的基础。

参考文献：

[1] 曹仁秋，林锋. 高职专升本学生心理压力源分析及应对策略［J］. 莆田学院学报，2013（8）.

[2] 李和平，王月影. 普通高校专升本班主任的职责［J］. 畜牧与饲料科学，2011（3）.

高校二级教代会建设的重要性及改进建议

任小梅

摘　要：高校二级教代会是校级教代会的延伸和拓展，是学校二级单位民主管理、民主决策和民主监督的重要组成部分，对增强教职工民主意识、保障教职工合法权益、促进各项工作顺利开展起着重要作用。本文阐述了高校二级教代会建设的重要性，分析了当前存在的问题，提出了加强高校二级教代会建设的建议。

关键词：二级教代会　民主管理　工会工作

为依法保障教职工参与学校民主管理和监督，完善现代学校制度，促进学校依法治校，由教育部发布，自 2012 年 1 月 1 日起施行《学校教职工代表大会规定》（以下简称《规定》）。《规定》第三条明确指出，"学校教职工代表大会是教职工依法参与学校民主管理和监督的基本形式。"作为高校管理体制重要组成部分的高校教代会成为高校广大教职工参与学校民主管理、行使民主决策和民主监督权利的基本组织形式。

随着高等教育改革的不断深化，高校的办学规模日益扩大，办学形式不断丰富，这对高校的科学决策、民主管理提出了更高的要求。目前，很多高校实行目标管理模式，过程管理的重心则下移至学校各二级单位，这必然造成二级单位管理权限的逐步扩大，岗位聘任、职称晋升、绩效奖励分配和人事考核等事关教职工切身利益的重大事宜也逐步由二级单位来实施。由此，高校二级教代会在二级单位的民主管理过程中发挥的作用将日益凸显。

一、高校二级教代会建设的重要性

（一）高校二级教代会是保证教职工充分行使民主权利的重要渠道

《中华人民共和国教师法》第二章第七条第五款规定，教师有权利

"对学校教育教学、管理工作和教育行政部门的工作提出意见和建议，通过教职工代表大会或者其他形式，参与学校的民主管理"。《中华人民共和国教育法》第三章第三十条规定："学校及其他教育机构应当按照国家有关规定，通过以教师为主体的教职工代表大会等组织形式，保障教职工参与民主管理和监督。"《中华人民共和国高等教育法》第四章第四十三条规定："高等学校通过以教师为主体的教职工代表大会等组织形式，依法保障教职工参与民主管理和监督，维护教职工合法权益。"依据国家法律、法规，教职工有权通过教代会等形式行使自己的民主权利，维护自己的合法权益；高校更有义务建立、完善教代会，实行民主管理。只有充分保证教职工的主人翁地位，调动教职工的积极主动性，发挥教职工的智慧和才干，高校的各项改革和发展才能不断推进、深入。二级教代会为教职工搭建了更为直接和广阔的表达诉求的平台，是对教职工地位的进一步明确，体现了全心全意依靠教职工的治校理念。

（二）高校二级教代会是推进二级单位深化改革、促进发展的主要形式

高校二级教代会是教职工参政议政的重要渠道，同时也是党政领导与群众联系沟通的一个理想的平台。在二级教代会召开过程中，二级单位会将一系列事关单位改革和发展、涉及教职工切身利益的重大事项（如发展规划、改革方案、学科建设和师资队伍建设方案、岗位聘任方案、奖励分配办法、考核办法和财务执行情况等）拿出来，交给教代会代表讨论、审议、广泛征集意见。这样的平台一方面有利于单位决策的科学化、民主化，加强民主管理和监督，推动民主建设进程；另一方面，二级单位党政领导和教代会代表的充分交流，也达到了凝心聚力、统一思想、增进共识的目的，有利于推动各项事业的健康发展。

（三）高校二级教代会是实现学校凝聚力量、和谐发展的关键环节

随着高校管理体制改革的不断深化，二级单位管理权限日益扩大，对与教职工切身利益相关的聘任、考核、福利、奖惩等重大事项的决策权越来越多地由二级单位来裁量。二级教代会越来越成为教职工合法利益诉求的倾听者和保护者。二级教代会的建立，使教职工话有地方说、事有人找、苦有处诉，及时解难释惑、化解矛盾，消除不稳定因素，营造全校齐心协力、共谋发展的和谐氛围。

二、当前高校二级教代会建设中存在的主要问题

（一）对高校二级教代会认识不足、重视不够

当前，高校教代会作为高校民主管理的一项基本形式，其内涵、功能等方面在一定程度上已得到了具有时代意义的创新和充实，组织体系和工作制度也日趋成熟。然而，对于二级教代会，仍然存在认识不足、重视程度不够的现象。有人认为，教代会只是二级分工会的一项工作内容，与二级单位的教育教学、管理服务、学科建设和人才队伍建设等中心工作不可相提并论，对其缺乏应有的重视与支持；有人认为，二级教代会不过是走走过场而已，重形式轻内容、重程序轻落实，没有实质性效果；有人依然没有厘清二级教代会与二级单位的党委、行政、工会及广大教职工之间的关系等。

（二）高校二级教代会职权行使尚不充分

1985 年 1 月 28 日由教育部和中国教育工会全国委员会联合颁布实施的《高等学校教职工代表大会暂行条例》（以下简称《条例》）第五条规定的"教代会在本校权限范围内行使的职权"、2012 年 1 月 1 日起施行的《规定》第二章规定的"教职工代表大会的职权"，二者基本可以将教代会职权归结为审议建议权、审议通过权、审议决定权和评议监督权。毫无疑问，二级教代会也应依据以上四点来界定教代会职权。然而，在实际操作过程中，职权的行使往往不够充分深入，存在空、虚的倾向。如评议监督权的行使，《条例》第五条第四款明确规定，"监督学校各级领导干部，可以进行表扬、批评、评议、推荐，必要时可以建议上级机关予以嘉奖、晋升，或予以处分、免职"，在《规定》第七条第六款中也明确提出，"按照有关工作规定和安排评议学校领导干部"。实际上，高校二级教代会的召开并未起到真正意义上的监督作用，通过评议来监督一个人成为一种十分"敏感和难为情"的事情，很难落到实处。对于审议建议权的行使，代表们往往在大会召开期间热烈讨论、充分发言，积极提出各类意见和建议，然而闭会后，建议的采纳与否及其中原因并未得到及时回复。

（三）高校二级教代会运行机制不够完善

二级教代会应该营建二级单位党委重视、行政支持、工会组织和广大

教职工积极参与的良好局面。如果仅仅依靠工会承担组织者、推动者和实施者的角色，就难以建立起完备的二级教代会制度。当前，在高校二级教代会运行过程中，仍存在教代会代表选举规程欠规范、代表的权利和义务不够明晰、大会召开时间和议程存在随意性等现象。

三、加强高校二级教代会建设的建议

（一）进一步加强宣传，提高认识

首先，要本着二级单位党政工齐抓共管的工作原则，形成二级教代会工作合力，增强民主管理意识，明确分工职责，为二级教代会工作的开展营建良好的环境氛围。其次，二级教代会工作是一项政策性、理论性很强的工作，因此，应借助网络、橱窗、讲座、考察和培训等宣传阵地，广泛宣传民主管理的有关知识，以形式多样、内容丰富的活动为载体，寓教于乐地提升教职工的认识水平。

（二）切实赋予二级教代会职权

要充分赋予二级教代会及代表审议建议权、审议通过权、审议决定权和评议监督权四项职权，不能走空、走虚、走过场。对教代会代表针对本单位发展规划、教职工队伍建设、教育教学改革、校园建设及其他重大改革和重大问题解决方案等提出的意见和建议，二级单位党政领导应认真研究、妥善处理、及时沟通，合理吸收采纳，不能吸收采纳的，应当做出说明和解释。对与教职工利益直接相关的福利、绩效分配实施方案及相应的教职工聘任、考核、奖惩办法等，应由教代会代表表决，如通过，应切实付诸实施；如未通过，应修改或否决。对教代会上代表表决通过的大会决议，要切实履行，充分尊重教代会代表的权利。对领导干部的评议、对规章制度和决策落实情况的监督，应明确评议监督的内容、形式以及结果的处理等。

（三）加强高校二级教代会制度建设

进一步健全教代会组织机构。要严格依据有关文件要求，按照选举办法产生教代会代表、主席团、执行委员会等，要真正把具有群众威信、具备参政议政能力和管理能力、真心关注和维护教职工利益的代表选出来。

进一步完善教代会代表的培训制度。教代会代表是教职工诉求的倾听者和表达者，是联系党政领导和广大教职工的桥梁和纽带。代表如何深入开展调查研究、广泛听取群众意见、表达合理要求、做好沟通协调，不辜负广大教职工的信任和期盼，做到既着眼于单位的发展大局，又能合理维护好教职工的个人权益，这需要高度的责任感和使命感，更需要研究创新的能力。

进一步健全提案制度。提案是教职工代表参与民主管理和监督的重要渠道。提案的质量关乎单位的改革发展，提案处理得当与否直接影响代表的积极性。因此，提案的征集要求代表必须围绕单位的改革发展，侧重教学、科研、管理、师资队伍建设、福利及关乎教职工切身利益的重大问题，注重规范性和可行性；提案的处理必须明确落实责任人、处理时限等，并及时与提交者交流沟通。

（四）加强工会自身建设，提高承担教代会工作能力

《规定》第二十五条明确规定，"工会是教职工代表大会的工作机构"。工会在保证广大教职工充分行使民主权利、合理维护合法权益、落实教代会各项职权方面起着重要作用。要充分发挥高校二级教代会的作用，必须持续加强二级分工会自身建设，提升其承担教代会工作的能力和水平。通过学习、交流、培训和考察等渠道，加强工会干部队伍建设，提升其政治素养、民主意识、政策水平和参政议政能力，以适应新形势下教代会工作；指导工会干部认真思考如何规范高效地做好教代会的筹备和会务工作、提案征集工作等；在教会闭会期间，提高传达贯彻教职工代表大会精神、督促检查大会决议的落实情况的能力。

参考文献：

[1] 王建设，谭德福. 二级教代会制度建设探索与实践 [J]. 三峡大学学报：人文社会科学版，2009（12）.

[2] 刘威. 高校二级教代会制度建设的作用及改进措施 [J] 中国电力教育，2009（6）.

[3] 赵兰芳，吴新再. 探讨现代大学制度下高校教代会闭会期间的工作机制 [J]. 成都中医药大学学报：教育科学版，2012，14（4）.

[4] 高静. 浅谈新时期高校二级教代会工作 [J]. 科技创业家，2013（1）.

浅谈如何做好高校人事工作

周春丽

摘 要：人事工作是高校管理工作的重要内容之一，由于工作对象大多为高级知识分子，因此高校人事工作具有其特殊性，要求也更高。本文通过分析高校人事工作的特点，探讨做好高校人事工作的方法，并提出做好人事工作的意义。

关键词：高校 人事 工作

一、高校人事工作的特点

（一）工作对象特殊，工作要求高

高校人事工作的工作对象为教师、科研人员及其他管理人员，其中主体是教师，而高校教师作为高级知识分子，在个人需求、思维方式、做事习惯等方面与其他层次的人会有很多不同，他们的文化层次普遍较高，除了追求物质上的需要以外，还比较注重个性的发展和精神方面的需求，他们创造的劳动成果希望得到社会广泛的承认，因此高校人事工作不能简单地模仿其他行业或部门的人事工作经验或模式，而是有更高的要求。比如：关于教师的业绩考核，不同学科专业的教师，不同学术层次的教师在教学、科研方面的成果进展情况会呈现出不同的特点，如果学校只用一套教师的业绩考核指标体系，那势必很难达到公平、公正，容易引起极大的争议，考核失去其本身的价值与意义。中山大学前任校长黄达人曾提出的中山大学人事制度的一个原则：为天才留空间，为中才立规矩，就充分体现了高校人事工作对象的特殊性。

（二）工作量大，涉及面广，人事工作难度大

高校人事工作主要涉及人才引进、教职工的职称晋升、工资福利、考核奖惩和人才强教等多个方面，均是关系到教职工切身利益方方面面的事情，工作量特别大，涉及面广，人事工作者经常忙碌于日常琐事中。再加之很多工作直接关系到教职工切实利益，同时政策性、法律性强，有时会陷入制度与人情的两难选择，增加了人事工作的难度。

（三）周期性、规律性明显

高校人才引进的阶段性强，需求市场特定，人才引进需要提前核算计划。由于目前对高校教师的要求高，一般引入的人才都是博士、博士后，时间主要集中在每年的上半年，即应届毕业生毕业前集中找工作的时间。教职工职称评定、职务晋升都有规定的年限、学术成果等特定的质与量的要求。例如硕士研究生至少毕业后在高校工作两年才可以评讲师，博士研究生进校6个月才可以认定讲师，讲师到副教授要5年以后等。一般情况下，教职工的工资福利更是与其职称、职级、工作年限等条件息息相关。因此，人事工作都具有比较明显的周期性和规律性。

（四）人事信息量大，统计管理工作要求时效性、准确性

高校人事部门掌握全校员工的个人基本信息、薪酬福利、职称资历、业绩成果和奖惩记录等大量、全面、最新的信息，对于各项数据要求时效性、一致性及准确性。高校人事信息具有对象动态性，即人员的职称和职务变动、工资变动、人员的调入调出等动态变化，要适应这种变化，必须注意信息的时效性，定期维护，及时更新有关信息，才能使数据更准确，并提高工作效率，实现管理工作的现代化、信息化。其统计与管理工作要求准确、及时、保密，处理难度大，使用时效性强，是学校人事决策、发展规划的重要数据来源。因此，人事信息统计管理工作重要而艰巨。

二、做好高校人事工作的建议

（一）加强服务意识，提高服务水平

"摆正位子，干出样子"，这是国家人事部部长张柏林对人事工作干部提出的要求，张柏林认为转变作风的核心就是树立强烈的服务意识。国家

人事部门是这样，作为高校的人事管理部门也应当这样。增强服务观念，强化服务意识，建立规范服务，转变机关职能和管理方式，提高服务质量和水平是人事部门改进工作的首要任务。我们有必要认识到，推进高校人事工作的改革，强化服务观念是先导，建立规范的服务则是保障。在"服务"这样的理念的指导下，高校人事工作作为高校的窗口，在日常工作中应该让教职工直接感受学校对他们的态度。高校的主流是教学与科研，高校的发展离不开人才的聚集，学校要引进人才、留住人才、培养人才，人事部门就必须首先做好服务工作，将自己的工作定位为"服务"。人事工作者首先必须怀有一颗对学术、对知识的敬畏之心，才能在日常工作及细微之处为学校的教学科研做好服务工作，例如在教职工办理个人入职手续咨询有关政策、反映困难和问题时，人事部门都要提供耐心、详细、准确的解答，力求最大限度地帮助他们，不能因为事小就不重视，不能因为事微就不关心。

（二）把握政策，依法办事

高校人事工作涵盖面广，涉及有关人事的各类政策很多，同时每项政策都牵涉到教职工的切身利益。因此，要做好人事工作，就要求人事工作者必须不间断地学习和掌握最新的人事政策，在实际工作中坚持按照政策规定办事。例如：在职称评定中，要做到材料公开、信息公开，坚持公正、公平、公开的原则，贯彻落实各项政策，维护教职工利益，促进高校的平稳发展。

（三）加强制度建设，规范工作流程

人事工作具有周期性、规律性，可规范化管理的事务要尽快建立相关的制度和行政规范的管理流程，提高工作效率。例如：人事部门要做好定岗定编工作，完善各类人才引进评价指标体系；要制订系统的职称晋升条件与要求的文件，为激烈的职称晋升提供依据；调研各部门的人才需求情况，做好人才引进计划；做好人事系统网页及时上传最新的人事政策，方便教职工能在第一时间了解最新的人事信息。

加强人事工作信息化建设，提高人事工作效率，实现管理水平创优，充分利用计算机和网络通信技术，建立一套完善的人事信息数据库，针对不同部门、不同类型的人员信息进行分类管理，同时加快信息传递，满足个人工作的需要和学校发展的需求。

（四）提高管理者素质

人事管理工作是一种直接以人为对象的工作。人本身所具有的能动性、复杂性、可变性决定了人事工作是一门极其复杂的学问，这同时也决定了其工作人员必须具备较高的素质。高校是高级专门人才的聚集地，要成为合格的高校人事工作者，就要有过硬的专业知识、管理能力和适应高校特点的特殊素质。首先，要有过硬的政治素质。高校是培养全面发展的人才的地方，作为教师，为人师表，教书育人，其道德水准与学术水平同等重要，甚至前者更为重要，所以高校人力资源管理者要具备更加过硬的政治素质。其次，要有扎实的业务素质。高校人力资源管理工作业务性很强，要提高人力资源管理效率，就必须熟悉高校人才发展的一般规律，熟练掌握高校人力资源管理的业务知识，这是做好人力资源管理工作的基础。最后，要有全面的能力素质。知识经济的到来和高新技术的发展，给管理学提出了许多新课题，也使高校人力资源管理者面临许多新挑战，他们必须从前瞻性能力、计划决策能力、协调沟通能力和开拓创新能力等几个方面全方位提高能力，才能适应时代发展的要求。

三、做好人事工作对高校发展的重要意义

（一）有利于人事管理观念的创新，推动高校可持续发展

做好人事工作，加强高校的人事分配及内部管理制度建设，促进学校事业发展，调动广大教职员工的积极性和创造性，充分发挥其政策导向作用，激励大家奋勇前进的动力，同时加强高校人事制度的改革和创新，树立全新的高校发展理念，进一步推动高校的可持续稳定发展，有利于人事管理方法的创新，激发高校员工的工作热情。高校管理中的人是有血有肉、有思想、有感情的，从事以人事管理为核心的高校人力资源管理工作，为高校教职员工创造一个适合他们的工作环境、政策环境和制度，充分调动他们的积极主动性，使得他们的个人潜力得到充分发挥，为学校发展贡献自己的力量。

（二）有利于人事管理制度的完善，建立现代化的高校管理制度

做好高校人事工作，提高高校现代化管理水平和高校教职员工的个人

素养，注重和加强对高校人力资源的开发和利用。制订有利于高校教职员工职业成长的培养计划，促进高校教职工的教育和培训工作的顺利进行，从而实现高校管理由传统管理向科学现代化管理的转变。

总而言之，随着社会的发展，各高校的竞争日趋激烈，核心就是人才的竞争，所以，必须把做好人事工作提升到高校发展的战略高度。根据社会和教育发展的规律与现实，不断地更新人事工作观念，改革人事制度，改进人事工作方法，促进高校教育事业的长远发展。

（三）为学校的决策提供重要依据

人事信息是高校的重要资源，同时也是高校人才科学配置的重要依据。建立准确、高效的人事管理信息系统，可以客观、准确地反映出各单位教职工队伍的实际情况及动态变化，为师资队伍远景规划提供准确的数字依据。例如：师资队伍的年龄结构、学历结构、职务结构和岗位结构是师资队伍建设中的重要数据，是人才引进、教师培训、职务评聘的重要依据；劳资信息是劳动用工、教育投资、利益分配的重要依据。只有掌握准确的人事信息，才能为学校领导的科学化决策提供重要的依据，保证能够根据学校发展战略制定正确的人才发展战略。

参考文献：

［1］黄达人. 大学的观念与实践［M］. 北京：商务印书馆，2011.

［2］陈天祥. 公共部门人力资源管理及案例教程［M］. 北京：中国人民大学出版社，2008.

［3］张世梅. 论学校人事管理工作特点［J］. 湖北三峡学院学报，2010（10）.

［4］尤好冠. 做好人事管理工作需要把握的几个方面［J］. 福建教育学院学报，2012（1）.

［5］何明，王敬涛. 民办高校人事档案管理主要问题及创新［J］. 沈阳教育学院学报，2012（2）.

［6］陈秀芬. 中国高校人力资源管理存在的问题及对策研究［J］. 广西经济管理干部学院学报，2009（1）.

［7］边丽颖，张琮. 人事信息化在高校人事管理中的应用［J］. 现代商业，2009（20）.